Marion D. March und Joan McEvers

# Lehrbuch der Partnerschaftsastrologie

Marion D. March und Joan McEvers

# Lehrbuch der Partnerschaftsastrologie

## Synastrie und Composit

Ebertin
Freiburg im Breisgau

Die Deutsche Bibliothek – CIP-Einheitsaufnahme

*March, Marion D.:*
Lehrbuch der Partnerschaftsastrologie : Synastrie und Composit /
Marion D. March und Joan McEvers. [Dt. von Beate Metz]. –
1. Aufl. – Freiburg im Breisgau : Ebertin, 1995
Einheitssacht.: The only way to... learn about relationship <dt.>
ISBN 3-87186-079-4
NE: MacEvers, Joan:

Die amerikanische Originalausgabe erschien 1992 bei
ACS Publications, Inc., San Diego unter dem Titel
*The only Way to ... Learn about Relationships*


Deutsch von Beate Metz

Mit 103 Horoskopabbildungen von Martin Garms

1. Auflage 1995
ISBN 3-87186-079-4

Umschlag: Ulrike M. Bürger, München
Satz: Fotosetzerei G. Scheydecker, Freiburg im Breisgau
Druck und Bindung: Wiener Verlag GmbH, Himberg
Printed in Austria

Gedruckt auf chlorfrei gebleichtem Papier

*Wir widmen dieses Buch unseren wunderbaren Enkelkindern*
*Marina und Sebastiano Andina*
*Heather McEvers Gray und Devin McEvers*
*Tia Rose, Chelsea und Caleb McEvers*
*Trevor McEvers*

*Sie aufwachsen zu sehen, half uns,*
*Astrologie noch umfassender zu verstehen.*

# Inhalt

## Teil 2
## Horoskopvergleich

## Teil 3
## Das Composit

## Teil 4
## Synthese



## Anhang

# Einleitung

Im vorliegenden Buch werden wir die Wechselwirkung zwischen zwei verschiedenen Horoskopen untersuchen, und zwar die zweier Liebender, zweier Ehepartner, Geschwister, Geschäftspartner, von Eltern und Kind, oder jeder anderen Form menschlicher Beziehungen. Diese Methode des Horoskopvergleichs nennt man *Synastrie*. Außerdem werden wir auch ein relativ neues, jedoch äußerst effektives Verfahren erläutern, mit dem man zwischenmenschliche Verbindungen untersuchen kann, und zwar das *Composit*.

John Donne drückte es so aus: »Niemand ist eine Insel.« Deshalb spielen Beziehungen bei der Deutung von Horoskopen eine wichtige Rolle. Neben Composit und Synastrie gibt es noch weitere Möglichkeiten herauszufinden, wie es Ihnen mit anderen Menschen ergeht. Wie Sie mit Beziehungen umgehen, ist hauptsächlich aus dem Geburtshoroskop ersichtlich. Wie Sie zu Ihren Geschwistern stehen und was Sie von ihnen brauchen, ist dem 3. Haus zu entnehmen. Welche Beziehung Sie zu Ihren Eltern haben, ist aus dem 4. und 10. Haus ablesbar. Wie Sie sich Ihren Kindern gegenüber verhalten, wird durch das 5. Haus angezeigt und so weiter. All dies und noch mehr wird in diesem Buch angesprochen.

Natürlich gibt es noch viele andere bedeutende und aufschlußreiche astrologische Methoden. Trotzdem ist die Vielfalt menschlicher Beziehungen bei weitem größer als die Anzahl astrologischer Techniken. Also lehnen Sie sich zurück, entspannen Sie sich und schließen Sie sich uns an, wenn wir auf unterhaltsame Art lernen, Horoskope zu vergleichen.

# Teil 1

# Grundlagen

## Kapitel 1

# Das Geburtshoroskop: Was Sie von einem anderen Menschen brauchen

Sie haben es wahrscheinlich schon hundert Mal gehört – trotzdem: Bevor Sie zwei Horoskope analysieren oder vergleichen können, müssen Sie zunächst die wahren Bedürfnisse jedes einzelnen erfassen, mit anderen Worten: Sie müssen jedes Geburtshoroskop für sich verstehen. Bevor Sie beurteilen, wie gut Sie jemanden leiden können (oder auch nicht), müssen Sie sich darüber klar werden, was Sie von diesem Menschen brauchen oder wollen, und das ist allein aus Ihrem Geburtshoroskop zu ersehen.

### Überblick

Egal, ob Sie ein Geburtshoroskop interpretieren, prognostisch arbeiten oder Horoskope miteinander vergleichen, die astrologische Sprache verändert sich nicht. Die Schlüsselbegriffe und Schlüsselsätze bleiben gleich, und Sie wenden dieselben Regeln an. Sie müssen die Synthese des Ganzen verstehen, bevor Sie die Details analysieren; wir nennen das *Überblick*.

Untersuchen Sie zunächst die Verteilung der Planeten in den Quadranten. Ein Übergewicht von sieben bis zehn *Planeten über dem Horizont* zeigt an, daß Sie eine ehrgeizige Persönlichkeit sind und wahrscheinlich Ihre Herkunft hinter sich lassen möchten. Wenn das zutrifft, umgeben Sie sich gerne mit Menschen, die ebenfalls gesellschaftlich aufsteigen möchten und die Ihre Bedürfnisse daher verstehen können. Haben Sie mehr *Planeten unter dem Horizont*, sind Sie eher introvertiert und weniger darauf bedacht, daß die Welt Ihnen Beachtung schenkt. Wahrscheinlich bevorzugen Sie deshalb die Gesellschaft von Menschen mit ähnlichen Bedürfnissen.

Wenn die Mehrzahl der *Planeten links (östlich) der MC / IC-Achse* steht, zeigt das an, daß Sie sich selbst motivieren können und dazu nicht auf andere angewiesen sind. Sie werden es genießen, die Rolle des Anführers zu übernehmen.

Wenn sich die Mehrzahl der *Planeten rechts (westlich) der MC / IC-Achse* befindet, ist Ihr Schicksal oft mit dem anderer Menschen verbunden. Sie brauchen Publikum oder jemanden, dem Sie Ihre Ideen mitteilen können. Unter Schrittmachern fühlen Sie sich am wohlsten, denn Sie haben es lieber, wenn andere die Initiative ergreifen, weil es Ihnen mehr Spaß macht, das zu Ende zu führen, was andere begonnen haben.

*Aspektfiguren* im Geburtshoroskop spielen eine große Rolle. Entstehen durch den Partnervergleich noch komplexere Aspektfiguren wie Großes Trigon oder Großes Kreuz, kommt diesen eine besondere Bedeutung zu.

Ähnlich verhält es sich mit den Hauspositionen der Planeten. Im Geburtshoroskop zeigen sie an, wo Handlungen stattfinden und wie leicht oder wie schwer die Planetenkräfte integriert werden können. In der Synastrie werden die Häuser, in die die Planeten des Partners fallen, aktiviert. Daraus läßt sich erkennen, was Sie von dem jeweiligen Partner brauchen bzw. bekommen.

Die Häuserbetonungen, Würden, Erhöhungen, Exil, Fall, Planetenballungen, eingeschlossene Zeichen, rückläufige Planeten und andere Bereiche sollten nacheinander untersucht werden, ehe Sie das Horoskop beiseite legen. Dadurch können Sie die allgemeinen Bedürfnisse des einzelnen einschätzen. Was jedoch konkret mit einem bestimmten Menschen an Bedürfnissen und Wünschen lebbar ist, wird erst durch den Horoskopvergleich deutlich.

*Unbesetzte Zeichen und Häuser* im Geburtshoroskop können sehr aufschlußreich sein, besonders, wenn man die Beziehung zwischen zwei Menschen untersucht. Es ist ganz natürlich, wenn Sie bei anderen suchen, was Ihnen fehlt. Unglücklicherweise wissen Sie nicht immer, was Sie damit anfangen sollen, wenn Sie diese Qualität oder dieses Element bei jemand anderem finden. Wenn Sie in Ihrem Geburtshoroskop beispielsweise *keine Planeten in Erdzeichen* haben, suchen Sie vielleicht Menschen mit vielen Erdplaneten. Diese können für die nötige Sachlichkeit, Organisationsfähigkeit und Erdverbundenheit sorgen, die Ihnen fehlt, doch es könnte Ihnen schwerfallen, sich an deren Ordnung anzupassen. Das Gleiche gilt, wenn eine *Qualität (kardinal / fix / veränderlich)* fehlt oder ein Haus unbesetzt ist. Ist ein Planet nicht aspektiert, könnten Sie sich jemanden suchen, dessen Planeten

Aspekte zu diesem bilden. Wenn Sie sich mit diesem anderen Menschen austauschen, fällt es Ihnen leichter, diese Grundenergien zu integrieren.

Ein Übergewicht von *Qualitäten* und *Elementen*, etwas, das wir *Signatur* nennen, kann ebenfalls sehr aufschlußreich sein. Aus unserer eigenen Erfahrung wissen wir, daß die Signatur beinahe die Bedeutung eines zweiten Aszendenten hat. Zwar wird das Aussehen durch den AC beschrieben, aber wie jemand sich ausdrückt und handelt, ist oft an seiner Signatur zu erkennen. Sie wirkt am stärksten, wenn sie in einem anderen Zeichen als AC, Sonne oder Mond steht, weil das Ihrem Selbstausdruck noch eine weitere Dimension hinzufügt.

Kapitel 2

# Häuserpositionen: Das 1. Haus und das 7. Haus

## Das 1. Haus / Aszendent

Wenn Sie Beziehungen und Ihre Wünsche an andere untersuchen wollen, müssen Sie vor allem die Häuser und ihre Bedeutung im Horoskop verstehen. Das 1. Haus beschreibt immer Ihre Persona, die Art, wie Sie sich darstellen und wie Sie von anderen gesehen werden möchten. Natürlich müssen Sie das ganze Horoskop im Blick haben, um wirklich Ihre gesamte Persönlichkeit erfassen zu können, aber das aufsteigende Zeichen, der Aszendent, und Ihre Signatur können viele Hinweise geben.

## Das 7. Haus / Deszendent

Weil in diesem Buch Partnerschaften behandelt werden, spielt das 7. Haus eine doppelte Rolle. Astrologisch ausgedrückt: So wie das 1. Haus »Sie« darstellt, repräsentiert das 7. Haus den Partner: in einer Ehe, am Arbeitsplatz oder in jeder anderen verbindlichen zwischenmenschlichen Beziehung. Der Aszendent zeigt Ihre Fähigkeiten, Charakterzüge und Begabungen, und das 7. Haus spiegelt, was Sie in anderen suchen. Dieses Haus, das Zeichen an seiner Spitze und jeder Planet darin zeigt auch, welcher Menschentyp Ihre innersten Bedürfnisse erfüllt.

Psychologisch ausgedrückt: Das 7. Haus symbolisiert, was C. G. Jung »den Schatten« nannte. Einige Leute nennen es Ihr Alter ego. Wie Sie es auch nennen mögen – es bezeichnet die andere, oft unbekannte Seite des Aszendenten. Das 1. Haus, Widder / Mars, sagt feurig und positiv: »Ich bin stark; ich brauche niemand anderen.« Das 7. Haus, Waage / Venus denkt leichthin und distanziert: »Wart' mal ab, bis Widder aufwacht und merkt, was passiert, wenn meine Luft sein Feuer nicht mehr anfacht.« Ehe Sie sich nicht der anderen Seite oder Opposition bewußt werden und sich diese Polarität zunutze machen, verstehen Sie weder »den anderen« noch sich selbst.

Das Zeichen für Venus (♀) symbolisiert den Spiegel, mit dem Aphrodite / Venus so oft identifiziert wird. Es wird auch zum Spiegel, den der Aszendent (das Ich) benutzt, um den Deszendenten (das Du) zu sehen; aber alles, was Sie sehen, ist das widergespiegelte, manchmal verschwommene und immer gegenteilige Bild von sich selbst.

Das 7. Haus stellt all das dar, nach dem Sie sich sehnen, was Sie bis jetzt noch nicht besitzen oder verstehen. Es enthüllt, was Ihnen fehlt, und obwohl Sie sich dessen nicht bewußt sind, nehmen Sie es instinktiv wahr, wenn es Ihnen in einem anderen Menschen begegnet. Dann wird es natürlich schwierig: Sie müssen diesen Teil in Ihre Persönlichkeit integrieren, anstatt dem Neuen und Unbekannten Widerstand entgegenzusetzen und zu Ihrem Status quo zurückzukehren.

Beziehungen sind sehr schwierig, und die Achse 1. / 7. Haus spiegelt diese Kompliziertheit wider. Es kann eine Lebensaufgabe sein, echte Beziehungen zu anderen Menschen zu haben, sie so zu sehen und anzunehmen, wie sie sind und nicht, wie Sie sie gerne hätten.

## Widder-AC

Weil Sie durchsetzungsfähig und energisch sind, wissen Sie meistens sehr gut, was Sie wollen und wann Sie es wollen. Deshalb ziehen Sie es vor, sich nicht mit Tyrannen zu verbinden, die Ihnen erzählen, wie Sie zu leben haben und wann Sie was tun sollen. Mit der Ihnen eigenen Unabhängigkeit fühlen Sie sich am wohlsten unter Leuten, die Sie Konkurrent sein lassen oder die mit Ihrer Impulsivität nachsichtig sind. Diese Leute verstehen, daß Sie nicht immer Zeit haben, erst nachzudenken, bevor Sie sprechen oder handeln.

Prinzessin Margaret, die Schwester von Königin Elizabeth II., hat einen Widder-Aszendenten. Das ist so ziemlich der schwierigste Aszendent, den man haben kann, wenn man dazu erzogen wird, den Regeln und Verpflichtungen des englischen Königshauses zu gehorchen. Dennoch offenbarte sie ihr impulsives und durchsetzungsfähiges Selbst, weil sie sich in einen »unpassenden«

Kriegshelden, Oberst Peter Townsend, verliebte, den sie nicht heiraten durfte, und weil sie sich später von ihrem Mann, dem Vater ihrer beiden Kinder, Lord Snowdon, scheiden ließ.

Das heißt natürlich nicht, daß Widder am Aszendenten und Waage im 7. Haus *per se* Scheidung anzeigen. In diesem Horoskop steht Venus im 7. Haus in Opposition zu Uranus im 1. Haus und im Quadrat zu Jupiter. Sie ist somit Teil eines schwierigen T-Quadrats; einige Astrologen beziehen möglicherweise Saturn mit ein und sehen dann sogar ein Großes Kreuz. Die Herausforderungen, die mit dieser Art von Aspekten einhergehen, können so lange zu Scheidung, Enttäuschung oder Unzufriedenheit in Zweierbeziehungen führen, bis man angemessen mit ihnen umgeht.

## Waage-DC

Der Waage-Deszendent zeigt an, was Sie von anderen brauchen: Sie suchen über Ihre Partner Zugang zur Gesellschaft und wünschen sich jemanden, der gesellig, ausgeglichen, freundlich und liebenswürdig ist. Weil Sie Eindruck machen und ein aktiver Mensch sind, brauchen Sie einen Partner, der eher passiv ist und Sie Verabredungen treffen und Urlaubspläne machen läßt, doch gelegentlich brauchen Sie zur Anregung etwas Widerspruch. Natürlich hängt viel davon ab, wo Venus, die Herrscherin von Waage, steht und welche Aspekte sie hat. Ihr Widder-Aszendent braucht Feedback, deshalb macht es Ihnen wirklich Spaß, sich mit jemandem einzulassen, der auch mal auf Gegenkurs geht. Die Sängerin und Schauspielerin Barbra Streisand fühlt sich in einer Beziehung am wohlsten, wenn ihr Partner bereit ist, im Hintergrund zu bleiben und sie glänzen zu lassen. Venus, Herrscherin von Waage im 7. Haus, steht im 12. Haus in den sanften, einfühlsamen Fischen. Sie wählt ausnahmslos Liebhaber, die in Berufen hinter den Kulissen (12. Haus) arbeiten und nicht von ihrer Energie, ihrer Dynamik und ihrer herrischen Art umgeworfen werden. Ihr einziger Ehepartner war der Schauspieler Elliott Gould, aber sie hatte lange ein Verhältnis mit dem Produzenten und Regisseur Jon Peters und anderen. Venus steht im Quadrat zu Jupiter in ihrem 3. Haus und läßt auf einige machtvolle Auseinandersetzungen zwischen ihr und jeder Person des 7. Hauses schließen.

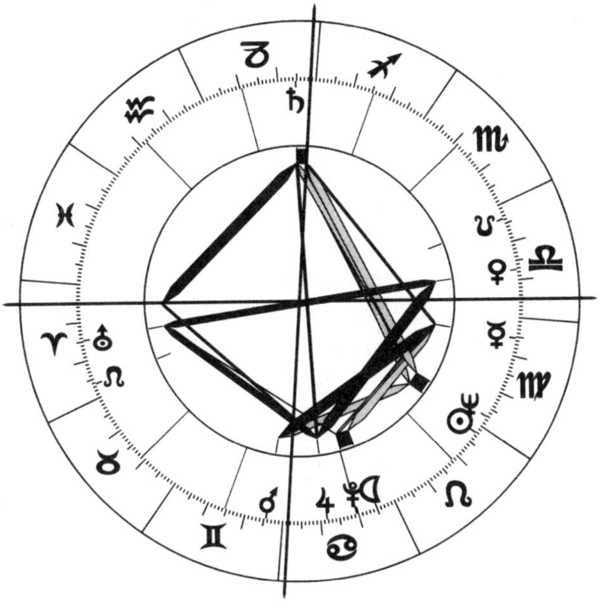

**Prinzessin Margaret**

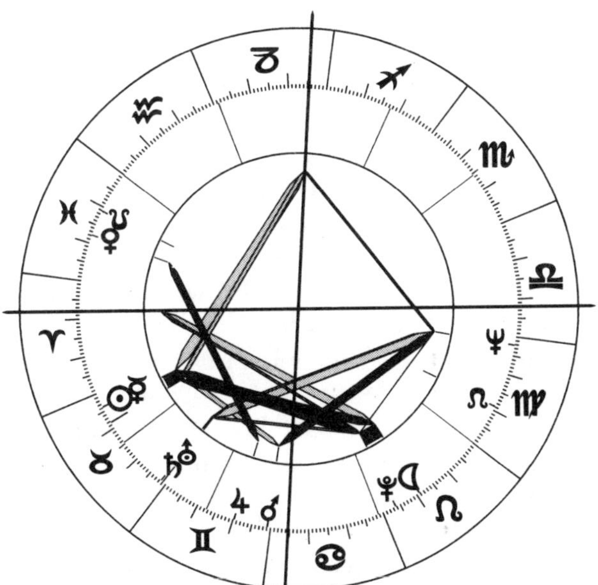

**Barbra Streisand**

Mit einem Waage-Deszendenten genießen Sie es, sich mit jemandem zusammenzutun. Diese Partnerschaft gedeiht allerdings am besten, wenn Sie die Kontrolle behalten, die Ihrem Widder-Aszendenten so viel bedeutet.

### Stier-AC

Sie wissen ziemlich genau, was Sie wollen und planen Ihre Aktionen gerne im voraus. Sie freuen sich darauf, greifbare Ziele zu erreichen, daher ärgern Sie sich über seichte Leute, die gar keine haben. Weil Sie selbst so stur sein können, brauchen Sie andererseits Freunde und Partner, die auch mal nachgeben, denn Sie können ganz schön frustriert sein, wenn es nicht nach Ihrem Kopf geht. Dieses Verhalten dürfte flüchtige Bekannte überraschen, denn diese halten Sie meistens für eine warme, charmante, ruhige und kontrollierte Person. Mit einem Stier-Aszendenten ist es besonders wichtig, den richtigen Ehe- oder Geschäftspartner auszusuchen. Wenn die Herrscher über Skorpion in Ihrem 7. Haus, Pluto und Mars, nicht gerade in gespanntem Aspekt zueinander stehen, bevorzugen Sie eine starke Persönlichkeit als Ehe- oder Geschäftspartner. Zuviel Stärke oder Dominanz gehen Ihrer fixen Natur aber gegen den Strich. Deshalb müssen viele weitere Faktoren gegeneinander abgewogen werden.

Liza Minelli hat einen Stier-Aszendenten. Die Herrscherin, Venus, befindet sich in Widder im 12. Haus. Das ist eine schwierige Plazierung, weil das Stier-Bedürfnis nach Planung und Kontrolle durch den Widder-Wunsch nach Spontaneität gestört wird. Ihre ruhige und gefaßte Stier-Seite steht im Widerspruch zur Tendenz im 12. Haus: scheu zu sein und Angst vor Zurückweisung zu haben.

Hinzu kommt noch eine sensible Fische-Sonne und ein empfindlicher Krebs-Mond, -Mars, -IC und -Saturn – soviel Wasser zeigt eine sehr sensible Natur an. Wir müssen annehmen, daß, welche Gelassenheit und Ruhe sie auch immer an den Tag legen mag, dies nur Fassade ist, um ihre wahre Natur zu verbergen. Die Spitze des 4. Hauses in Krebs bestätigt eine starke Verbindung zu ihrer Mutter, Judy Garland, die einen Krebs-Aszendenten hatte.

## Skorpion-DC

Wenn Sie sich auf eine Verbindung einlassen, hängen Sie Ihr Herz und Ihre Seele daran und bringen beträchtliche Ausdauer auf. Ganz egal, wie die Beziehung läuft – Sie geben sich große Mühe, das Beste daraus zu machen. Sie wünschen sich jemanden, der sich Ihnen total hingibt, und Sie widmen sich ihm mit ebenso großer inniger Zuneigung. Es hängt viel davon ab, wie Mars und Pluto stehen, aber mit der starken Betonung der fixen Zeichen Stier / Skorpion wird bei Ihnen Ehe groß geschrieben.

Robert Kennedy, von dem es heißt, er sei seiner Ehefrau Ethel untreu gewesen, bekam von ihr nichtsdestotrotz unerschütterliche Liebe (und außerdem 11 Kinder) (siehe Horoskop S. 173). Mars steht in Skorpion und ist gespannt aspektiert. Demnach hatte die Beziehung sicher ihre Höhen und Tiefen. Doch Pluto steht im Trigon zu Saturn, ein Zeichen für Zeit und Dauerhaftigkeit. Es gibt viele Aspekte, die veranschaulichen, welche stürmischen Gewässer darauf warten, befahren zu werden, wenn es um die verbindliche Partnerschaft zu nur einem Menschen geht: Pluto in Opposition zu Venus und Jupiter als Anzeichen für eine gewisse Maßlosigkeit in bezug auf andere. Mars steht in Opposition zu Aszendent und im Quadrat zu Mond, ein äußerst schwieriges T-Quadrat, das auf einen Mangel an Selbstvertrauen in Beziehungen hinweist. In engen Partnerschaften wirkt dies möglicherweise sehr zerrüttend. Diese Aspekte können zur Scheidung führen, wenn Sie keine streng religiöse oder spirituelle Bindung haben oder eben diese hartnäckige fixe Polarität.

## Zwillinge-AC

Abwechslung gibt Ihrem Leben erst die richtige Würze. Vielleicht fürchten Sie Langeweile mehr als den Verlust von Prestige oder Geld, und Ihre Freunde und Liebsten täten besser daran, dies zu verstehen, denn sonst hält die Verbindung nicht lange. Sie genießen es, mit Menschen zusammen zu sein, die Ihren Geist anregen; pedantische Perfektionisten sind nichts für Sie (und Sie nichts für solche Leute). Jede Art der Kommunikation ist wichtig für Sie. Sie haben Freude an sozialem Engagement, solange Sie aktiv daran beteiligt sein können und man von Ihnen nicht er-

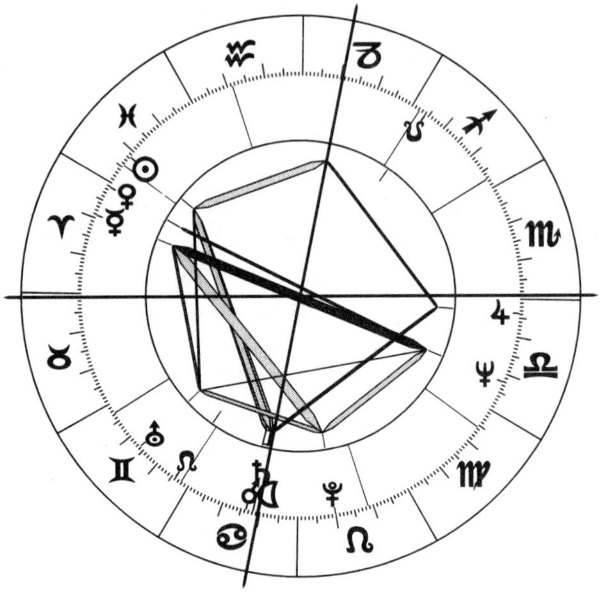

**Liza Minelli**

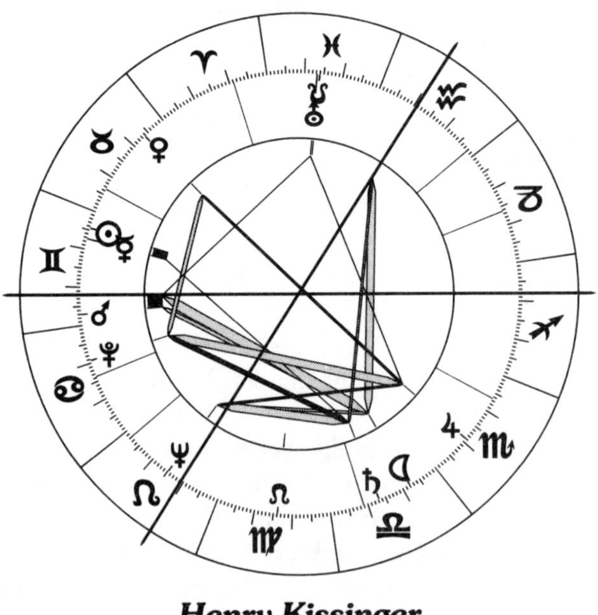

**Henry Kissinger**

wartet, Däumchen drehend herumzusitzen und nur zuzusehen, wie die Welt sich weiterdreht.

Sie haben einen Schütze-Deszendenten. Nach Ansicht einiger Astrologen ist dies für intime Verbindungen kein gutes Zeichen, da Sie als zu unbeständig und unabhängig gelten. Dies trifft nicht immer zu. Es hängt davon ab, wie die Herrscher Merkur und Jupiter im Horoskop stehen. Sie können genauso loyal oder treu sein wie jeder andere, solange Sie und Ihr Partner dieselben Ideen und Ideale teilen oder Neues lernen und diskutieren.

Henry Kissinger hat einen Zwillinge-Aszendenten. Seine Sonne und sein Merkur stehen in Konjunktion in Zwillinge im 12. Haus und auch Mars ist in Zwillinge, jedoch im 1. Haus. Dieser sehr intellektuelle Mann zeigt sicherlich viele der typischen Zwillinge-Charakteristika. Sein Leben ist ebenso faszinierend wie abwechslungsreich. Für ihn ist es am wichtigsten, durch Rede und Schrift kommunizieren zu können, ob als Professor in Harvard, Staatssekretär oder Autor. Noch heute wird Henry Kissinger interviewt, wenn irgend etwas auf der internationalen politischen Bühne passiert.

Jupiter, der über seinen Deszendenten herrscht, befindet sich in Skorpion im 5. Haus. Er hat ein starkes Bedürfnis nach Beziehungen und ein ebenso starkes Verlangen, zu lieben und geliebt zu werden. Weil Jupiter in Opposition zu Venus steht und im Quadrat zu Neptun, weiß er nicht immer ganz genau, was er sich von Frauen wünscht. Das ist schwer für einen Mann, der es gewöhnt ist, sich kurz und bündig auszudrücken. Seine erste Ehe, aus der zwei Kinder hervorgingen, dauerte 15 Jahre. Die nächsten 10 Jahre verbrachte er sehr aktiv in der Politik und in der Gesellschaft vieler Frauen. 1974 heiratete er ein zweites Mal und ist immer noch mit Nancy verheiratet.

### Schütze-DC

Sie brauchen in jeder engen Beziehung viel Bewegungsfreiheit. Jupiter, Planet der Expansion, regiert Ihr Haus der Partnerschaft. Für Sie ist es wichtig, eine Beziehung einzugehen, aber die Regeln bestimmen Sie selbst – und mit der Einhaltung dieser Regeln nehmen Sie es nicht so genau (Zwillinge am Aszendenten). Freiheit ist Ihr Lieblingswort. Diesen Spielraum, der Ihnen so wichtig ist, sollten Sie aber auch großzügig Ihrem Partner zugestehen. Ob Sie sich entscheiden, dies zu tun, hängt davon ab, wie Jupiter und der Mond (Anzeiger für Ihre emotionale Natur) in Ihrem Horoskop stehen. Sie wünschen sich einen Ehepartner, der Ihre Lebensphilosophie teilt und der alle möglichen Themen mit Ihnen diskutiert. Häufig fühlen Sie sich von jemandem angezogen, der völlig anderer Herkunft ist. Sie können Ihren Horizont dadurch erweitern, daß Sie sich mit diesem Menschen austauschen.

General George Patton, bei dem Jupiter, der Herrscher seines 7. Hauses in Jungfrau im 4. Haus steht, brachte sein Bedürfnis nach Freiheit dadurch zum Ausdruck, daß er sich für eine militärische Laufbahn entschied. Er zog in den Krieg und war von seiner Partnerin insofern abhängig, daß sie das Leben an der Heimatfront aufrecht erhielt. Jupiter steht im Trigon zu Neptun, dem Herrscher des 10. Hauses (Beruf). Anscheinend war seine Partnerin eine Frau, die nach dem Motto »leben und leben lassen« verfuhr, die ihre Rolle als glückliche Hausfrau akzeptierte und ihren Mann dabei unterstützte, auf dem von ihm gewählten Gebiet zu glänzen.

Wenn Jupiter gespannt aspektiert ist, kann dies einen Partner anzeigen, der zu fordernd, überheblich oder sogar maßlos ist. Dieses Verhalten gefällt Ihnen vielleicht überhaupt nicht, und daher verlassen Sie ihn bald – wenn nicht in Wirklichkeit, dann wenigstens in der Vorstellung.

## Krebs-AC

Mit einem Krebs-Aszendenten sind Sie empfindsam und verletzlich. Sie möchten nicht allzu viel Aufmerksamkeit auf sich lenken und ziehen sich lieber in Ihren Schutzpanzer zurück, es sei denn, Uranus ist stark gestellt (erhöht, in Eckhäusern oder stark aspektiert). Sie suchen sich Menschen, die für Ihre Unsicherheit empfänglich sind und von denen Sie sich nicht bedroht fühlen. Obwohl sich in Ihrem Leben viele Veränderungen und einige Umzüge ergeben könnten, hüten Sie die Erinnerung an Ihre Kindheit wie einen Schatz. Heim und Herd sind in Ihrem Leben äußerst wichtig, und Sie können sogar einem Hotelzimmer eine anheimelnde Atmosphäre verleihen. Es fällt Ihnen schwer, Kritik anzunehmen, und Sie mißverstehen oft sogar nur gut gemeinte Bemer-

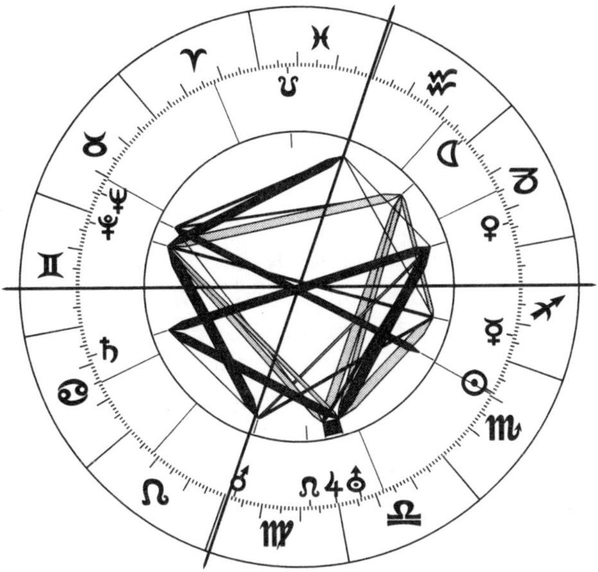

**George Patton**

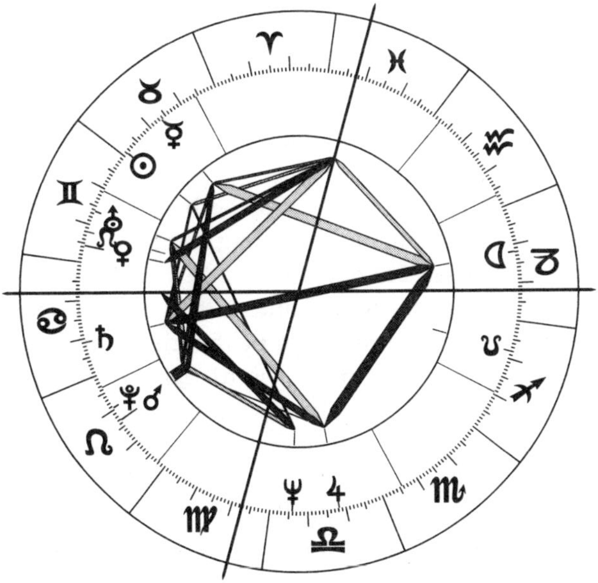

**Cher**

kungen, ganz gleich, ob sie von Ihren Liebsten, Freunden oder Feinden kommen. Sie nehmen alle zwischenmenschlichen Beziehungen sehr ernst, und wenn es zu Trennungen oder einer Scheidung kommt, leiden Sie sehr darunter.
Judy Garland (siehe Horoskop S. 137) hat einen Krebs-Aszendenten, dessen Herrscher, der Mond, im 6. Haus in Schütze steht. Dies scheint vielleicht weniger verletzlich zu sein als unsere Beschreibung für den Aszendenten im Krebs, besonders weil Judy eine Zwillinge-Sonne hat, die Spaß und Abwechslung liebt. Aber wenn wir genauer hinsehen, erkennen wir, daß ihre Sonne im 12. Haus steht, perfekt für eine Schauspielerin, die ihre Unsicherheiten nicht zeigen möchte und sich statt dessen hinter ihren Rollen versteckt. Es war jedoch schwierig, damit zu leben, denn die Sonne steht in Opposition zu Mars und im Quadrat zu Uranus. Sie ist also Teil eines herausfordernden T-Quadrats. Noch unangenehmer war der Mond in Opposition zu Merkur und im Quadrat zu Saturn im 4. Haus – ein zweites T-Quadrat. Das Gefühl, von ihren Eltern zuwenig Liebe bekommen zu haben (Mond Quadrat Saturn) beeinflußte ihre Bedürfnisse in Partnerschaften (Steinbock im 7. Haus), indem es ihren konstanten Hunger nach Liebe und Genährtwerden verstärkte. Keiner ihrer fünf Ehemänner hat anscheinend ihre tiefen Sehnsüchte erfüllen oder ihr das Gefühl der Unzulänglichkeit nehmen können.

### Steinbock-DC

Sie suchen einen Partner, der für Sicherheit, einen organisierten Alltag und eine verläßliche Beziehung sorgt. Mit einem Krebs-Aszendenten verlassen Sie sich auf Ihre Wahrnehmung und Intuition, um ans Ziel zu kommen. Daher hilft es Ihnen, einen Gefährten zu haben, der Ihre Intuition in produktive Bahnen lenkt. Wie das funktioniert, hängt davon ab, wo Mond und Saturn, Ihre AC- und DC-Herrscher, stehen und wie sie aspektiert sind. Manchmal suchen Sie sich jemanden, der älter und gesetzter ist als Sie (das Elternbild), und gelegentlich werden Sie einen jüngeren Menschen anziehen (um selbst die Elternrolle zu übernehmen), aber einen, der standhaft und treu, erdverbunden und praktisch ist. Dies sind Qualitäten, die oft unentwickelt in Ihrer Persönlichkeit schlummern, bis Sie das passende Gegenüber gefunden haben.

Zunächst heiratete die Sängerin Cher Sonny Bono, der viel älter war. Danach heiratete sie kurz entschlossen Greg Allman. Später, als sie älter wurde, fühlte sie sich zu viel jüngeren Männern hingezogen. Das ist typisch für ein von Saturn regiertes 7. Haus. Ihr Saturn ist im 1. Haus in Krebs, also sucht sie in Partnerschaften ihre eigene Sicherheit. Mit Saturn an dieser Stelle ist es für ihr Selbstgefühl wichtig, einen Gefährten zu haben. Saturn jedoch steht in Opposition zu Mond und im Quadrat zu Jupiter. Das zeigt an, daß es mit ihrer Urteilsfähigkeit bei der Partnerwahl nicht immer zum besten steht. Das Sextil zwischen Saturn und Merkur hilft ihr, die Menschen, die sie anzieht, besser einzuschätzen.
Wenn der Herrscher des 7. Hauses im 1. Haus zu finden ist, sind Sie sehr darauf angewiesen, sich mit Ihrem Partner zu identifizieren und umgekehrt. Die typischen Eigenschaften dieses Planeten und seiner Aspekte zeigen an, wie die Beziehung Ihr Leben verbessert. Wenn es Saturn ist, lassen Sie möglicherweise später in Ihrem Leben eine Romanze aus Ihrer Vergangenheit wiederaufleben.

### Löwe-AC

Sie sind alles andere als schüchtern. Im Gegensatz zum Krebs-Aszendenten lieben Sie es, die Aufmerksamkeit anderer auf sich zu ziehen, zum Beispiel mit einer Löwenmähne oder mit einer Glatze wie Yul Brynner. Oder Sie setzen einfach Ihre aufregende Stimme ein. Sie sind stolz darauf, »jemand« zu sein, Sie lieben es, andere zu beeindrucken. Dafür verbergen Sie den Verlust von Status oder Geld, oder sogar verletzte Gefühle. Weil Sie glänzen wollen, ziehen Sie der Gesellschaft von Konkurrenten diejenige von Bewunderern vor, aber Sie können sich gegen beinahe jeden behaupten.

So selbstsüchtig Sie manchmal auch scheinen mögen, Sie sind wirklich ein romantischer »Softie« und schätzen das andere Geschlecht, ganz besonders bei Liebesaffären (Schütze an der Spitze des 5. Hauses). In einer Ehe brauchen Sie einen unabhängigen und unvoreingenommenen Gefährten (Wassermann an der Spitze des 7. Hauses), einen, der sich nicht unterdrückt oder verstimmt fühlt, egal, welche Rolle Sie gerade spielen. Sie genießen gelegentlichen Applaus und ein Schulterklopfen dann und wann.

Die Schauspielerin Marilyn Monroe verkörperte viele Eigenschaften, die typisch für einen Löwe-Aszendenten sind. »Jemand« zu sein war ihr persönlicher Imperativ, besonders weil sie eine sehr unglückliche Kindheit hatte, was ihrer unsicheren und unverheirateten Mutter zuzuschreiben war, die ihr Leben in einer Nervenheilanstalt beendete. Mit den Herrschern des 1. und 2. Hauses in Konjunktion im 10. Haus und ohne Aspekt zu anderen Planeten strebte Marylin zwei Dinge an: Geld und Ruhm. Sie erreichte ihr Ziel, aber es brachte ihr nicht das Glück, von dem sie geträumt hatte.

Neptun im 1. Haus signalisiert magnetische Anziehungskraft und Glamour als Teil ihrer öffentlichen Persona, aber gleichzeitig auch Marilyns Unfähigkeit, sich selbst und ihre Rolle im Leben klar zu erkennen. Ein gespanntes T-Quadrat zwischen Neptun in Opposition zu Mond und Jupiter, und alle drei im Quadrat zu Saturn im 4. Haus, deutet darauf hin, daß ihr Stabilität fehlte. Sie hatte das Gefühl, keinen angemessenen Platz im Herzen ihrer Eltern zu haben und daraus folgend auch nicht in den Herzen ihrer Partner, egal ob Ehemänner oder Liebhaber. Uranus, ihr DC-Herrscher, hat keine Aspekte und ist deshalb schwer in dieses Horoskop zu integrieren. Alles, was sie wußte, war, daß sie geliebt werden und dabei frei sein wollte; daß sie Abwechslung und sowohl geistige als auch emotionale Anregung wollte – und von allem so viel wie möglich (Wassermann im 7. Haus mit Mond und Jupiter). Armes verlassenes Kind, weder ihre vielen Verehrer und Ehemänner noch ihr Publikum, das sie bewunderte, konnten ihr all das geben, was sie brauchte und wonach sie sich sehnte.

### Wassermann-DC

Wie wir bereits bei der Beschreibung des Schütze-DC ausgeführt haben, brauchen Sie auch bei Wassermann im 7. Haus die Freiheit, zu machen, was Sie wollen. Sie fühlen sich von Leuten angezogen, die einmalig, ungewöhnlich oder ganz einfach völlig schräg drauf sind. Mit einem Hauch von Löwe-Arroganz (Aszendent) ist es Ihnen völlig gleichgültig, was andere über Ihre Beziehungen denken. Es zählt nur, daß der Funke überspringt.

Oft heiraten Sie jemanden, der von anderer religiöser oder philosophischer Herkunft ist, der anders erzogen worden ist, eine andere Bildung hat oder aus einem anderen Land kommt. Diese Partnerschaft kann gut laufen, solange Sie einander genügend Freiraum lassen. Wenn Uranus jedoch nicht gut in das Horoskop eingebunden ist, fällt es Ihnen vielleicht schwer, Ihrem Ehepartner treu zu bleiben und umgekehrt.

Ingrid Bergman hat Wassermann an der Spitze des 7. Hauses und Uranus in Wassermann im 6. Haus. Es überrascht nicht, daß sie ihren Ehemann verließ, nachdem sie Roberto Rossellini bei gemeinsamen Dreharbeiten an einem Film kennengelernt hatte. Ihre überstürzte Abreise aus Hollywood, um mit Roberto zu leben, von ihm Kinder zu bekommen und ihn dann zu heiraten, wird durch diesen Uranus im 6. Haus, der über das 7. Haus regiert, gut beschrieben. Für sie war Legalität keine notwendige Voraussetzung für eine feste Bindung. Sie war zu jeder Anpassung bereit, um mit dem Mann zusammensein zu können, den sie liebte. Ihr Werdegang und ihre Religionen waren verschieden, doch ihre Arbeit und die Anerkennung, die sie einander entgegenbrachten, führten sie zusammen. Die einzigen Aspekte, die Uranus hat, sind ein Quinkunx zu Merkur und eins zu Saturn, woraus sich ein Yod ergibt – kein Hinweis auf eine langdauernde Beziehung. Ingrid verließ Rossellini, heiratete erneut und ließ sich wieder scheiden (siehe Horoskop S. 172).

Obwohl das 7. Haus immer anzeigt, was Sie von einem Partner erwarten und wonach Sie suchen, kommt auch das 9. Haus in Betracht, wenn es um eine zweite Heirat geht. Es gibt zusätzliche Informationen über den gesuchten Partner. Bei Bergman steht Mars, der das 9. Haus regiert, in Krebs in einem Stellium mit Pluto und Saturn. Dies ist ein Hinweis darauf, daß sie sich beim zweiten Mal einen feurigen und doch auch familienorientierten, sensiblen und intuitiven Partner wünschte. Wenn wir uns Robertos Horoskop (siehe Horoskop S. 172) anschauen, ist es für diese Wünsche nicht besonders resonant. Ingrids Mars steht in der Halbsumme zwischen ihrer Sonne und ihrem MC und zu beiden im Sextil. Ihr Mond im 9. Haus steht im Trigon zu ihrer Venus. All das symbolisiert, daß sie sich schnell und leicht von Männern angezogen fühlte. Solange die Beziehung dauerte, war sie wundervoll. Aber mit dem Stellium in Krebs war ein Feuerwerk angezeigt. All ihre Partnerschaften wurden von Uranus in diesem Yod mit Merkur und Saturn untergraben. Jede enge Beziehung war bestenfalls schwierig und erforderte viel Anstrengung und Anpassungsbereitschaft von Ingrids Seite.

### Jungfrau-AC

Vielleicht leiden Sie an einem Minderwertigkeitskomplex, weil Sie mit dem Ihnen eigenen Perfektionsanspruch Ihre Kritik nicht nur bei anderen anbringen, sondern auch bei sich selbst. Der Schauspieler Henry Fonda, bescheiden und ruhig, ist ein typisches Beispiel für einen Jungfrau-Aszendenten. Der Horoskopherrscher Merkur in Stier in Konjunktion mit Venus, der Herrscherin seines Sonnenzeichens, unterstützt noch seine freundliche Art. Die Opposition zu Mond deutet an, daß er dazu neigt, seine Gefühle zu unterdrücken, und weist auf einige emotional schmerzhafte Höhen und Tiefen hin. Aber gerade das hilft einem Schauspieler oft, sich völlig in anspruchsvolle Rollen einzuarbeiten.

Wenn es Ihnen schwerfällt, Ihr Gefühl der Unsicherheit zu überwinden, kann es sein, daß Sie es überkompensieren und laut, lärmend und angeberisch wie der Schriftsteller Ernest Hemingway werden (siehe Horoskop S. 213). Glaubt man dem zur Verfügung stehenden biographischen Material über Hemingway, »entmannte« seine starke Mutter seinen Vater, der Selbstmord beging, und sie versuchte dasselbe mit Ernest. Ihm zufolge hatte sie keinen Erfolg damit ... Aber Saturn im Quadrat zu Mars und in Opposition zu Pluto / Neptun sagt etwas anderes aus. Diese Aspekte im Horoskop eines Mannes können die Angst anzeigen, als Mann zu versagen. Die typische Reaktion darauf besteht darin, diese Angst zu sehr zu kompensieren und den Macho zu spielen. So trat Hemingway auf: Er sah bei Stierkämpfen gern Blut fließen, nahm an Boxkämpfen teil, erlegte auf einer Safari die größten und gefährlichsten Tiere und liebte so viele Frauen wie nur möglich.

Mit einem Jungfrau-Aszendenten möchten Sie, daß Ihre harte Arbeit von konkreten Resultaten gekrönt wird. Mit Ihrem Fische-Deszendenten suchen Sie einen Partner, der feinfühlig, sanft und verständnisvoll ist, mit anderen Worten, einen, der Fische-Eigenschaften verkörpert.

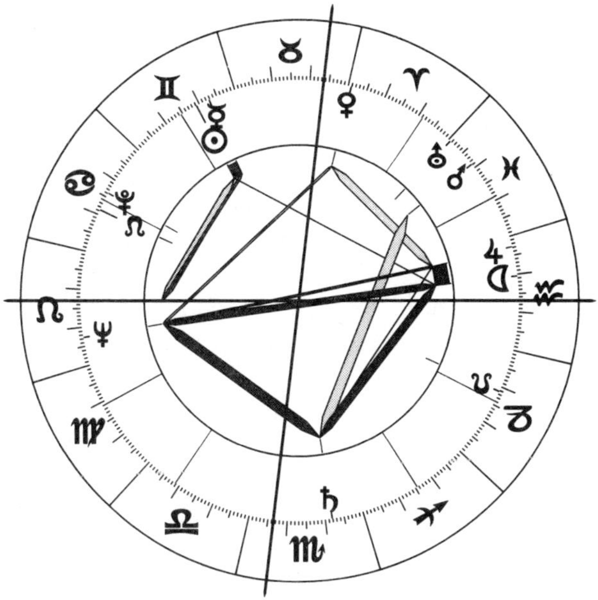

**Marilyn Monroe**

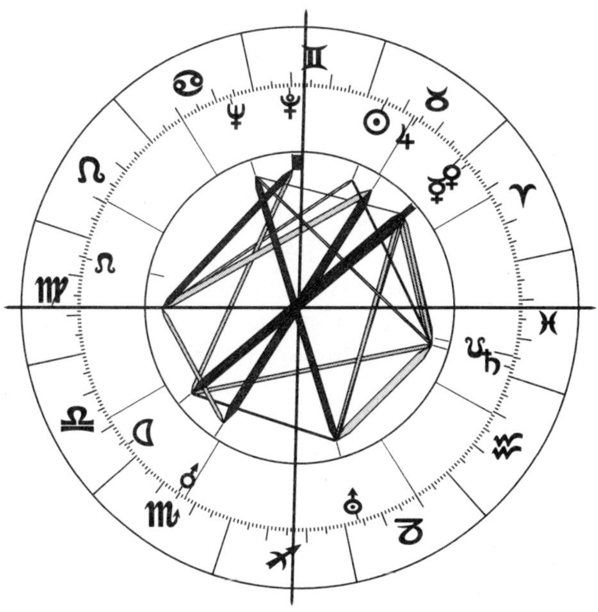

**Henry Fonda**

## Fische-DC

Sie suchen jemanden, den Sie aufbauen und dem Sie durch die Lebenskrisen helfen können, jemanden, der sich bei Ihnen anlehnt und eine Menge von Ihnen erwartet. Sie könnten allerdings an einen Partner geraten, der alles durchleidet und alles nimmt, was Sie anzubieten haben: einen typischen Märtyrer. Es kommt darauf an, wo Neptun steht und welche Aspekte er hat. Um Ihre eigene Unsicherheit zu verbergen, suchen Sie sich häufig jemanden, der Sie dominant bleiben läßt, und Sie sind daher am glücklichsten mit einem Partner, dem es ganz recht ist, daß Sie die Kontrolle übernehmen.

Der Regisseur Roberto Rossellini ist ein perfektes Beispiel (siehe Horoskop S. 172). Er braucht jemanden, der zu ihm aufsieht und ihm ein Freund ist (Neptun im 11. Haus), der mütterlich und empfindsam ist (Neptun in Krebs) und doch auch beständig und praktisch (Saturn im 7. Haus). Ingrid Bergman erfüllte viele dieser 7.-Haus-Bedürfnisse, aber sie war nicht schwach und ganz gewiß nicht immer bereit, ihm die Kontrolle zu überlassen. Sein 9. Haus (dies war seine zweite Heirat) wird von Mars regiert, der im Quadrat zu Saturn und im Quinkunx zu Uranus steht. Das könnte andeuten, daß er sich von ihr und ihren drei Kindern eingeschränkt fühlte. Auch seine Sonne steht in diesem Haus und in Opposition zu Mond; offenbar mußte er an seiner eigenen Vorstellung von *Anima / Animus* arbeiten. Neptun, Herrscher des Hauses der Partnerschaften, steht in Opposition zu Uranus, der oft, jedoch nicht immer zu Recht, »Scheidungsplanet« genannt wird.

Ein Fische-DC kann sehr verwirrend sein. Obwohl Sie bei anderen Verständnis suchen, nörgeln und kritisieren Sie vielleicht zuviel, wogegen sich Ihr empfindlicher Partner eventuell nicht behaupten kann.

## Waage-AC

Dieses Zeichen der Harmonie und Balance am AC signalisiert, daß Sie charmant sind und sich daher beinahe alles erlauben können. Was jedem anderen Feindschaft eintragen würde, formuliert eine Waage so schmeichlerisch, daß niemand verstimmt ist oder sauer wird. Wegen Ihrer kultivierten und höflichen Art sind Sie meistens beliebt und auf dem gesellschaftlichen Parkett sehr begehrt. Um sich ganz zu fühlen, brauchen Sie einen Partner – einen Resonanzboden für Ihre Ideen und einen Empfänger Ihrer Liebe. Liebe wird für die von Venus regierte Waage groß geschrieben.

John F. Kennedy ist ein prima Beispiel für einen Waage-Aszendenten. Sein Charme und Charisma waren Legende, das gleiche gilt für seine sexuellen Bedürfnisse – die er nicht unbedingt nur mit seiner Frau befriedigte. Venus als AC-Herrscherin stand im 8. Haus in Konjunktion mit seiner Sonne. Mars, der DC-Herrscher, befand sich in Konjunktion mit dem maßlosen Jupiter, dem Herrscher über das 7. und 8. Haus, im sinnlichen Stier. Beide bildeten ein Quadrat zu Uranus im 5. Haus, wo es um Spaß und Aufregung geht.

Häufig steht bei einem Waage-AC die Spitze des 5. Hauses der Liebesaffären in Wassermann: Treue ist nicht gerade Ihre größte Stärke. Falls Venus nicht im Aspekt zu Saturn steht – oder wie bei Jimmy Carter, dessen Sonne und Aszendent in Waage stehen, letzterer in Konjunktion mit Saturn – sind Sie in die Liebe verliebt, und die Wollust wohnt in Ihrem Herzen. Sie sind darauf angewiesen, geliebt zu werden, deshalb fällt es Ihnen schwer, unfreundlich zu sein. Sie gehen einer Situation eher aus dem Weg, als mit Chaos oder Häßlichkeit konfrontiert zu werden. Mit Ihrem Widder-DC lassen Sie lieber Ihren Partner kämpfen.

### Widder-DC

Obwohl Ihr AC-Zeichen Waage den Ruf hat, friedliebend und harmoniebedürftig zu sein, ist das nicht immer der Fall, denn Sie sind stets für eine gute, die Atmosphäre klärende Auseinandersetzung zu haben. Sie werden es eher »Diskussion« nennen und es durch angewandte Strategie schaffen, sich mit Ihren Argumenten durchzusetzen. Diese Position heißt auch »eiserne Faust im Samthandschuh«. Glücklicherweise ziehen Sie mit Widder am DC feurige, manchmal streitlustige Typen an, die auf Ihre Quälerei anspringen und manchmal überreagieren, was Sie aus dem Gleichgewicht bringen kann. Mars spielt hierbei eine wichtige Rolle, und wenn er harmonisch zu Venus, Ihrer AC-Herrscherin steht,

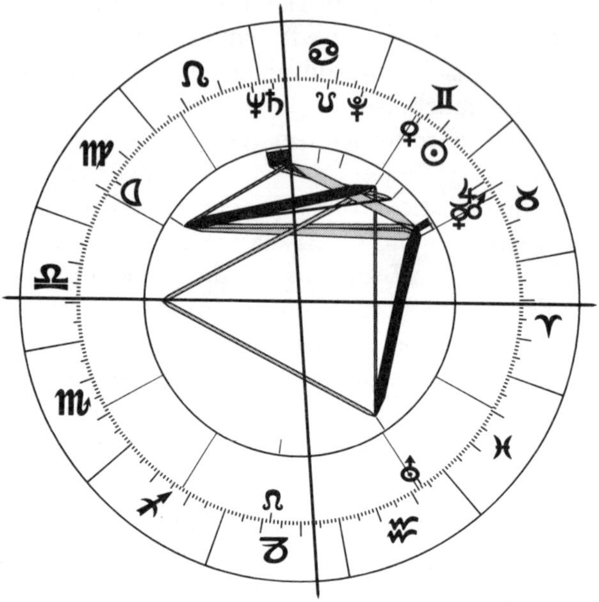

***John F. Kennedy***

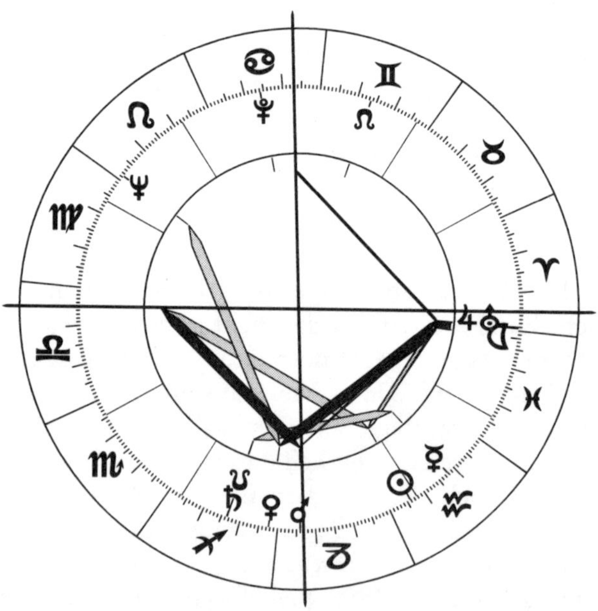

***Roger Vadim***

können Sie eine Ehe im siebten Himmel führen. Zweifellos brauchen Sie einen Partner, der willensstark körperlich aktiv ist und der Ihrer Selbstgefälligkeit etwas entgegenzusetzen hat.

Der Regisseur Roger Vadim bevorzugt diesen Frauentyp. Er war mit einigen Widderfrauen zusammen oder sogar verheiratet. Das heißt nicht, daß sie die Sonne oder den Aszendenten im Widder hatten, nur, daß sie sich wie Widder verhielten. Mars, sein DC-Herrscher, hat nur herausfordernde Aspekte: ein Quadrat zu Jupiter, zu Uranus und zum AC und eine Opposition zum MC – eine spannungsreiche Konstellation, die vermuten läßt, daß es mit Partnerinnen Schwierigkeiten gibt. Das hielt ihn jedoch nicht davon ab, mit einigen der attraktivsten Frauen der Welt auf seine typische Waage-Art zu leben, sie zu beeinflussen, zu führen und zu formen: Brigitte Bardot, Jane Fonda und Catherine Deneuve – um nur einige zu nennen. Kaum eine dieser Beziehungen hielt lange, obwohl er Brigitte Bardot und Jane Fonda sogar heiratete. Ein Widder-Deszendent zeigt an, daß Sie jemanden brauchen, der stark und dominant ist und Ihre Interessen teilt, der aber nicht versucht, Sie in den Schatten zu stellen. Die Stellung von Mars gibt Aufschluß darüber, welche Interessen das sind. Mit Mars im 11. Haus zum Beispiel werden Sie beide Spaß an Unternehmungen mit einer Gruppe haben, mit Mars im 5. werden Sport oder kreative Abenteuer Ihnen dabei helfen, sich zu binden.

### Skorpion-AC

Der Schein trügt oft bei diesem Aszendenten, denn was Sie sehen, ist nicht unbedingt das, was Sie kriegen. Sie vermögen sich selbst in genügend Persönlichkeitsschichten zu verpacken, so daß Sie Ihre wahren Gefühle leicht verstecken können. Sie tun dies einerseits aus Stärke, nicht aus Schwäche, und andererseits aus Ihrem überaus großen Bedürfnis nach Privatsphäre und Zurückgezogenheit. Also geht es niemanden außer Ihnen etwas an, wer Sie wirklich sind. Es liegt auf der Hand, daß Sie in der Auswahl Ihrer Partner sehr vorsichtig sind, ganz genauso anspruchsvoll wie Jungfrau, das Zeichen an der Spitze Ihres 11. Hauses, dem Haus der Freunde. Wenn Sie einmal einen Freund oder Liebhaber erwählt haben, sind Sie sehr loyal und wie allen fixen Zeichen fällt es Ihnen schwer, Veränderungen zuzulassen, besonders bei Partnern.

Mit einem Skorpion-AC erscheinen Sie ruhig und gelassen... stille Wasser sind tief. Ihre Gefühle sind sehr intensiv. Sie werden Ihre Liebsten beschützen und verteidigen, aber wenn man Sie provoziert, können Sie zu einem unerbittlichen Gegner werden. Es fällt Ihnen schwer, mit schwachen oder unentschlossenen Leuten zusammen zu sein, aber mit denen, die stark genug sind, sich Ihnen zu widersetzen, verbeißen Sie sich in einen heftigen Kampf. Deshalb werden Sie für einen Einzelgänger gehalten.

Der Skorpion-Aszendent beschreibt sehr gut Camille Claudel, eine junge Frau, die in bezug auf Unabhängigkeit und Mut ihrer Zeit weit voraus war. Sie wurde in eine Familie der oberen Mittelschicht hineingeboren, und ihr bildhauerisches Talent wurde bereits in jungen Jahren sichtbar. Mit Neptun, dem Herrscher des 5. Hauses im 5. Haus, in Konjunktion mit Mond sind nicht nur künstlerische Fähigkeiten angezeigt, sondern auch das emotionale Bedürfnis, diese künstlerischen Gaben zu nutzen. Neptun im T-Quadrat zu Uranus und Merkur läßt auf einen Drang zur Individualität schließen. Neptuns Trigon zu Jupiter und das Sextil zum Geburtsmitherrscher Mars zeigt, daß sie leicht Zugang zu ihren Talenten fand. Ihr Vater glaubte an sie als Bildhauerin und half ihr, nach Paris zu gehen, um dort zu studieren. Ihre Mutter wünschte sich für ihr kleines Mädchen ein »normales Leben« und tat alles, was in ihrer Macht stand, um Camille zu überzeugen, einen anderen Weg einzuschlagen.

Still entschlossen (Skorpion-AC) tat Camille genau das, was sie wollte und mogelte sich in das Studio des bereits berühmten Auguste Rodin. Sie wurde seine Schülerin und später seine Geliebte. Für sie war es eine tiefe und bedeutende Beziehung, eine, von der sie sicher war, daß sie zu einer Ehe führen würde, denn sie glaubte, Rodin ließe sich von seiner recht einfachen Frau scheiden. Für ihn jedoch war es nur eine Liebesaffäre unter vielen. Camilles Geburtsherrscher Pluto steht am DC und Mitherrscher Mars im 7. Haus – für Camille bedeutete Sicheinlassen also volles Engagement. Die schwierigen Aspekte zwischen Pluto und Sonne, Jupiter und AC spiegeln wider, daß diese Beziehung von Anfang an zu heftig war, um sie in den Griff zu bekommen. Ihre Liebe zu Rodin verwandelte sich in Haß. Sogar denen, die an ihr Talent glaubten, fiel es nicht leicht, mit ihr umzugehen, als ihre Stimmungen gewalttätig wurden und sie sich total von anderen

Menschen zurückzog. Als sie jedoch schließlich wie ein Tier lebte, schaffte es ihr Bruder, den sie verehrte und dem sie vertraute, sie in eine Nervenheilanstalt zu bringen, damit ihr dort geholfen werde. Sie blieb dort den Rest ihres Lebens, 30 Jahre lang, und sehnte sich nach ihrem Elternhaus. Ihr Bruder, Paul Claudel, ein bekannter Dichter, fühlte sich sein Leben lang dafür schuldig, daß er sie hatte einsperren lassen.

### Stier-DC

Mit einem Stier-DC suchen Sie jemanden, der greifbar ist, der sich gern streicheln, hätscheln, umarmen und halten läßt und dasselbe mit Ihnen tut; einen Menschen, der schöne Dinge zu schätzen weiß und der in Ihren Augen schön oder gutaussehend ist, der sich geschmackvoll kleidet und ebenso gesellschaftsfähig wie solide ist. Diese Beschreibung ist je nach Stellung der Venus wandelbar. Steht sie im 2. Haus, bevorzugen Sie vielleicht jemanden, der finanziell unabhängig ist. Steht sie im 10. Haus, könnten Sie sich zu Menschen hingezogen fühlen, die im öffentlichen Leben stehen oder zu jemandem, der Karriere macht oder der Ihnen bei Ihrer Karriere hilft. Sie wollen keinen Stubenhocker, es sei denn, Ihre Venus steht im 4. Haus oder in Krebs. Diese Stellung ähnelt der von Skorpion am DC: Sie mögen es, wenn alles so bleibt, wie es ist, und Sie werden Ihr Möglichstes tun, um die Beziehung am Laufen zu halten, so daß niemand mit dem Finger auf Sie zeigen und sagen kann, Sie hätten sich nicht genügend angestrengt.

Benito Mussolini hat einen Stier-DC und war mit Rachele (Horoskopdaten im Anhang) bis ans Ende seines Lebens verheiratet.

Venus steht in Krebs: Sein Heim und seine Kinder waren sehr wichtig für ihn. Venus steht jedoch in Konjunktion mit Jupiter und das bedeutet: Exzesse. Jahrelang war Claretta Petacci seine Geliebte. Sie war auch bei ihm, als sie von italienischen Partisanen erschossen und öffentlich aufgehängt wurden. Die Mussolinis blieben ihrer europäischen Herkunft und ihren religiösen Überzeugungen treu und hielten ihre Ehe und ihr Heim bis zum Ende aufrecht.

Claretta hat einen Stier-Aszendenten, und ihre Sinnlichkeit war genau das, was Mussolini brauchte. Rachele war eine starke

***Camille Claudel***

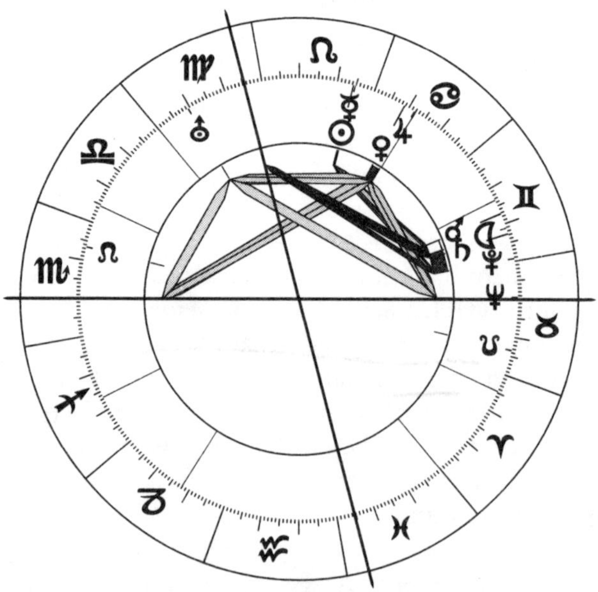

***Benito Mussolini***

Widderfrau mit einem Steinbock-AC, viel anspruchsvoller als es seine Löwe-Sonne ertragen konnte. Er hat Neptun, Pluto, Saturn, Mond und Mars im 7. Haus, deshalb waren Beziehungen immer wichtig in seinem Leben.

### Schütze-AC

Ehrlich, gesellig und extrovertiert wie Sie sind, kann Ihre Naivität rührend sein, wenn sie sich auf Ideen und Ideale gründet, für die Sie kämpfen. Sie kann jedoch auch ärgerlich für Freunde und Verwandte sein, wenn Ihr Vertrauen fehl am Platz ist oder wenn Sie ins Fettnäpfchen treten, weil Sie mit allem herausplatzen, was Ihnen gerade in den Sinn kommt. Je nachdem, wo Jupiter steht und wie er aspektiert ist, können Sie Philosoph sein, fanatischer Missionar oder cin Superverkäufer. Sie lieben es, zu reden und andere zu beeinflussen, besonders Partner und geliebte Menschen, ohne aber unbedingt ihr Leben in die Hand zu nehmen; wie Sie das tun, hängt von anderen Faktoren als dem Aszendenten ab.

Ted Turner, kluger Geschäftsmann, Meistersegler und Gründer der weltweit zu empfangenden 24-Stunden-Fernsehnachrichtenstation CNN, hat einen Schütze-Aszendenten.

Jupiter, sein Geburtsherrscher, steht in Wassermann im 3. Haus, im Haus der Kommunikation. Er steht im Quadrat zu Sonne und zu Venus, im Trigon zu Mond und im Quinkunx zu Neptun, genügend Herausforderungen und Kreativität also, um Jupiters beste Seiten zu nutzen. Er hat ganz bestimmt andere beeinflußt, ohne ihnen jedoch ihr Leben zu diktieren. Er hat es tatsächlich fertiggebracht, die Art und Weise zu verändern, wie das Land – ja sogar die ganze Welt – Nachrichten empfängt.

Die Menschen in Ihrer Umgebung müssen verstehen, woher Sie kommen, und daß Sie es im Grunde gut meinen. Sonst fällt es ihnen schwer, mit Ihnen auszukommen. Mit einem Schütze-AC und einem Zwillinge-DC wollen Sie frei und flexibel sein, und Sie brauchen Anregungen. Falls Ihr Partner Ihnen vorschreiben möchte, was Sie zu tun haben, oder noch schlimmer, falls er Sie langweilt, wird die Beziehung nicht lange dauern. Ted Turner wurde bis jetzt zweimal geschieden.

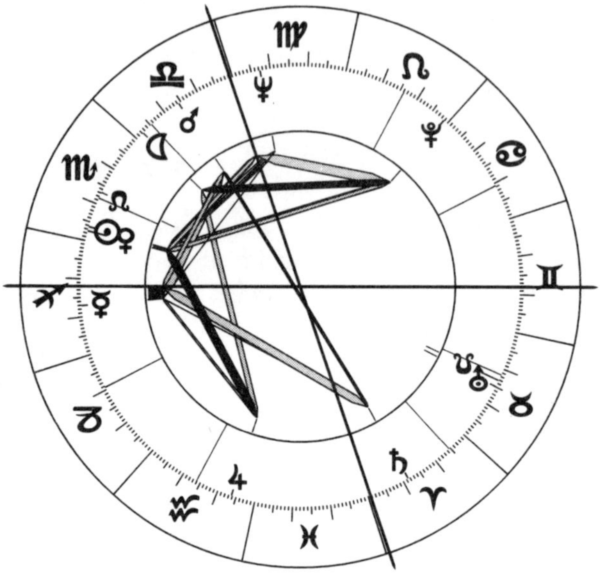

**Ted Turner**

**Robert Browning**

## Zwillinge-DC

Mit einem Zwillinge-DC brauchen Sie einen Partner, der Sie in seinen Bann schlägt, Sie unterhält, amüsiert und informiert. Ideenaustausch hat oberste Priorität, damit die ganze Sache nicht stinklangweilig wird. Wenn es etwas gibt, das jemand mit einem Zwillinge-DC überhaupt nicht erträgt, dann ist es Langeweile. Mit einem Schütze-Aszendenten sind Sie fasziniert von Diskussionen über Philosophie, Reisen, Religion und darüber, was in der Welt so vor sich geht. Es hängt viel davon ab, wo Merkur und Jupiter stehen und welche Aspekte sie haben – auch miteinander.

Eine der dauerhaftesten Liebesbeziehungen aller Zeiten war die zwischen Elizabeth Barrett und Robert Browning. Sie war eine kränkliche, einsiedlerische Schriftstellerin, die sich ihrem tyrannischen Vater widersetzte, um einen beinahe mittellosen Dichter zu heiraten. Sie machten sich nach Italien aus dem Staub, wo sie wunderschöne Gedichte schrieben und bis ans Ende ihrer Tage glücklich waren.

Er hat einen Zwillinge-DC, und der Herrscher, Merkur, steht in Konjunktion mit Sonne in Stier im 5. Haus, dem Haus von Liebe und Kreativität. Jeder feuerte den Selbstausdruck des anderen an, und miteinander schufen sie bleibende Literatur.

Wenn der Herrscher Ihres 7. Hauses nicht gerade in einem fixen Zeichen im 5. Haus wie bei Robert Browning plaziert ist, gibt Abwechslung Ihrem Leben die richtige Würze. Wenn Sie einen Partner suchen, dann muß es jemand sein, der lebhaft, informiert und anpassungsfähig ist. Bildet Merkur herausfordernde Aspekte, versuchen Sie vermutlich mehr als einmal, eine erfolgreiche Beziehung aufzubauen.

## Steinbock-AC

Sie sind sachlich und zuverlässig, und Sie wollen etwas erreichen. Deshalb sind Sie erst zufrieden, wenn Sie ein konkretes und greifbares Ergebnis erzielt haben. Für Ihren Krebs-DC ist ein Partner wichtig, der verständnisvoll, fürsorglich und unterstützend ist. Sie überwinden jedoch das Gefühl der eigenen Unzulänglichkeit nur, wenn Sie selbst erfolgreich sind.

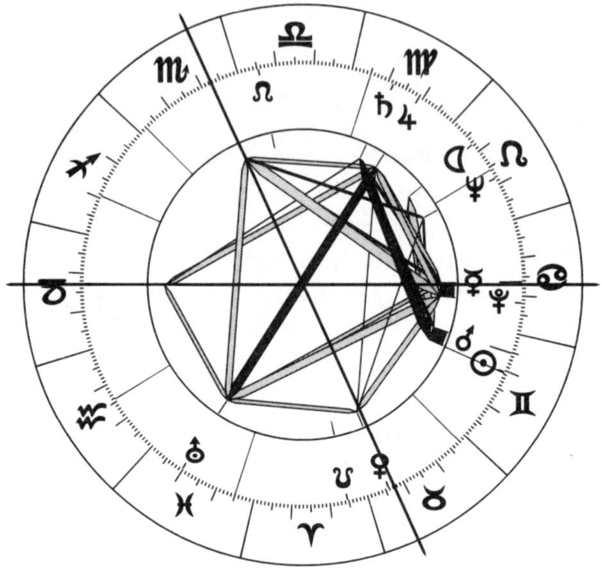

**Prinz Philip**

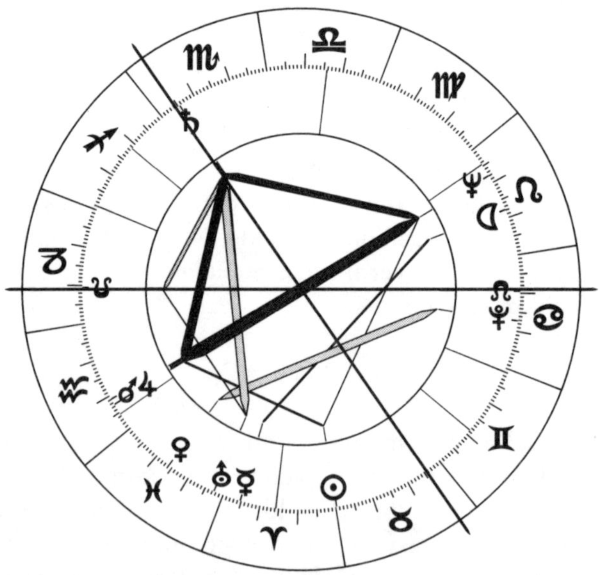

**Königin Elizabeth II**

In jungen Jahren wirken Sie eher ernsthaft. Sie sind fähig, bereits früh viel Verantwortung zu übernehmen. Je sicherer Sie sich fühlen, desto mehr kann Ihr »puer« oder Ihre »jugendliche Natur« durchkommen. Dies erfordert eine sorgsame Partnerwahl. Fühlt sich Ihr Partner wegen Ihres erwachsenen, verläßlichen und stabilen Verhaltens zu Ihnen hingezogen, könnte es ihm schwerfallen, sich an Sie als »Jugendlichen« anzupassen. Joanne Woodward und Paul Newman, beide mit einem Steinbock-AC, haben dieses Problem wahrscheinlich nicht, denn mit ihrem Krebs-DC erwarten sie beide dasselbe Verhalten.

Königin Elizabeth II. und Prinz Philip haben ebenfalls beide einen Steinbock-AC und Krebs-DC. Während Newman und Woodward die gleichen Häuserspitzen haben, sind bei Elizabeth Fische / Jungfrau im 2. und 8. Haus eingeschlossen, bei Philip jedoch Widder / Waage im 3. und 9. Haus. Trotz der gleichen Achsen sind die Häuserspitzen 2 / 8, 3 / 9, 5 / 11 und 6 / 12 verschieden und damit auch die Art, wie sie an die Themen dieser Häuser herangehen. Dies kann interessant und anregend sein, erfordert aber eine ausgeprägte gegenseitige Anpassungsbereitschaft, vielleicht sogar einige Konzessionen, denn die Herrscher des 3. und 11. Hauses, Jupiter und Mars, stehen im Quadrat zu ihrem Aszendentenherrscher Saturn und in Opposition zu Neptun (T-Quadrat), der in Konjunktion mit ihrem Mond steht.

So seriös und reserviert Sie auch erscheinen mögen, Sie können ein überraschend feuriger und ausdrucksvoller Liebhaber sein, wenn Zeichen eingeschlossen sind und Widder an der 5. und Löwe an der 8. Häuserspitze steht. Eine andere gute Möglichkeit, die Bedürfnisse eines Menschen mit Steinbock-Aszendenten zu verstehen, ist es, die gegenüberliegende Perspektive einzunehmen: Krebs-AC und Steinbock-DC.

## Krebs-DC

Heim, Familie und Kinder spielen eine bedeutende Rolle bei Ihrer Partnerwahl. Sie brauchen jemanden, der Ihre manchmal strenge Haltung (Steinbock-Aszendent) mildert; jemanden, der Ihre Befürchtungen und Ängste versteht und lindert; jemanden, der immer für Sie da ist.

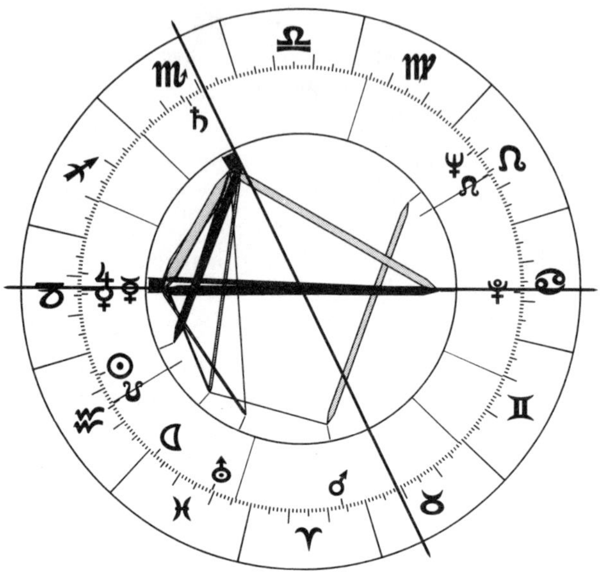

**Paul Newman**

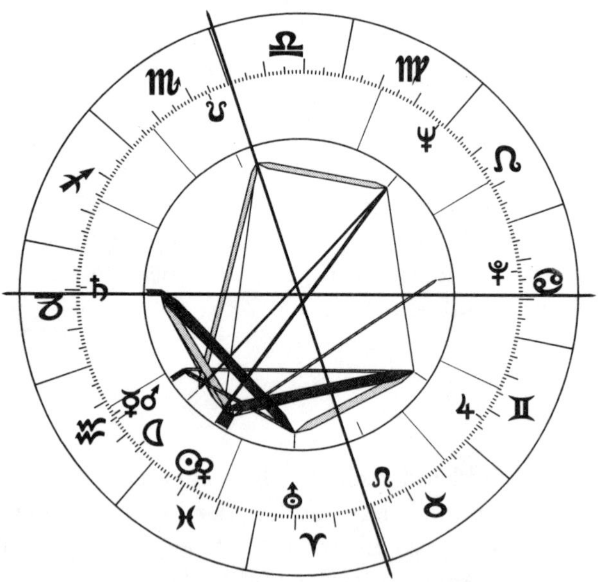

**Joanne Woodward**

Das klassische Beispiel für diese Art Liebesbeziehung ist die der Schauspieler Joanne Woodward und Paul Newman.
Sie sind seit über 30 Jahren verheiratet und haben 3 Töchter. Wie bereits erwähnt, haben beide ihren DC in Krebs; sein Mond steht in Fische, ihrem Sonnenzeichen; ihr Mond befindet sich in Wassermann, seinem Sonnenzeichen. Dies sind starke Anzeichen für eine dauerhafte Verträglichkeit. Jeder hat genau das, was er braucht, um für den anderen offen zu sein, ihn zu umsorgen und zu nähren. Interessanterweise sind ihre Monde unaspektiert, sie weisen jedoch Verbindungen zu Planeten des anderen auf. Sein Mond steht in Opposition zu ihrem Neptun und im Quadrat zu ihrem Jupiter. So entsteht ein T-Quadrat, was dafür spricht, daß die Gefühle zwischen den beiden sehr gut fließen können, aber auch dafür, daß sie sich in stressigen Zeiten emotional voneinander zurückzichen. Sein Mond steht im Trigon zu ihrem MC, also unterstützt er ihre Karriere und steht ihr emotional bei, wenn diese Karriere einmal nicht so gut läuft. Ihr Mond steht in Opposition zu seinem Neptun und im Sextil zu seinem Mars und hat außerdem eine weite Konjunktion mit seinem Mond, was ihre enge emotionale (Mond), künstlerische (Neptun) und sexuelle (Mars) Beziehung nochmals bekräftigt.

### Wassermann-AC

Sie haben Spaß daran, anders zu sein als andere. Es behagt Ihnen überhaupt nicht, in der Menge unterzugehen. Sie lieben es, neue Erfahrungen zu machen und sind äußerst aufgeschlossen gegenüber neuen Ideen und originellem Denken. Die Wassermann-Natur ist immer fasziniert von gesellschaftlichen Problemen. Sie würden ebenso einen hilfsbedürftigen Menschen oder ein Tier unterstützen, wie Sie sich über Geld, ein Heim oder Ausgaben Gedanken machen. Das bedeutet nicht, daß Sie sich keine Familie wünschen, nur eben, daß Ihre Art, sie zu gründen oder Kinder großzuziehen, besonders ist. Ihre Art, Liebe und Gefühle zu zeigen, ist ebenfalls ungewöhnlich.

Aber mit dem Deszendenten in Löwe haben Sie genau mit denjenigen Menschen enge Beziehungen, die offen und warmherzig ihre Liebe zeigen können, denen es nicht um die Rettung von Walen geht, um Obdachlose oder das Ozonloch. Das kann große

Liebespaare hervorbringen wie es F. Scott Fitzgerald und seine Ehefrau Zelda (Horoskopdaten im Anhang) mit ihrem Löwe-Aszendenten waren – viel Liebe, aber auch viele Auseinandersetzungen darüber, wessen Wertvorstellungen gelten sollten.

Wie für alle fixen Zeichen ist es schwierig für Sie, Ihre Meinung zu ändern, wenn Sie einmal eine Entscheidung getroffen haben. Um bei Ihnen eine Chance zu haben, sollten andere sich Ihrem logischen und klaren Denken anpassen, anstatt Ihnen zu erzählen, was Sie tun sollten, sonst erwacht der Rebell in Ihnen.

Dyan Cannon hat einen Wassermann-Aszendenten. Sie war vielleicht keine außergewöhnliche Schauspielerin, aber sie nimmt ganz sicher eine außergewöhnliche Position ein: die Ehefrau, die Cary Grant endlich das ersehnte Kind schenkte, die Tochter Jennifer.

Es ist fraglich, ob Grant ihr all die Liebe geben konnte, die sie sich wünschte, aber die Heirat mit ihm steigerte ihr Ansehen. Sie verschaffte ihr den Beifall und die Anerkennung des Publikums, bei dem ein Löwe-DC aufblüht.

### Löwe-DC

Sie fühlen sich zu aufregenden, freimütigen, freundlichen Menschen hingezogen. Sie sind kein scheues Wesen, außer wenn Ihre Sonne, Herrscher über Ihr 7. Haus, in einem passiven Zeichen steht oder keine sehr herausfordernden Aspekte hat. Mit Wassermann-AC marschieren Sie nach Ihrem eigenen Takt. Deshalb umgeben Sie sich am liebsten mit Menschen, die experimentieren und sich von Ihren Vorstellungen und Ideen herausgefordert fühlen.

Die Schriftstellerin George Sand hat einen Löwe-DC. Ihre vielen romantischen Beziehungen führten nur zu einer, sehr frühen Heirat, die verheerend war; sie brauchte 5 Jahre, bis sie eine Scheidung durchsetzen konnte (Sonne im Quadrat zu Uranus). Im 19. Jahrhundert ließen sich Frauen nicht scheiden. Nur Männer taten das (siehe Horoskop S. 137). Über ihre Beziehung zu Chopin existieren viele Mißverständnisse; mit dem Herrscher des 7. Hauses, der Sonne, in Krebs im 5. Haus, ist es leicht zu erkennen, warum sie sich so um ihn sorgte, ihn unterstützte, nährte, hätschelte und ermutigte. Sie war ein Freigeist und nicht monogam, aber dem Mann, den sie aktuell begehrte, gab sie sich total hin.

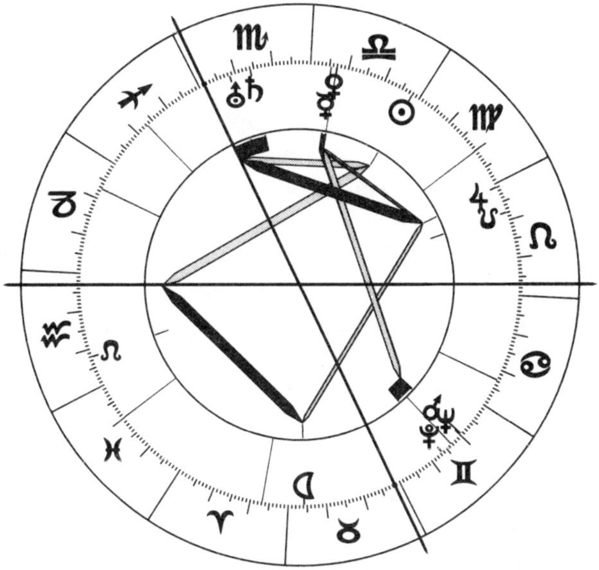

***F. Scott Fizgerald***

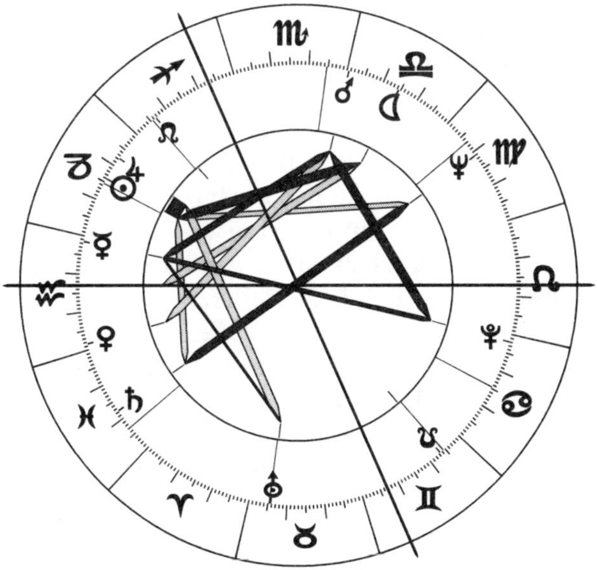

***Dyan Cannon***

Falsch ist außerdem die Auffassung, George Sand hätte Männerkleidung getragen und ihren Namen (Amandine Dupin) geändert, weil sie lesbisch war. Sie trug diese Sachen, weil sie bequem waren, und sie änderte ihren Namen, damit ihre Werke angenommen wurden – in einer Zeit, in der von Frauen erwartet wurde, daß sie heirateten, Kinder bekamen und den Haushalt führten und nicht, daß sie kreativ waren und berühmt wurden. Aber Sand mit ihrem Wassermann-Aszendenten und Sonne im Quadrat zu Uranus »machte ihr eigenes Ding«, lange bevor dieser Ausdruck überhaupt in Mode kam. Löwe an der Spitze des 7. Hauses braucht immer einen starken Liebespartner – einen, der mit der gelegentlichen Heftigkeit des Wassermann-Aszendenten Geduld hat.

## Fische-AC

Sie können jede Rolle spielen, die Sie darstellen möchten. Fische-Aszendenten und -Sonnen können sich – mehr als jedes andere Zeichen – hinter der Fassade ihres Horoskops verstecken. Der griechische Großreeder Aristoteles Onassis (Horoskopdaten im Anhang) scheint vor allem Steinbockqualitäten (seine Sonne) und die optimistischen und weitreichenden Wesenszüge des Schützen (Mond und MC) zu verkörpern. Er hatte jedoch einen Fische-AC. Saturn (sein Sonnenherrscher) und Mars standen beide in Fische im 12. Haus. Nur seine körperliche Erscheinung – recht klein mit kurzen Armen und Beinen, einem ziemlich korpulenten Körper und leicht hervortretenden Augen mit schläfrigen Lidern – entsprach der »typischen« Fische-Beschreibung.

Egal, wie Sie aussehen – mit einem Fische-AC sind Sie sehr gefühlvoll und intuitiv veranlagt. Sie achten darauf, wie andere sich fühlen, und Sie hassen es, sie zu verletzen. Weil Sie die Atmosphäre um sich herum aufsaugen und die Schwingungen anderer Menschen aufnehmen, ist es ratsam für Sie, negative Leute zu meiden. Der neptunische Schleier, hinter dem Sie sich verstecken können, kompliziert jede Beziehung. Andere denken vielleicht, Sie wüßten nicht, was Sie wollen, aber bei Ihnen steht Steinbock an der Spitze des 11. Hauses, und daher könnten Ihre Freunde bald herausfinden, daß Sie nicht unbedingt in einer Traumwelt leben, sondern geschickt führen und ihnen auch das eine oder andere beibringen können.

Mit einem Fische-Aszendenten kann Ihr sanftes und hilfloses Erscheinen andere täuschen – sie vergessen, daß steter Tropfen sogar den härtesten Stein höhlen kann! Mary Welsh Hemingway, vierte Ehefrau und Witwe des Schriftstellers Ernest Hemingway, ging mit ihm durch dick und dünn. Dies ist ein weiteres Beispiel dafür, daß Gegensätze sich anziehen. Er hatte einen Jungfrau-, sie einen Fische-Aszendenten, aber am Ende war er derjenige, der aufgab und Selbstmord beging, während sie weiterlebte (siehe Horoskop S. 213).

## Jungfrau-DC

Mit einem Fische-Aszendenten können Sie visionär und kreativ sein, vernachlässigen aber manchmal die Details. Deshalb suchen Sie sich häufig einen Partner, der gut organisieren kann und der Sie aus Ihren Wolkenschlössern auf die Erde zurückbringt. Die Stellungen von Merkur und Neptun zeigen, ob das auf Sie zutrifft, oder ob Sie sich zu einem anderen Persönlichkeitstyp hingezogen fühlen. Ein Klient mit Sonne / Merkur in Wassermann in Opposition zum Horoskopherrscher Neptun in Löwe heiratete eine Schauspielerin mit Sonne / Merkur in Fische. Er managte ihre Karriere.

Häufig ist Ihr Ehepartner derjenige, der die Finanzen regelt, die sozialen Verpflichtungen im Auge behält und ganz allgemein der Haushaltsvorstand ist. Wenn Sie zu der Generation gehören, bei der Neptun in Jungfrau steht, sind Sie wahrscheinlich sehr gut in der Lage, Ihre Angelegenheiten selbst zu regeln. Wenn Neptun und Merkur in gespanntem Aspekt zueinander stehen, könnte es sein, daß Sie sich mit Ihrem Partner ein Tauziehen über Alltagsdetails liefern.

Die Tänzerin Gwen Verdon hat einen Fische-AC in Konjunktion mit Uranus; Jungfrau steht an der Spitze ihres 7. Hauses, und Merkur steht im 10. Haus in Konjunktion mit Venus und Jupiter, im Trigon zu Mond im 6. Haus und in einem weiten Trigon zu Neptun, der ebenfalls im 6. steht (siehe Horoskop S. 57). Als Kind war sie verkrüppelt, und anstatt ihr ihre Beine brechen und richten zu lassen, bestand ihre Mutter auf Tanzstunden, als sie zwei Jahre alt war. Mit 6 Jahren trat sie zum ersten Mal öffentlich auf und machte dann eine umjubelte Karriere auf der Bühne und im

Kino. Wenn Sie nur das 7. Haus betrachten, scheint für sie Ehe eine wunderbare Erfahrung zu sein. Aber wir weisen unsere Studenten immer wieder darauf hin, daß sie nicht nur einen Teil, sondern das ganze Horoskop betrachten müssen, wenn sie verstehen wollen, wie der betreffende Mensch es auslebt. In Verdons Horoskop herrscht Merkur nicht nur über das 7. Haus, sondern regiert auch das 4. Haus, ihre Herkunft. Mit Merkurs günstigen Aspekten scheint es, daß sie eine positive Beziehung zum Elternteil des 4. Hauses hatte und daß sie deshalb von ihrem Partner ein ähnliches Verhalten erwartet. Zwillinge an dieser Stelle weist auf eine intellektuelle Atmosphäre hin und Merkur im 10. Haus in Schütze auf einen Elternteil, der erfolgreich, philosophisch und ehrgeizig war. Pluto steht im 4. Haus in Opposition zu Jupiter im 10. und im Quadrat zu Mars im 1. Haus. Dies sind herausfordernde Aspekte, die am besten gelöst werden können, wenn man sich irgendwie körperlich betätigt (Mars in Widder).

Ihre Eltern waren vielleicht nicht immer einer Meinung (Jupiter im 10. Haus in Steinbock in Opposition zu Pluto im Krebs im 4. Haus). Aber die fließenden Aspekte zwischen Saturn und Uranus zu Pluto und Jupiters Trigon zu Mond zeigen, daß Gwen in einer verbindlichen Partnerschaft optimistisch und erwartungsvoll ist, was sich auf die Erfahrungen gründet, die sie zu Hause gemacht hat.

Mit 17 Jahren unterbrach sie ihre Karriere als Tänzerin, um einen Schriftsteller zu heiraten, und bekam einen Sohn, James. Fünf Jahre später wurde diese Ehe geschieden.

Es überrascht nicht, daß sie mit dem DC-Herrscher Merkur im 10. Haus jemanden heiratete, dem Karriere wichtig war. Merkurs Konjunktion mit Venus weist darauf hin, daß sie sich mit einer zutiefst liebenden Verbindlichkeit auf Partnerschaften einläßt. Sein Trigon zu Mond in Jungfrau im 6. Haus verstärkt ihre Fähigkeit und ihr Bedürfnis, mit ihrem Partner zusammenzuarbeiten, was bei ihrem zweiten Ehemann, Bob Fosse, der Fall war (siehe Horoskop S. 262). Jemand mit einem Jungfrau-Deszendenten sucht oft einen Partner, der Perfektionist ist. Wir wissen nicht, ob ihr erster Mann einer war, aber Fosse war es – und zwar gründlich. Ihr Merkur im 10. Haus wünscht sich jemanden, zu dem sie aufschauen kann, und die Konjunktion zu Jupiter, der auch noch das 10. Haus regiert, zeigt einen Partner an, der zu großen Erfolgen befähigt ist.

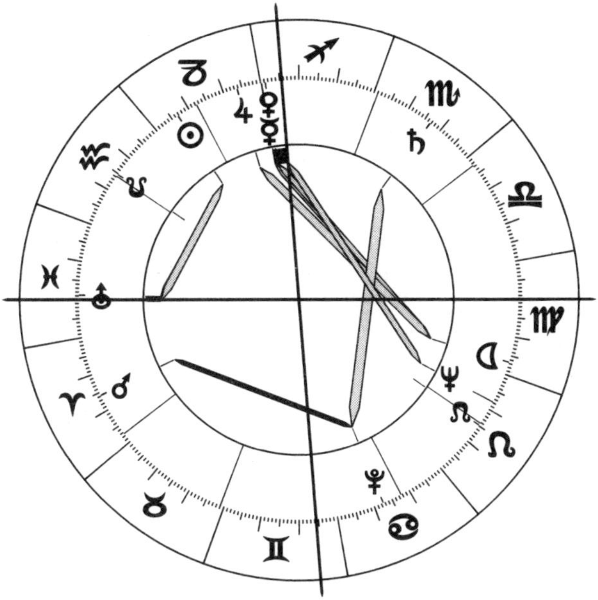

**Gwen Verdon**

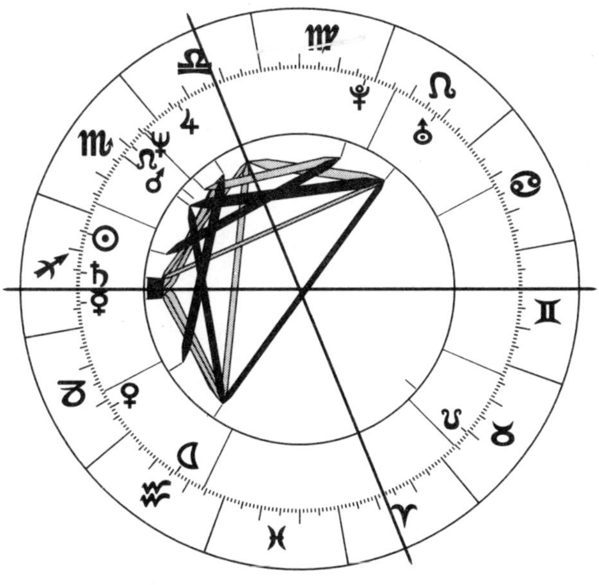

**Caroline Kennedy**

Als sie 35 Jahre alt war, heiratete sie den Tanzkollegen und Choreographen Bob Fosse. Ihre Verbindung dauerte 12 Jahre, und obwohl sie sich scheiden ließen, arbeitete, tanzte und choreographierte sie weiter mit ihm.

Warum aber gab es zwei Scheidungen bei all diesen günstigen 7.-Haus-Aspekten? Verdon hat Uranus, Signifikator für das Unerwartete, in Opposition zum Deszendenten. Mit den beiden männlichen Archetypen Sonne und Mars im Quadrat zueinander und Sonne im Quinkunx zu Neptun sieht sie ihre Beziehungen zu Männern nicht immer klar und geht auch nicht immer besonders weise damit um.

Um noch genauere Informationen über ihre zweite Ehe zu bekommen, müssen Sie sich das 9. Haus ansehen. Mars und Pluto herrschen hier, und Mars steht in Widder im 1. Haus im Quinkunx zu Saturn im 8. Haus, im Trigon zu Neptun im 6. und im Quadrat zum anderen Herrscher des 9. Hauses, Pluto in Krebs im 4. Haus, ebenso zu Sonne. Fosse und sie tanzten bestimmt ganz wunderbar miteinander (Neptun); sie identifizierte sich stark mit ihm (Mars im 1. Haus), aber vielleicht stimmten sie in ihren sexuellen Bedürfnissen nicht ganz überein (Saturn im 8. Haus). Das Quadrat zwischen Mars und Pluto ist eine schwierige Aufgabe, aber offensichtlich gab es für sie in dieser Beziehung viel über Werte, Geld und vor allem Selbstwert zu lernen (Mars herrscht auch über das 2. Haus.).

Um die Umstände dieser Beziehung wirklich zu verstehen, müssen wir die Geburtshoroskope vergleichen und die Faktoren für Verträglichkeit und Langlebigkeit sowie auch ihr Composit betrachten. Das werden wir in Kapitel 4 tun.

Kapitel 3

# Häuserpositionen: Das 4. und 10. Haus (IC / MC-Achse)

Das 4. Haus / IC symbolisiert Ihre Wurzeln und das Zuhause, das Ihre Eltern, meistens Ihre Mutter, für Sie schufen. Daher findet man, was Sie wirklich von anderen wollen, erwarten oder brauchen, vor allem in diesem Haus. Hier wurden Sie genährt – oder auch nicht. Die Eltern schaffen die Vorbedingungen für enge Beziehungen. Die Archetypen, durch die sie astrologisch dargestellt werden, können Ihnen helfen, einige dieser Muster zu erkennen. Gab Ihre Mutter / Ihr Vater / 4. Haus / Krebs / Mond Ihnen all die Liebe und Zuneigung, auf die Sie Ihrem Gefühl nach ein Anrecht hatten oder nach der Sie sich sehnten? War Ihre Kindheit glücklich oder traurig? Waren Sie sorglos oder übernahmen Sie bereits früh Verantwortung für Ihre Geschwister oder für einen kranken Angehörigen? Fühlten Sie sich beschützt oder vernachlässigt? Angeregt oder behindert? Das 4. Haus zeigt all dies und noch weitere Tendenzen und Entwicklungen. Wenn Sie die Wurzeln und die Umgebung Ihrer Kindheit analysieren und verstehen, dann können Sie erfassen, was Sie von anderen brauchen, besonders in engen Beziehungen.

So wie das 4. Haus Ihre Herkunft veranschaulicht, das Heim, aus dem Sie kamen, so beschreibt das gegenüberliegende 10. Haus den Gipfel oder den höchsten Punkt, zu dem Sie streben – und zwar nicht in spirituellem oder religiösem (9. Haus) Sinn, sondern in sehr praktischer und greifbarer (Steinbock) Weise. Das 4. Haus / Krebs / Mond steht für elterlichen Schutz und Unterstützung; das 10. Haus / Steinbock / Saturn stellt die elterliche Disziplin und Autorität dar, die Ihnen auferlegten Beschränkungen, durch die Sie innerhalb der familiären Regeln funktionierten. Sie brachten Ihnen das bei, was Ihnen später in Form von Gesetzen und Richtlinien erneut begegnen sollte. Traditionell sieht das Kind den Vater als Geldverdiener und Autoritätsperson, eben als das 10. Haus.

Die Spitze des 10. Hauses / MC ist der Ego-Punkt im Horoskop. Die Entwicklung Ihres Egos hängt davon ab, wie Sie mit der Autoritätsperson in Ihrem Leben umgehen. Ebenso wie Sie lernen, die Regeln innerhalb Ihrer Familie zu befolgen, so lernen und verstehen Sie immer mehr, wer Sie als Individuum sind.

An diesem Punkt müssen wir noch einmal betonen, was wir wieder und wieder lehren: *Das Geburtshoroskop ist eine Straßenkarte; welche Straße Sie nehmen, liegt an Ihnen; Sie haben die Wahl!*

Der freie Wille und die Lebensumstände bestimmen meistens, welcher Elternteil durch das 4. oder 10. Haus dargestellt wird. Astrologen haben unterschiedliche Ansichten, welches Haus welchen Elternteil repräsentiert. Manche bestehen darauf, daß das 4. Haus immer die Mutter widerspiegelt und das 10. den Vater; andere sind sicher, daß es umgekehrt ist; eine andere Gruppe wiederum behauptet, daß im Horoskop einer Frau das 4. Haus den Vater symbolisiert, während es im Horoskop eines Mannes die Mutter beschreibt!

Wir versuchen, die Bedeutung der Häuser nicht auf einen bestimmten Elternteil festzulegen, sondern wir möchten, daß Sie die Bedeutung des 4. und 10. Hauses grundsätzlich verstehen. Dazu beziehen wir uns auf den natürlichen Tierkreis, der bei Widder beginnt und Krebs im 4. Haus hat. Das Zeichen Krebs steht für Nähren und Umsorgen; schon das Symbol hat ein schützendes Muster und verheißt Geborgenheit für sich und andere. Diese Veranlagung wird meistens eher dem Weiblichen oder der Mutter zugeordnet, aber das Leben läuft nicht immer so, wie es im Lehrbuch steht. Oft ist der Vater herzlicher und liebevoller als die Mutter, welche vielleicht diejenige ist, die in der Familie für Disziplin (10. Haus) sorgt. In der modernen Familie wechselt der Vater nicht nur die Windeln, sondern übernimmt manchmal auch die Rolle des Hausmannes, während die Mutter draußen in der Arbeitswelt den Lebensunterhalt verdient (10. Haus). Wen nehmen Sie als Kind in diesem Fall als Vertreter des nährenden 4. Hauses und des autoritären 10. Hauses wahr? Solange Sie klein sind, stehen vielleicht beide Eltern für das 4. Haus, weil Sie dazu neigen, sie als Einheit zu sehen, und weil beide Zuhause und Familie verkörpern.

Wir haben bereits mehrfach betont, daß jedes Horoskop einmalig ist. Obwohl Sie möglicherweise ein Haus völlig richtig einem bestimmten Elternteil zuordnen, ist es doch am besten, erst Ihre

Klienten, Freunde oder Familie zu fragen, wie sie ihre Eltern wahrgenommen haben, ehe Sie irgendwelche Schlußfolgerungen ziehen.

Hier ist ein typisches Beispiel dafür, was passieren kann: Eine Studentin hat Krebs im 4. Haus mit Mond in Jungfrau im 6. Haus, er steht im Trigon zu Sonne, zu Venus und zu Merkur in Stier im 2. Haus; Saturn, Herrscher ihres 10. Hauses, steht in Skorpion in Opposition zu den Stierplaneten. Das sieht nach einer netten Mutter aus (der Mond hat 3 Trigone, zwei Sextile und eine Opposition zu Uranus). Vielleicht ist sie ein wenig wählerisch (Mond in Jungfrau), und wahrscheinlich hält sie viel von einer guten Arbeitsmoral (6. Haus). Der Vater könnte ziemlich fordernd erscheinen (Saturn in Opposition zu Sonne / Merkur / Venus).

Sie beschreibt ihn so: »Mein Vater war der liebevollste, sanfteste Mann, den Sie sich vorstellen können. Nach einem anstrengenden Arbeitstag beeilte er sich, nach Hause zu kommen und uns, meinen Bruder und mich, mitzunehmen, um uns ein Eis zu kaufen, mit uns Ball zu spielen oder irgend etwas anderes mit uns gemeinsam zu unternehmen, woran wir Spaß hatten. Er umarmte und küßte uns, ermutigte uns zu all unseren Abenteuern, belohnte gute Leistungen in der Schule und brachte uns jeden Tag etwas Neues bei. Meine Mutter war sehr künstlerisch veranlagt. Sie hatte eine wunderbare Singstimme und verbrachte 90 % ihrer Zeit damit, Tonleitern zu singen, Stunden zu geben und an allen möglichen Unternehmungen teilzunehmen, die mit ihrer Karriere zusammenhingen. Für uns hatte sie wenig Zeit. Sie war schön, aber sie umarmte uns selten, weil sie Angst hatte, daß ihre Frisur oder ihr Make-up darunter leiden könnten. Streng bestand sie darauf, daß ihre Kinder zwar gesehen, aber nicht gehört werden sollten, und daß wir unsere Zimmer und auch uns selbst sauber und ordentlich hielten. Beide Eltern trugen zum Lebensunterhalt bei, aber mein Vater hatte ganz offensichtlich alle Krebs-Attribute des 4. Hauses, wohingegen meine Mutter durch den Steinbock im 10. Haus zutreffend beschrieben wird.«

Und die Moral von der Geschichte: Bitten Sie Ihre Klienten, Freunde und Verwandten, Ihnen zu erzählen, wie sie ihre Eltern wahrgenommen haben, ehe Sie Ihre Schlüsse ziehen.

Es ist besonders wichtig, daran zu denken, daß die Archetypen der Eltern, oder von Mann oder Frau, nicht nur in der Achse

4 / 10 zu finden sind, sondern auch in den Planeten, besonders Sonne und Saturn (männlich), und Mond und Venus (weiblich). Manchmal können auch Mars (männlich) und Pluto (weiblich) Aufschluß geben.

Behalten Sie wie immer in der Astrologie das gesamte Horoskop im Auge, ganz egal, welches Haus Sie gerade interpretieren. Ziehen Sie keine übereilten Schlußfolgerungen, denn nichts ist absolut.

### Widder-IC / Waage-MC

Mit Widder am IC stammen Sie wahrscheinlich aus einem aktiven Elternhaus. Im Gegensatz zu einigen Astrologiebüchern muß das nicht unbedingt heißen, daß es mit Mars in diesem Haus Streit gibt. Es herrschte jedoch sicherlich ein ständiges Kommen und Gehen. Wenn der Herrscher Ihres 4. Hauses, Mars, sehr herausfordernde Aspekte bildet, könnten Sie vor allzu engen, intimen Beziehungen zurückschrecken, aus Angst, daß sie ebenso abrupt unterbrochen werden, wie Sie es vielleicht in Ihrer frühen Umgebung erlebt haben.

Wenn das 4. Haus Ihre Mutter beschreibt, war sie vielleicht wie ein Dynamo, die Sie ebenso schnell umarmen wie tadeln konnte. Widder ist das Zeichen des Ich, deshalb könnte Ihre Mutter sich mehr mit ihren eigenen Angelegenheiten beschäftigt haben als mit Ihren. Abgesehen von einigen psychologischen Hemmungen, an denen Mutters freundliche Mißachtung nicht unbeteiligt war, wollen Sie letztendlich selbst entscheiden, was bei Ihnen zu Hause vor sich geht. Wenn Ihr Partner sehr stark und eigensinnig ist (wie Ihre Mutter es war), könnte es allerdings genau die Kämpfe geben, die die Lehrbücher Mars zuschreiben.

Waage am MC bedeutet nicht unbedingt, daß Ihr Vater oder die Autoritätsfigur zuhause gerecht und ausgeglichen ist – viel hängt davon ab, wo die Herrscherin Venus steht, welche Aspekte sie hat und welche anderen Planeten in diesem Haus sind. Ganz allgemein beschreibt diese Stellung jemanden, mit dem Sie reden können, der Sie Ihre Position darlegen läßt und der Anordnungen oder Einschränkungen mit Takt und Diplomatie erteilt. Wenn Venus nicht gerade gespannt steht, werden Sie lernen, ohne Groll Grenzen zu akzeptieren.

Caroline Kennedy Schlossberg, Tochter von Präsident John F. Kennedy und Jacqueline Kennedy Onassis, hat Widder am IC und Waage am MC. Mars, der Herrscher des 4. Hauses, der wahrscheinlich ihrer Mutter entspricht, ist Teil eines herausfordernden T-Quadrats mit ihrem Mond (wieder die Mutter) und Uranus. Obwohl sie anscheinend mit ihrer Mutter auskam (Mond Trigon MC, Sextil AC) und die Disziplin und Autorität ihrer Mutter akzeptierte, muß sie auch einige Streitereien und Kräche (Mars Quadrat Uranus) mit ihr gehabt haben und vielleicht sogar weiblicher Eifersucht ausgesetzt gewesen sein, als sie größer wurde.

Ihr Vater andererseits, teilweise durch Waage Spitze 10 beschrieben – Herrscherin Venus steht in Steinbock im 2. Haus im Quadrat zu Jupiter und Neptun im 10. Haus – bedeutet ihr mehr als das Leben (Jupiter übertreibt, Neptun verschleiert). Caroline hat ihn mit großer Wahrscheinlichkeit zu sehr idealisiert, so wie es Kinder zu tun pflegen, wenn ein geliebter Elternteil, besonders einer, der so in der Öffentlichkeit stand wie John F. Kennedy, ihnen schon früh in ihrer Entwicklung genommen wird.

Denken Sie daran: Wenn Sie die Leute nicht selbst nach ihren Eltern fragen können, dann können Sie nur vermuten, welches Haus welchem Elternteil zugeordnet werden muß. Sehr oft sieht das Kind seine Eltern als Einheit – »meine Eltern« wollten, daß ich das und das tue, »meine Eltern« bestimmten, wo's lang ging, liebten mich, ließen mich im Stich oder was auch immer. Da JFK ermordet wurde, als Caroline erst 6 Jahre alt war, hat sie möglicherweise ihre Wahrnehmung geändert und ihre Mutter vom 4. ins 10. Haus gesetzt.

Wie könnte das später ihre Erwartungen beeinflußt haben? Die beiden weiblichen Archetypen, Mond und Venus, sind im 2. Haus in Steinbock bzw. Wassermann. Caroline wurde offenbar von klein an beigebracht, was es bedeutete, eine Kennedy zu sein, welche Werte sie anzuerkennen hatte und welcher Status (Venus herrscht über das 10. Haus) angemessen für sie war. Die männlichen Archetypen oder auch der *Animus*, Sonne und Saturn, stehen beide in ihrem 12. Haus in Schütze und zeigen an, daß sie sehr wahrscheinlich ihren Vater als jemanden sieht, der philosophisch und optimistisch (Schütze) ist, und daß sie ihre Gefühle für ihn nicht wirklich in Worten ausdrücken kann (12. Haus).

Diese Gefühle werden Teil dessen sein, was sie von jeder engen Beziehung mit Männern erwartet.

Wir haben bereits dargelegt, daß Sie die Bedürfnisse des 7. Hauses mit den obigen Motiven verbinden müssen. In Carolines Fall heißt das, daß sie sich intellektuelle Anregung (Zwillinge Spitze 7) wünscht, Abwechslung und jemanden, dessen Lebensauffassung der ihren gleicht (Merkur, Herrscher des 7. Hauses in Schütze in ihrem 1. Haus).

Ihr Ehemann, Edwin A. Schlossberg, scheint ihre Ansprüche gut zu erfüllen. Er ist 13 Jahre älter und verkörpert damit die erwachsene und beschützende Art, die sie von Männern (Herrscher des 10. Hauses in Steinbock) erwartet. Obwohl er offiziell eine Consulting-Firma betreibt, wird Schlossberg als sehr vielseitig begabter Mann beschrieben, der ein brillanter Philosoph, Autor, Designer und Künstler ist, ein echter Mann der Renaissance, eine perfekte Beschreibung von Zwillinge im 7. Haus und Merkur in Schütze.

Beachten Sie, daß Venus in Carolines Horoskop nicht nur Herrscherin über das elterliche 10. Haus, sondern auch über das 5. Haus der Liebesaffären ist. Sie findet diesen Typ Mann überhaupt sehr anziehend, nicht nur für ernsthafte Unternehmen, sondern ebenso für unbeschwerte Affären.

### Stier-IC / Skorpion-MC

Mit Stier an der Spitze des 4. Hauses, das Ihr Zuhause, Ihre ererbten Anlagen und psychologischen Wurzeln symbolisiert, könnte man erwarten, daß Sie die Annehmlichkeiten des Lebens genießen. Entweder, weil Sie in einer wohlhabenden Familie aufgewachsen sind, oder weil Ihnen beigebracht wurde, Musik, Künste, kostbare Möbel, Blumen und überhaupt alles, was schön und kostbar ist, zu achten. Werte sind wichtig für Sie, nicht nur materielle, und vielleicht wissen Sie instinktiv, wann etwas den Preis wert ist und wann nicht. Sofern die Venus-Stellung dem nicht widerspricht, sind Sie von Natur aus treu und bevorzugen ein regelmäßiges Leben im Gegensatz zum Kommen und Gehen, das jemand mit Widder am IC mag.

Skorpion am MC weist oft auf einen dominanten Elternteil hin, der die Regeln bestimmt, ohne viel darauf zu geben, was Sie als

Kind sagen oder sich wünschen. Dieser Typ, der »die Sache in die Hand nimmt«, kann zum negativen Rollenmodell werden, besonders wenn Pluto oder Mitherrscher Mars herausfordernde Aspekte haben. In unseren Unterlagen haben wir viele Beispielhoroskope von Menschen, die immer wieder rebelliert haben: In ihrer Kindheit, indem sie nicht taten, was ihre Eltern von ihnen verlangten, später dann, indem sie keine enge Beziehung aufrechterhalten konnten.

Das Horoskop der Schauspielerin Sophia Loren (Abb. S. 68) veranschaulicht sehr gut, wie frühes Kindheitstrauma und Versäumnisse der Eltern später die Wünsche und Bedürfnisse in Partnerschaften beeinflussen können. Venus, Herrscherin ihres 4. Hauses, steht in Jungfrau im 8. Haus in Konjunktion mit Neptun und im Trigon zum Aszendenten. In ihren Augen war ihre Mutter zauberhaft, aber sie konnte sie vielleicht nicht klar erkennen (Neptun). Sie war ebenso wählerisch wie anspruchsvoll (Jungfrau) und ziemlich besitzergreifend (8. Haus), aber Sophia wußte, daß sie es gut meinte (Venus im Trigon zum Aszendenten). Damit auch etwas Aufregung und etwas Ungewöhnliches in ihre Beziehung kommt, steht Uranus exakt am IC. Sophias Verwandlung vom »häßlichen Entlein«, wie sie sich selbst einmal beschrieben hat, zu einer der schönsten, berühmtesten und reichsten Frauen der Welt könnte als sehr uranisch bezeichnet werden.

Skorpion am MC wird vor allem von Pluto in Krebs beherrscht, der im 7. Haus steht und ein anstrengendes T-Quadrat mit dem MC bildet, dessen Herrscher er ist, und mit Jupiter und Uranus. Sophias Vorstellung vom männlichen Archetyp, der in ihrer Kindheit von ihrem Vater verkörpert wurde, war gewiß nicht die glücklichste. Pluto im Quadrat zu Jupiter im 9. Haus könnte eine frühe Sehnsucht nach männlicher Führung symbolisieren, im Quadrat zum MC eine Herausforderung durch den Vater und durch Autoritäten. Das Quadrat zu Uranus könnte eine ihr zutiefst innewohnende rebellische Natur anzeigen, aber all das deutet auch sofort auf den starken Willen eines Menschen hin, der überleben wird. Da Pluto im 7. Haus im Brennpunkt steht, würde ein zukünftiger Ehepartner notwendigerweise viele Gefühle reflektieren, die Sophia ihrem Vater gegenüber hegte. Die beiden männlichen Archetypen, Sonne und Saturn, sind durch ein Quinkunx miteinander verbunden und geben einen weiteren Hinweis darauf, wie sich Sophia immer wieder anpassen mußte, bevor sie sich mit dem *Animus* in sich selbst versöhnen konnte.

Sophia Loren war die Älteste von zwei unehelichen Töchtern von Ricardo Scicolone und der aufstrebenden Schauspielerin Romilda Villani, die Greta Garbo ähnlich sah. Ihre Eltern heirateten nie, jedoch wurde ihr das Recht zugestanden, den Namen ihres Vaters zu benutzen. Sie mußte aber später ihrem Vater erst eine Million Lire bezahlen, ehe auch ihre jüngere Schwester, Maria, den Familiennamen Scicolone tragen durfte (Mars, Mitherrscher im 10. Haus, in Löwe im 8. Haus). Sie bewundert ihre Mutter und behauptet: »Meine Schwester und ich wären während des Zweiten Weltkriegs verhungert, wenn meine Mutter nicht auf die Straße gegangen wäre, um für uns um Essen zu betteln.« In einer weniger glücklich klingenden Bemerkung enthüllt sie allerdings auch: »Meine Mutter trieb mich zur Schauspielerei. Ich konnte nie wirklich Kind sein, nie an den Strand gehen und mit den anderen Kindern herumtoben und lachen.«

Die Erinnerungen an ihre Kindheit sind bittersüß: »Wenn man eine harte Jugend hat, wird man weise, weil man so früh lernt, worum es im Leben wirklich geht.« Und über ihren Vater sagt sie: »Seine Ablehnung uns gegenüber war vollkommen – ich sah ihn nur sechsmal in meinem Leben ... und doch formte er mich als Persönlichkeit mehr als jeder andere Mann.« (Pluto-T-Quadrat). Sophia erinnert sich: »Ich fragte mich oft, was er dachte, wenn er mich dort auf der Leinwand sah«, nachdem sie erfahren hatte, daß ihr Vater gegen Ende seines Lebens viele Stunden in abgedunkelten Theatern verbracht hatte, um sich die Filme seiner Tochter anzusehen. »Unter all den großartigen Geschenken, die ich erhalten habe«, teilte sie einmal vertraulich mit, »war doch eines meiner wertvollsten Besitztümer das einzige Spielzeug, das mein Vater mir je schenkte: ein kleines blaues Auto, auf dem mein Name stand.«

In einem anderen Interview sagte sie: »Es war mein Lebenstraum, einen Vater zu haben, und das ist der Grund, warum ich ihn überall und in jedem suchte. Ich verbrachte viel Zeit in meinem Leben damit, Ersatz für ihn zu finden.« Ihr Ehemann Carlo Ponti, einundzwanzig Jahre älter als sie, ist ganz offensichtlich eine Vaterfigur. Sie wurde sein Schützling, als sie 15 Jahre alt war, und er machte sie zu einem internationalen Star. Zu dieser Zeit war Carlo verheiratet und wurde wegen Bigamie angeklagt, als seine mexikanische Scheidung und die folgende Heirat mit Sophia in Italien nicht anerkannt wurden. Sie brauchten 15 Jahre, und sie mußten die französische Staatsbürgerschaft annehmen, bis die Ehe anerkannt wurde. Es kostete Sophia weitere fünf Jahre und vier Fehlgeburten, bis sie endlich zwei gesunde Söhne bekam.

Der Mond, der über Sophias 7. Haus herrscht, steht in Konjunktion mit Saturn und zeigt an, daß sie für eine Ehe einen verantwortlichen, möglicherweise älteren Mann bevorzugt. Da beide Planeten in Wassermann stehen, würde sie sich nicht mit einem durchschnittlichen Typ zufrieden geben. Er oder seine Umgebung mußten ungewöhnlich sein.

Daß Sophia in all ihren ernsthaften Liebesbeziehungen nach einem »Vaterersatz« suchen würde, ist recht offensichtlich. Jeder Astrologe oder Psychologe kann das weiter ausführen. Warum sie Carlo Ponti wählte anstatt den Filmstar Cary Grant (Horoskopdaten im Anhang), der auch viel älter war und gewiß begehrenswert, ist leichter durch einen Horoskopvergleich herauszufinden als in ihrem Geburtshoroskop, obwohl die Horoskope beider Männer sehr starke Aspekte zu ihrem haben. Liebe, Vertrauen (wichtig für eine Jungfrau-Sonne mit Steinbock-AC), Loyalität und sogar Gewohnheit spielen eine Rolle. Ponti war ein Vaterersatz, als sie in einem Alter war, in dem sie verzweifelt einen brauchte. Er führte sie durch die Verwicklungen und Intrigen des Filmlebens, das in Rom nicht weniger kompliziert war als in Hollywood, um schließlich für lange Zeit ein Star zu werden, Gewinnerin des Oscars sowie vieler anderer Auszeichnungen und Ehrungen.

### Zwillinge-IC / Schütze-MC

Die merkurischen Zwillinge an dieser Häuserspitze stehen oft für ein Zuhause, in dem man Unterhaltungen und Lesen schätzt. Ebenso oft zeigen sie an, daß der Elternteil, der den Haushalt führt, schnell, geistreich und interessiert ist. Deshalb erzog er Sie dazu, neugierig zu sein, Fragen zu stellen und nichts als bewiesen hinzunehmen. Sogar mit einem ziemlich schwierig gestellten Merkur lassen Sie gern Ihren Geist arbeiten, ob bei einem Spiel, beim Lesen oder bei anregenden Diskussionen.

***Sophia Loren***

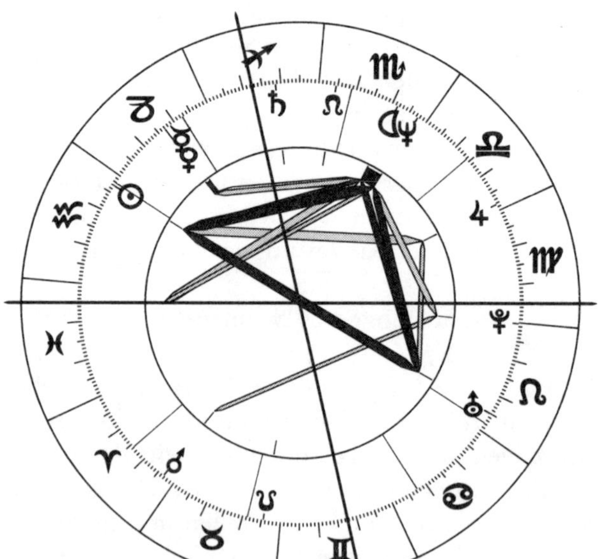

***Prinzessin Caroline***

Die Achse Zwillinge / Schütze – natürlich abhängig davon, wie Merkur und Jupiter stehen – spiegelt Eltern wider, die leben und leben lassen, die versuchen, bestimmte Ideale und Vorstellungen an ihre Kinder weiterzugeben, und die sie eher anleiten als sie in eine vorgegebene Form zu pressen. Sehr oft spielen Religion und Philosophie für Sie eine bedeutende Rolle. Wenn Sie keine eingeschlossenen Zeichen in Ihrem Horoskop haben, folgt aus Zwillinge im 4. Haus Jungfrau im 7. Haus. Beide werden von Merkur regiert. Ihr Elternhaus und Ihre frühe Erziehung werden sehr stark Ihre Partnerwahl beeinflussen.

Prinzessin Caroline von Monaco hat Zwillinge im 4. Haus. Der Herrscher Merkur steht in Steinbock im 11. Haus in Konjunktion mit Venus und im Sextil zu Mond. Jupiter, Herrscher ihres 10. Hauses, steht im 7. Haus in Waage, im Trigon zu Sonne, im Sextil zu Uranus, im Quinkunx zu Mars und Aszendent. Abgesehen davon, daß von ihr einige Anpassungen erwartet werden, um ihrem königlichen Stand entsprechend zu leben, sieht es so aus, als hätte sie keine größeren Probleme mit ihren Eltern. Doch die Stellung von Sonne und Mond widerspricht dieser Annahme, denn sie bilden ein T-Quadrat mit Uranus. Eine fixe Wassermann-Sonne in Opposition zu ihrem Herrscher Uranus und beide im Quadrat zur Mond / Neptun-Konjunktion in Skorpion lassen ahnen, daß es viele Auseinandersetzungen mit ihren Eltern gab. Diese Stellung symbolisiert ihr Bedürfnis, ihre eigene *Anima* und ihren eigenen *Animus* verstehen zu lernen und damit zu arbeiten. Die Grundlagen für ihre Kindheit waren solide (Merkur in Steinbock), und sie fühlte sich geliebt (Merkur in Konjunktion zu Venus). Beides sind wichtige Faktoren, die später dabei helfen, Schwierigkeiten meistern zu können.

Für diese Schwierigkeiten ist ihre eigensinnige Sonne verantwortlich, die gerne rebelliert (Sonne in Opposition zu ihrem Herrscher Uranus), die aber die Gründe für diese Rebellion weder erklären noch überhaupt darüber reden will (Sonne im 12. Haus im Quadrat zu Mond in Skorpion). Und doch können ihre Gefühle genau deshalb sehr in Aufruhr sein. Im Teenageralter meinte sie vielleicht, Sex sei die Lösung (Mond / Neptun im 8. Haus), nicht nur wegen des Spaßes, den er verspricht, sondern auch, weil man sich dadurch an Mutter (Mond) und Vater (Sonne) rächen könnte.

Steven Englund gibt in seinem Buch *Grace of Monaco* (Doubleday 1984) eine interessante Beschreibung von Caroline, besonders über die Zeit in den siebziger Jahren, als sie ihr Abitur an einer wohlbehüteten strengen katholischen Schule bei Ascot in England machte. Sie war erst 16 Jahre und akademisch nicht darauf vorbereitet, in die Alma Mater ihres Vaters in Paris einzutreten.

Caroline ließ sich nicht von ihrem Entschluß abbringen, sich auf ihren Magister in einem Pariser Lyzeum vorzubereiten. Ihre Eltern, besonders ihr Vater, meinten, es sei besser, ihr nicht zu widersprechen. Ihre Mutter, Prinzessin Grace, die sich immer viel zu fürsorglich verhielt, war der Ansicht, Caroline sei noch zu unerfahren und entschied, daß sie und ihre jüngere Schwester Stephanie mit nach Paris gehen würden. Graces Sorge, daß Caroline unzureichende intellektuelle Interessen haben könnte, erwies sich als begründet. Die schöne und nun vermeintlich dem Heiratsmarkt zur Verfügung stehende Caroline war sofort von Reportern, Journalisten und den allgegenwärtigen Paparazzi umgeben, die das Reihenhaus Tag und Nacht belagerten und Aufmacher-Fotos schossen, die sie mit lächerlichen Bildunterschriften versahen.

Grace war nun ständig in ihrer Nähe und wurde von Caroline eher als Gegnerin denn als Verbündete angesehen. In diesem Frühling begann sie an der Ecole Libre mit dem Studium, aber gleichzeitig fand sie Gefallen am mondänen Leben. Mittlerweile war die Verstimmung zwischen Mutter und Tochter ziemlich offensichtlich. Caroline betonte ihre Ähnlichkeit mit ihrem Vater und unterstrich Fähigkeiten, die Grace ihrer Meinung nach fehlten. »Auch wenn mein Vater beschäftigt ist, findet er noch Zeit, sich in einen Sessel zu setzen und mir zuzuhören. Ich hoffe, ich finde einen Mann, der meinem Vater ähnelt.« (Jupiter, Herrscher des 10. Hauses (Vater), steht im 7. Haus). Aber sogar ihr nachsichtiger Vater war beunruhigt, als Carolines fröhliches Pariser Leben außer Kontrolle geriet und sie zum ersten Mal durch eine Prüfung fiel. Rainier überzeugte sie, sich in Princeton zu bewerben, was er für den richtigen Ort »für eine aufstrebende intellektuelle Studentin« wie seine Tochter hielt. Caroline wurde angenommen und willigte ihren Eltern zuliebe ein, nach Princeton zu gehen.

Im Sommer 1976 jedoch traf sie Philippe Junot (Horoskopdaten im Anhang). Er war selbstbewußt und charmant, und er hatte Stil. Er, der siebzehn Jahre älter war als sie, konnte ihr zu leben beibringen... Die Romanze blühte... Sie wurden überall zusammen gesehen und verbrachten viel Zeit in Philippes Apartment. »Durch Philippe habe ich zum ersten Mal in meinem Leben Freiheit kennengelernt«, sagte sie. »Sein Apartment verhalf mir zu Unabhängigkeit und war für mich ein Ort der Zuflucht. Ich kam heraus aus meinem normalen Alltag.« (Mond, Herrscher des 5. Hauses im 8. Haus, im Quadrat zu Sonne und Uranus). Sie weigerte sich, Princeton zu besuchen.

Die Grimaldis hielten Junot für einen Verführer und Mitgiftjäger. Trotzdem hielten beide Eltern weiterhin für ihre Tochter die Tür offen. Die Hochzeit war eine recht gedämpfte Angelegenheit; Carolines Illusionen, daß Philippe ein zweiter Rainier wäre, schwanden schnell dahin. Ihr Ehemann war grundsätzlich der Ansicht, daß »Single zu bleiben für einen Mann eine naturgegebene Lebensbedingung« sei. Sporadische außereheliche Affären, eine Menge Parties und das Nachtleben gehörten einfach zu seinem Lebensstil.

Ungeachtet ihrer katholischen Herkunft ließen Grace und Rainier hinter den Kulissen Caroline stillschweigend wissen, daß sie an einer Trennung oder einer Scheidung keinen Anstoß nehmen würden. Caroline brauchte lange, um sich wieder zu erholen. Noch länger brauchte der Vatikan, um in die Scheidung ihrer Ehe von Junot einzuwilligen. Deshalb heiratete sie Stefano Casiraghi, ihren zweiten Ehemann, 1983 in einer Ziviltrauung.

Es ist zweifelhaft, ob die Astrologie hätte voraussehen können, daß Caroline einen Playboy heiraten und sich dann von ihm scheiden lassen würde. Mit dem Herrscher des 7. Hauses, Merkur, in Steinbock bevorzugte Caroline einen älteren Partner, jemanden, auf den sie sich verlassen konnte. Philippe war älter und erfahrener als Caroline, was sie vielleicht für erwachsenes Benehmen hielt; sein verschwenderischer Lebensstil könnte sie beeindruckt und wahrscheinlich ihren Wunsch nach einem großzügigen Partner befriedrigt haben (Jupiter im 7. Haus). Es war sicher eine große Liebe (seine Sonne und sein Jupiter in Konjunktion zu ihrem Mars), aber eine schwierige Ehe (sein Mars und seine Venus im Quadrat zu Mond bilden ein T-Quadrat mit Carolines Saturn und MC).

## Krebs-IC / Steinbock-MC

Krebs am IC ist die sogenannte natürliche Position für dieses vom Mond regierte Zeichen. Oft ist das ein Hinweis, daß Sie Ihr Zuhause lieben und immer erpicht darauf sind, einen Ort zu haben, wo Sie »Ihren Hut aufhängen können«. Das heißt nicht, daß Sie ein Stubenhocker sind. Tatsächlich können viele Aspekte in Ihrem Horoskop anzeigen, daß Sie gerne reisen. Sie brauchen eben nur einen Ort, an den Sie immer zurückkehren können.

Je nach Stellung des Mondes und seinen Aspekten zu anderen Planeten können Sie ziemlich patriotisch sein, sich freiwillig für zivile Dienste anbieten und sich für Ahnenforschung interessieren. Vielleicht sind Sie auch ein Sammler, mit besonderem Interesse für Antiquitäten, oder einfach jemand, der sich von rein gar nichts trennen kann. All diese Wesenszüge sind auch in Ihren Beziehungen wichtig, aber nicht jeder Partner oder Ehegatte wird mit diesen Bedürfnissen übereinstimmen, die sehr tief verwurzelt sein können. In den meisten Fällen spielt Ihre Mutter eine sehr wichtige Rolle – ob positiv oder negativ, hängt davon ab, wie Mond und Saturn (Herrscher des MC) stehen und welche Aspekte sie bilden.

Saturn als Herrscher des 10. Hauses deutet an, daß ein Elternteil (oft der Vater) ziemlich autoritär war und Ihnen Verantwortungsbewußtsein beibrachte. Wahrscheinlich waren Regeln und Vorschriften in Ihrer Kindheit ziemlich wichtig, und vielleicht haben Sie sogar mitbekommen, welche Begrenzungen Ihnen auferlegt wurden. Später werden Sie die Disziplin, die man Ihnen von klein auf beibrachte, zu schätzen gelernt haben, da Ihnen dadurch die Anpassung an das Schul- und Arbeitsleben erleichtert wurde. Wenn Saturn viele gespannte Aspekte bildet – besonders zu Mond oder Venus im Horoskop einer Frau und zu Sonne oder Mars im Horoskop eines Mannes – dann hatten Sie vielleicht das Gefühl, daß Ihre Eltern Sie weder so liebten, wie Sie es Ihrer Meinung nach verdienten, noch daß sie Ihnen genügend Wärme oder Zärtlichkeit gaben.

Lorna Luft hat diese Krebs / Steinbock-Achse in ihrem Horoskop (Abb. S. 75). Sie ist Schauspielerin und Sängerin, Judy Garlands zweitgeborene Tochter, Liza Minellis Halbschwester und sechs Jahre jünger als sie. Ihr Vater war Sid Luft, Judys dritter

Ehemann; die Presse nannte diese Ehe entweder »stürmisch« oder »kraß«. In den meisten Berichten heißt es, daß ihr Bruder Joey, der zwei Jahre nach Lorna geboren wurde, Judys »Augapfel« wurde. »Er war der Kronprinz«, sagt Lorna, »und so wurde ich das klassische ›zweite‹ Kind, das um Liebe und ums Überleben kämpfen mußte.«

Ihr Mond, Herrscher des 4. Hauses, steht im 9. Haus in Steinbock in Konjunktion zu MC und zu Mars, im Quadrat zur Saturn/Neptun-Konjunktion und im Quinkunx zu Pluto im 4. Haus. Dies ist ein sehr gespannt gestellter Mond mit lediglich einer einzigen leichten Entspannung, dem Sextil zu Sonne. Wenn Lornas 4. Haus ihre Mutter, Judy Garland, repräsentiert (und nach allem biographischen Material, das wir gesehen haben, scheint es so zu sein), dann war ihre Beziehung zueinander sehr schwierig. Der Mond fühlt sich in Steinbock – im Zeichen seines Exils – nicht besonders glücklich. Das Quadrat zu Saturn beschreibt das beinahe klassische »Du-liebst-mich-nicht-genug«-Syndrom. Der Mond im Quadrat zu Neptun verdeutlicht ebenso Lornas unrealistische Erwartungen wie ihre Überidealisierung der Mutter und auch des Vaters (Saturn) und spiegelt eine sehr empfindsame, verletzliche Natur wider.

Obwohl die Konjunktion von Mond und Mars ein tendenziell leicht erregbares Temperament anzeigt, ist diese Konstellation grundsätzlich unterstützend, weil sie Lornas Fähigkeit andeutet, sich für das einzusetzen, was sie wirklich will und auch etwas auszufechten, wenn es nötig ist. Der Mond im Quinkunx zu Pluto im 4. Haus weist auf die grundsätzlich nötigen Anpassungen hin, die erforderlich waren, um das zu leben, was, wie sie meinte, ihre Eltern von ihr erwarteten: so gut oder besser zu sein als ihre Mutter (Mond in Konjunktion zum MC) und sich von der Herrschaft ihrer Mutter über sie (Pluto im 4. Haus) zu befreien. »In unserem Leben war beinahe überhaupt nichts normal. Wir wuchsen in Hotels auf, und meine Lieblingswörter sind immer noch ›Taxi‹ und ›Zimmerservice‹«, flachst Lorna. »Kindheit hieß für mich Unterwegssein. Mutter nahm uns drei überallhin mit. Ich war in irgendeiner Schule und eine Mitteilung an den Lehrer lautete: »Bitte entschuldigen Sie Lorna, da wir heute abend nach London fliegen.« Als Kind hatte ich nie Freunde, weil wir nie lange genug an einem Ort blieben...« Wie schwierig für jemanden mit Krebs im 4. Haus! Lorna war erst sechzehn Jahre alt, als Judy an einer Überdosis Barbituraten starb (22.06.1969). Sie war am Boden zerstört und beendete die Oberschule mit der Durchschnittsnote 4. »Das waren harte Zeiten«, sagt sie, »Ich experimentierte mit Drogen, aber als es mir besser ging, hörte ich damit auf.«

Das ehrgeizige 10. Haus (Steinbock, Mond und Mars in Konjunktion zu MC) stellt Lornas Karriere oder Status in der Gesellschaft ebenso wie ihren Vater dar. Der Herrscher Saturn im 6. Haus steht nicht nur für harte Arbeit, um berufliche Ziele zu erreichen, sondern auch für harte Arbeit, um den Vater verstehen zu können. Saturn in Konjunktion zu Neptun zeigt unklare Gefühle zu Dad, aber auch künstlerische Neigungen und die Fähigkeit, in ihrer Arbeit Kreativität praktisch umzusetzen. Das Quadrat zu Uranus stellt die Höhen und Tiefen in der Vater / Tochter-Beziehung oder in den Arbeitsgewohnheiten dar.

Der Vater wird auch von der Sonne symbolisiert, deren Sextil zu Mond / Mars beständige Liebe und Verständnis zwischen beiden andeuten könnte, was ein gutes Zeichen für enge Verbindungen mit dem anderen Geschlecht wäre. Mit der Sonne im 7. Haus empfindet Lorna ein starkes Bedürfnis nach einem Partner, der ihren Ideen Schwung gibt. Manchmal neigt jemand mit der Sonne im 7. Haus dazu, sich selbst aufzugeben. In Lornas Fall ist das eher unwahrscheinlich, denn ihre Sonne steht in Skorpion. Berufliches Ansehen (Herrscher des 4. Hauses, Mond, in Konjunktion zum MC) und eine glückliche Ehe (Herrscher des im 4. Haus eingeschlossenen Zeichens, Sonne, im 7. Haus; der Herrscher des 7. Hauses, Pluto, im 4.) werden Lorna sehr dabei helfen, Gefühle der Unzulänglichkeit (Mond / MC Quadrat Saturn / Neptun) zu überwinden.

Sie scheint die Lösung gefunden zu haben. Nach einem harten Berufsstart, bei dem sie von Vergleichen mit ihrer Mutter und ihrer Schwester geradezu verfolgt wurde, entwickelte Lorna ihren eigenen Stil und hat damit Erfolg. Ihr Mann, Jake Hooker, unterstützt sie dabei. Er ist auch ihr Manager. Sie heirateten am Valentinstag 1977 und haben zwei Kinder: den Sohn Jesse, der 1984, und die Tochter Vanessa, die 1990 geboren wurde.

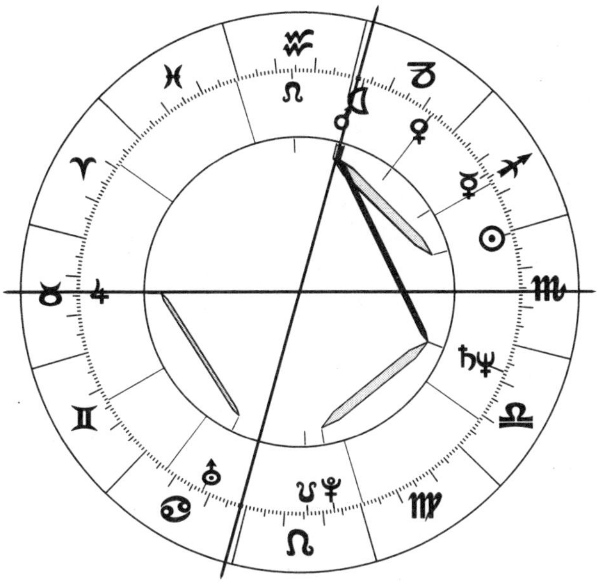

**Lorna Luft**

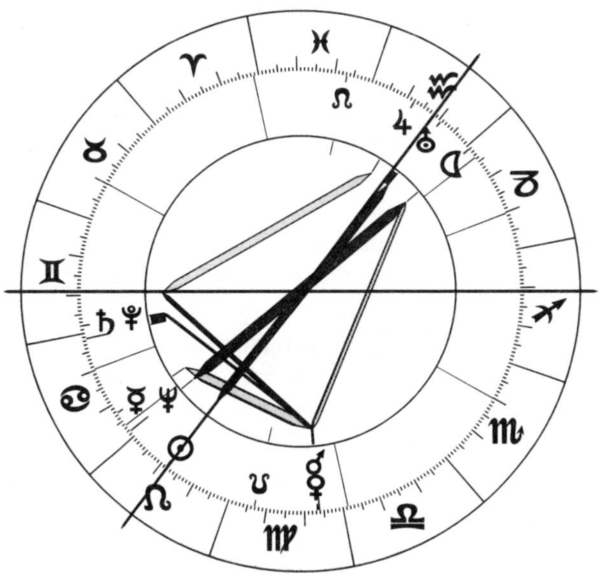

**Anthony West**

## Löwe-IC / Wassermann-MC

Wenn sich in Ihrem Horoskop der stolze und auffällige Löwe im Haus von Heim und Familie befindet, könnten Sie, je nach Stand der Sonne und ihren Aspekten, aus einem großartigen, sensationellen und prächtigen Elternhaus stammen. Mit Sonne, die Ihr 4. Haus regiert und Uranus, der Ihr 10. Haus regiert – beides sogenannte männliche Symbole – wird es besonders wichtig, sich damit auseinanderzusetzen, welche Gefühle Sie Ihren Eltern gegenüber hegten, um entscheiden zu können, welches Haus wen repräsentiert.

Der Löwe-Elternteil wird gewisse dramatische Eigenheiten haben und Ihren Gefühlen wohlwollend gegenüberstehen. Er wird Ihnen sogar Ihre Temperamentsausbrüche verzeihen und sie verstehen. Vater oder Mutter sind weitgehend mit sich selbst beschäftigt und haben deshalb nicht immer Zeit für Sie, aber das wird durch eine doppelte Portion Liebe wettgemacht. Natürlich kann eine schwierig gestellte Sonne einen Elternteil anzeigen, der umgekehrt gar keine Zeit für Sie hat, und dem es schwer fällt, Ihnen Liebe zu geben und sich um Sie zu kümmern.

Derjenige Elternteil, der in Ihrer Wahrnehmung die Wassermann / Uranus-Rolle spielt, wird immer anders sein als anderer Leute Eltern. Vielleicht geht er einem ungewöhnlichen Beruf nach. Möglicherweise ist er die meiste Zeit abwesend. Vielleicht sieht er auch nur ganz anders aus als andere, oder er benimmt sich merkwürdig oder spricht mit ausländischem Akzent. Daher könnten auch Sie danach streben, sich von anderen zu unterscheiden und etwas Bemerkenswertes und Außergewöhnliches zu tun. Löwe und Wassermann sind fixe Zeichen, und falls Sonne und / oder Uranus nicht in veränderlichen Zeichen stehen, könnten Ihre Eltern sehr selbstherrlich und tonangebend gewesen sein und dadurch dazu beigetragen haben, daß Ihre rebellische Seite die Oberhand bekam. Erst bei Ihrer ersten Saturn-Wiederkehr (im Alter zwischen 28 und 30 Jahren) werden Sie bereit sein, sich ernsthaft die Resultate der Vergangenheit und auch Ihre Zukunft anzuschauen.

Anthony West, der uneheliche Sohn der Schriftstellerin Rebecca West und des Schriftstellers H. G. Wells (Horoskopdaten im Anhang), hat Löwe am IC. Die Sonne als Herrscherin dieses Hauses befindet sich im 3. Haus direkt vor dem IC. Uranus als Herrscher des 10. Hauses steht vom 9. Haus aus in Konjunktion mit dem MC; die beiden Planeten stehen einander in fast exakter Opposition gegenüber. Folgt man Victoria Glendinnings Biographie *Rebecca West* (Die Arche, 1992) so war West, die durch das 4. Haus dargestellt wird, »eine äußerst schwierige Persönlichkeit, eine leidenschaftliche Liebhaberin, eine ambivalente Mutter und eine hingebungsvolle Ehefrau.« Geboren als Cicely Isabel Fairfield, nahm sie den Künstlernamen Rebecca West an, um ihre Mutter wegen ihrer wenig damenhaften Ausdrucksweise in einer Buchbesprechung nicht in Verlegenheit zu bringen. West war im Handumdrehen die Sensation in den literarischen Kreisen Londons. »Sie, die in ihren pastellfarbenen Kleidern und mit Hüten wie für Gartenparties aussah wie ein Schulmädchen, lieferte mit honigsüßer bühnenreifer Stimme unerhört frevelhafte Kommentare.« Wie sie selbst in dem erst nach ihrem Tod veröffentlichten Roman *Sunflower* gesteht, wünschte sie sich sehnsüchtig, Schauspielerin zu sein. Schreiben war nur zweite Wahl.

H. G. Wells war in Anthonys Kinderjahren in England sehr berühmt. Anthony nahm ihn als Uranus in Wassermann wahr, der in enger Konjunktion mit dem MC steht und eine weite Konjunktion mit Jupiter bildet. Ihm schien der Vater überlebensgroß. Wells, Autor solch prophetischer Romane wie *Krieg der Welten*, *Die Zeitmaschine* und *Die ersten Menschen auf dem Mond*, war ein sehr triebhafter Mann, der zweimal heiratete und Gordon Ray, dem Autor einer Biographie, zufolge jedoch »seine Lust woanders befriedigte.« Anscheinend wurde er Vater einer Anzahl von Kindern aus diesen außerehelichen Liebesaffären. Sein wichtigstes Verhältnis jedoch war das mit Rebecca, die 26 Jahre jünger war als er. Dieses Verhältnis dauerte 10 Jahre. Der Autor einer weiteren Biographie, Gollancz, meint dazu: »Sie hatte die Pflicht, sein körperliches Verlangen zu stillen, das ihn sonst vom Schreiben abgehalten hätte.« Wells war 48 Jahre alt, als Anthony geboren wurde, und hatte wenig oder gar keine Zeit für ihn.

Und doch hatten beide Eltern einen unauslöschlichen Einfluß auf Anthony (Saturn in Konjunktion mit Pluto im 1. Haus), der selbst Schriftsteller ist und als meisterhafter Könner gilt. Sein autobiographischer Roman *Heritage* ist eine bissige Beschreibung seiner herzzerreißenden Beziehung zu seinen berühmten Eltern. Es ist sehr interessant, daß der Aszendent seines Vaters auf 12 Grad Wassermann Anthonys MC entspricht und daß der Aszendent seiner Mutter auf 22 Grad Schütze liegt – Anthonys Deszendenten.

Beeinflußt eine ähnlich schmerzvolle Beziehung zu den Eltern, wie Anthony sie hatte, Ihre Zukunft, Ihren Wunsch nach einer Heirat oder nach eigenen Kindern? Natürlich! Astrologie kann nicht voraussagen, was eine Person tun oder nicht tun wird, und Astrologen sollten sich davor hüten, solche Voraussagen abzugeben. Aber es ist eine sehr wichtige Aufgabe für einen Astrologen, jemandem dabei zu helfen, eine möglicherweise vorhandene Elternproblematik zu erkennen.

Anthony West kam 1950 in die Vereinigten Staaten, er heiratete 1958 und hat elf Kinder: sieben Töchter und vier Söhne. Er ist davon überzeugt, ein guter Vater zu sein!

## Jungfrau-IC / Fische-MC

Es kann sein, daß Sie den Elternteil, der durch das 10. Haus (Fische) dargestellt wird, nicht immer so sehen, wie er wirklich ist. Entweder, weil Sie ihn zu sehr idealisieren oder mißverstehen, oder manchmal einfach deshalb, weil er abwesend ist. Wenn die bezaubernden, manchmal geheimnisvollen und immer charismatischen Fische den einen Elternteil beschreiben, dann verkörpert die urteilsfähige, anspruchsvolle und oftmals kleinliche Jungfrau den anderen. Wenn Merkur als Herrscher des 4. Hauses harmonische Aspekte hat, könnte es sein, daß es Ihnen ziemlich leicht fällt, den Vorstellungen dieses Elternteils entsprechend zu leben. Ein Klient mit dieser Achse hat Neptun, Herrscher des 10. Hauses in Waage im 4. Haus im Quadrat zu Mars in Steinbock im 8. Haus. Merkur befindet sich im 4. Haus in Jungfrau in Konjunktion mit Saturn. Die Sonne steht in Löwe im 3. Haus in Konjunktion zu Pluto. Seine Eltern ließen sich scheiden, und seine Mutter heiratete einen Alkoholiker, während sein Vater einen berühmten Kinostar heiratete. Sie hatten das gemeinsame Sorgerecht, und so verbrachte er seine Jugend damit, sich zwischen diesen beiden völlig verschiedenen Umgebungen hin und her zu bewegen. Beruflich ist er offenbar erfolgreicher als in seinen drei Ehen.

Wenn das 4. Haus in Jungfrau Ihre Mutter darstellt, könnte Sie Ihnen als zu fordernd erscheinen, besonders im Vergleich mit Ihrem neptunischen, oft verschwommenen Vater. Andererseits könnte sie diejenige gewesen sein, die Ihnen ein Heim geschaffen hat, wo Lernen wichtig war. Sie bringt Ihnen etwas über Hygiene bei, wie man Ordnung schafft und wie man seinen Körper gesund hält, indem man gesunde Nahrungsmittel zu sich nimmt. Im Gegensatz dazu könnte sich der Vater selbst darin übertreffen, die wundervollsten Märchen zu erzählen und Ihnen den Unterschied zwischen einem Rubens und einem Renoir beizubringen und zwischen Wolfgang Amadeus Mozart und Henry Mancini.

Der erfolgreiche Schauspieler, Schriftsteller, Filmregisseur und -produzent Peter Fonda, Sohn von Henry, Bruder von Jane, hat diese Jungfrau / Fische-Achse in seinem Horoskop (Abb. S. 81). Merkur als Herrscher des 4. Hauses befindet sich in Fische im 10. Haus in Opposition zu Neptun, Herrscher des 10. Hauses, der sich in Jungfrau im 4. Haus befindet. Merkur und Neptun bilden ein T-Quadrat mit seinem Zwillinge-Aszendenten, dessen Herrscher ebenfalls Merkur ist. Als wäre dieser Rollentausch nicht herausfordernd genug, steht auch noch seine Sonne in Fische im 10. Haus in Konjunktion zum MC in Opposition zu Mond in Jungfrau in seinem 4. Haus.

Seine Mutter, Frances Seymour Brokaw Fonda, Henry Fondas zweite Frau, beging Selbstmord, aber man sagte es Peter nicht, der zu dieser Zeit erst 10 Jahre alt war. Mit 15 fand er es nur durch Zufall heraus. In einem Interview mit Michael Leahy (*TV Guide* 20.10.1984) beschreibt Fonda die Entscheidung der Familie, die Wahrheit vor ihm zu verbergen, als Verschwörung, die er niemals vergeben hat. Jahrelang trug er unausgesprochene Schuldgefühle mit sich herum, weil er glaubte, daß seine Träume von der sterbenden Mutter die Ursache für deren Tod waren. Er räumt zwar ein, daß Jane ihn vielleicht schützen wollte, als sie zwar die Wahrheit durch einen indiskreten Freund herausfand, aber Peter nichts davon erzählte, gestand aber seinem Vater nicht dieselbe Absicht zu, als er ihn deswegen zur Rede stellte. »Ich glaube, es warf ihn einfach so sehr um und erfüllte ihn mit Schuld...«

Tatsächlich hat Henry niemals mit seinem Sohn über den Tod seiner Mutter gesprochen. Er sah sich nie die Quelle für Peters

Zorn oder Sorgen an oder für die gewalttätigen Zwischenfälle im Internat (Neptun, Herrscher des 10. Hauses in Opposition zu Merkur, dem Herrscher des 4. Hauses, beide im Quadrat zum Aszendenten). Peter zufolge »verlor Henry nie viele Worte. Er kam am besten mit anderen schweigsamen Menschen aus, wie zum Beispiel mit Jimmy Stewart. Ich war mir nie sicher, wer er war. Er wollte sich nicht offenbaren... er war ein Perfektionist – auch in bezug auf mich. Er wollte, daß ich das war, was er nicht war.« Und am traurigsten überhaupt: Sein Vater sagte ihm niemals, daß er ihn liebte. Erst am Ende, kurz bevor Henry Fonda starb, fanden Vater und Sohn Verständnis füreinander und sagten einander »Ich liebe dich.«

Es scheint ziemlich offensichtlich, daß Peters Mutter durch das 4. Haus mit dem Mond an dieser Stelle beschrieben wurde. Die Sonne in Fische im 10. Haus paßt zu dem Bild, das Peter von seinem Vater hatte: bezaubernd, berühmt, vage, verschwommen und eher an seiner Karriere und der Suche nach der perfekten Partnerin (insgesamt 5 Ehefrauen) interessiert als daran, die Rolle des sorgenden Elternteils bei einem seiner Kinder zu übernehmen.

### Waage-IC / Widder-MC

Waage an dieser Häuserspitze läßt vermuten, daß Sie aus einem Elternhaus kommen, in dem Frieden und Harmonie herrschten, wo Diskussionen selten zu Streitigkeiten ausarteten und Sie sich eines aktiven gesellschaftlichen Lebens mit vielen Bildungsmöglichkeiten erfreuen konnten. Sicher hängt viel davon ab, wie Venus, die Herrscherin von Waage, steht. Bei gespannten Aspekten kann natürlich auch das Gegenteil der Fall sein: Es gibt nur selten Harmonie; die Eltern streiten sich oft und beziehen Sie möglicherweise auch noch mit ein; Ihre Eltern halten sich vom gesellschaftlichen Leben fern und meinen, Bildung sei unwichtig.

Ihre Mutter, die in diesem Fall von einem weiblichen Planeten, der Venus, repräsentiert wird, könnte viele positive Züge dieses wunderbaren Abendsterns tragen: Schönheit, musisches oder künstlerisches Talent, angenehme Umgangsformen und eine liebevolle, warmherzige Ausdrucksweise. Falls Venus' Aspekte nicht sehr herausfordernd sind, schenkt sie Ihnen all das, und Sie aalen sich in ihrer Herzlichkeit.

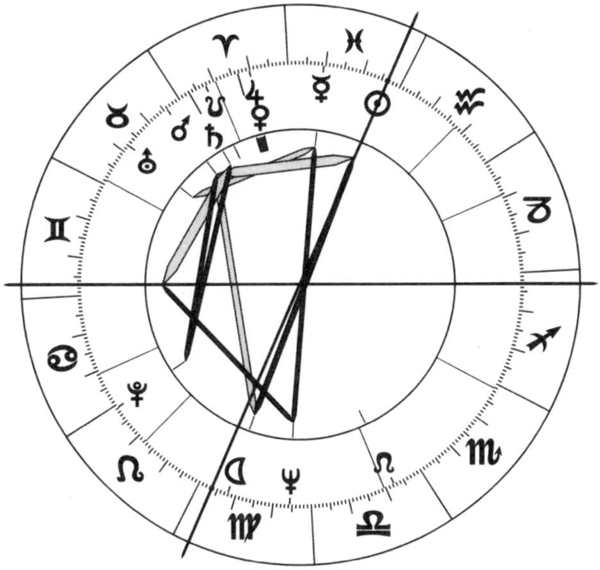

**Peter Fonda**

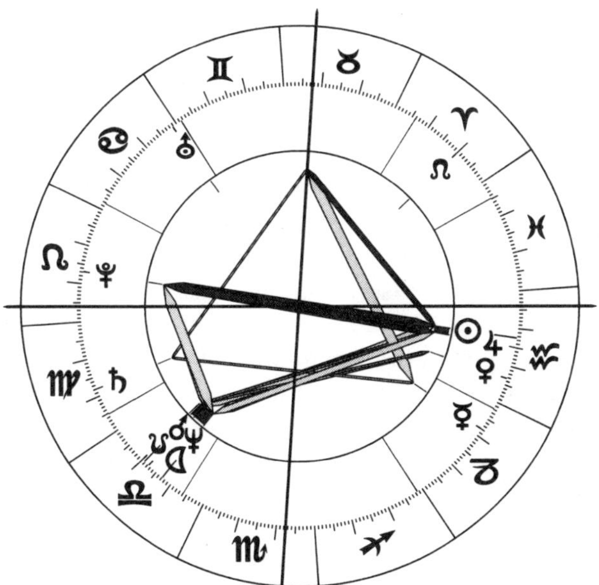

**Natalie Cole**

Wenn Waage im 4. Haus steht, befindet sich natürlich Widder im 10. und zeigt an, daß Sie sich energisch mit Autorität auseinandersetzen und sich oft mit demjenigen streiten, der die Macht hat. Wieder hängt viel davon ab, wo und wie Mars steht, der in Widder herrscht. Befindet er sich in einem passiven Zeichen (Erde oder Wasser) und ist schwach aspektiert, fällt es Ihnen eventuell leichter, diejenigen zu respektieren, die Einfluß über Sie haben; folglich könnte auch die Beziehung zu Ihrem Vater sich eher leicht gestalten. Bildet Mars jedoch gespannte Aspekte, könnte das ein Zankapfel sein. Dadurch müssen Sie vielleicht lernen, Autoritäten zu respektieren. Als Mann mit Mars in Spannungsaspekt zu Saturn haben Sie vielleicht Probleme, Ihren Vater als Vorbild zu sehen bis hin zu dem Punkt, wo Sie an Ihrer eigenen Männlichkeit zweifeln.

Prinz Charles von England hat diese Achse im Horoskop. Venus, Herrscherin des 4. Hauses, steht in diesem Haus in der Waage zusammen mit Neptun, Merkur und der Sonne. Da die Sonne ein Hinweis auf den Vater ist, sieht Charles seine Eltern zweifellos als Einheit: charmant und freundlich (Venus), manchmal streng und unnachgiebig (Merkur und Sonne in Skorpion), und gelegentlich verwirrend (Neptun). Venus ist mit Mars, dem Herrscher seines 10. Hauses, und mit Pluto im 1. Haus durch ein Sextil verbunden, also identifiziert er sich höchstwahrscheinlich sehr mit seiner Mutter. Dieser Eindruck bestätigt sich, wenn man sein Horoskop (siehe Horoskop S. 182) mit dem von Königin Elizabeth vergleicht (siehe Horoskop S. 48). Sein Mond, ein weiteres Symbol für die Mutter, steht exakt mit ihrer Sonne in Konjunktion. Beide Planeten bilden auch ein Trigon zu Saturn in seinem 2. Haus. Er neigt also dazu, dieselben Werte wie seine Mutter zu schätzen. Der Mond in Elevation bestätigt, welch wichtige Position sie in seinem Leben einnimmt. Mit diesem Mond in einem Eckhaus und so vielen Planeten im 4. Haus ist es höchst faszinierend, daß bei seiner Frau, Prinzessin Diana, die Sonne in Krebs steht.

Prinz Philip, sein Vater, wird durch Mars (Herrscher des 10. Hauses) im 5. Haus beschrieben und durch die Sonne in Skorpion im 4. Haus. Mars bildet ausgezeichnete Aspekte (Trigon Pluto, Sextil Venus), so daß die Beziehung zwischen Charles und seinem Vater glatt zu laufen scheint. Mit einem so stark besetzten

4. Haus sind Heim und Familie ein wichtiger Mittelpunkt für sein Leben, was auch seinem Status als Thronfolger im britischen Königshaus entspricht. Als Prinzregent ist Charles sehr vorsichtig im Umgang mit seinen Eltern, besonders mit seiner Mutter, der Königin. Laut Stephen P. Barrys *Royal Service* »stehen Mutter und Sohn einander sehr, sehr nahe; sie benehmen sich jedoch sehr formell. Charles besucht »Mummy« in ihren königlichen Gemächern und nie umgekehrt.«

### Skorpion-IC / Stier-MC

Diese Stellung weist daraufhin, daß es bezüglich der frühen Kindheit ein Familiengeheimnis gibt, daß eine sehr angespannte Atmosphäre herrschte und daß oft ein Elternteil extrem dominant oder manipulativ war (meistens die Mutter, wenn die Stellung von Mond oder Venus dies bestätigt). Die Generation mit Pluto in Löwe erwartete sehr viel von ihren Eltern. Menschen aus dieser Generation, die diese Zeichenstellung an der Achse 4 / 10 haben, könnten ihre großartigen Erwartungen von ihren Eltern übernommen haben.

Natürlich kommt es einmal mehr auf die Stellung von Pluto und Mars an, den Herrschern in Skorpion. Auch der Mond spielt eine bedeutende Rolle bei der Analyse von Stellung und Merkmalen der Mutter. Ein 40jähriger Klient mit Skorpion im 4. Haus, dem Mond in diesem Zeichen in Quadrat zum Löwe-Aszendenten in Konjunktion zu Pluto hat eine sehr manipulative Mutter, zwar auch lieb und bezaubernd, aber eben manipulativ. Ihm fiel es sehr schwer, sich abzunabeln, und er hat nie geheiratet. Jedesmal, wenn er kurz davor war, brauchte Mama ihn aus dem einen oder anderen Grund.

Dieses Zeichen im 4. Haus zeigt häufig eine starke, feste, mit eiserner Faust gelenkte Elternbeziehung an. Manchmal bringen Sie diese Eigenschaften selbst zum Ausdruck, wenn Sie größer sind, ein anderes Mal suchen Sie bei Ihren Partnern danach. Die Position von Mars enthüllt, wie der Fall bei Ihnen liegt.

Mit Stier am MC müssen Sie aufmerksam die Position Ihrer Venus untersuchen, um herauszufinden, wie Sie auf den autoritären Elternteil reagieren. Bei dieser Kombination kommt es häufig zu einem Rollentausch, bei dem der stärkere Einfluß vom Elternteil des 4. Hauses ausgeübt wird. Hat Venus einige herausfordernde Aspekte, identifizieren Sie sich eher mit der Autorität, als daß Sie dagegen rebellieren.

Denken Sie daran, daß Ihr 10. Haus der Ego-Punkt ist und Ihren Status, Ihr Prestige und Ihr Leistungspotential zeigt. Wenn Sie dieses Haus gründlich analysieren, können Sie herausfinden, über welches Potential eine Partnerbeziehung verfügt, denn das 10. Haus sagt etwas darüber aus, zu welchem Resultat eine 7.-Haus-Heirat schließlich führt.

Natalie Cole, die Tochter des legendären Nat King Cole, hat Stier am MC mit der Herrscherin Venus im 6. Haus. Daher überrascht es nicht, daß sie beruflich in die Fußstapfen ihres Vaters trat. Venus steht im Trigon zu Mond und Mars (Mitherrscher in ihrem 4. Haus). Das spricht dafür, daß ihre Eltern in ihrer Kindheit und ihren Jugendjahren einen positiven Einfluß auf sie ausübten. Ihre Sonne, auch Signifikator für ihren Vater, steht in Opposition zu Pluto und im Quadrat zu ihrem MC. Dies ist ein Hinweis darauf, daß sie ihn früh verlor. Er starb kurz nach ihrem 15. Geburtstag. Danach setzte der elterliche Rollentausch ein. Sie ist der Meinung, daß sein Name ihr ebensosehr schadete wie er ihr half. Es war schwer für sie, seinem Vorbild gerecht zu werden. Sie hatte jedoch schon früh großen Erfolg als Sängerin.

1982 beantragte Natalies Mutter beim Obersten Bundesgericht in Los Angeles die Vormundschaft für ihre Tochter Natalie wegen Gesundheitsproblemen und schwerer Drogensucht. Die Mutter wird durch Pluto, Herrscher des 4. Hauses repräsentiert, der in Opposition zu ihrer Sonne / Jupiter-Konjunktion und im Quadrat zum MC steht, ein äußerst schwieriges T-Quadrat. Ihr Groll gegen ihre Mutter erschien ihr gerechtfertigt. Erst einige Jahre später konnte sie ihre Drogenabhängigkeit überwinden und ihrer Karriere eine neue Richtung geben. Ihr Mond in Waage im 2. Haus hat ausgezeichnete, unterstützende Aspekte. Deshalb gab es zwar Höhen und Tiefen in der Beziehung zu ihrer Mutter, doch die Liebe, die sie füreinander empfanden, ließ sie beide durchhalten.

Offenbar sucht Natalie nach einem Partner, der einem ihrer beiden Eltern entspricht und der auch ihr Freund sein kann. Uranus, Herrscher über ihr 7. Haus, steht in Krebs im 11. Haus. Wassermann an der Spitze des 7. Hauses sucht jemanden, der einmalig und besonders ist. Pluto und Mars, die das 4. Haus regieren, lassen darauf schließen, daß sie sich zu starken und mächtigen Menschen hingezogen fühlt. Ihre Ehe mit dem Produzenten ihres Vaters endete mit einer Scheidung. Dieser schreibt sie ihren gesundheitlichen Zusammenbruch und ihren Drogenmißbrauch zu. Momentan genießt sie mit ihrem zweiten Mann und ihrem Sohn die »guten Zeiten« und den großen Erfolg mit weiteren »Grammys«.

### Schütze-IC / Zwillinge-MC

Mit Schütze am IC ist es mehr als wahrscheinlich, daß Sie aus einem angenehmen Elternhaus kommen, in dem intellektuelles Streben sehr angesehen war, faires Verhalten erwartet wurde und wo Menschen mit den unterschiedlichsten Lebenserfahrungen willkommen waren. Wenn der Herrscher Jupiter sehr verletzt ist, waren Ihre Eltern möglicherweise verschwenderisch. Vielleicht mußten Sie aber auch von Sozialhilfe leben. Ihre Mutter ist wahrscheinlich gebildet oder wurde im Ausland geboren.

Zwillinge im 10. Haus deutet an, daß Sie sich mit Autoritäten auseinandersetzen, indem Sie Ihre Ideen darstellen und Ihren Standpunkt intellektuell verteidigen. Der Elternteil, der durch das 10. Haus beschrieben wird (meistens der Vater), ist wortgewandt und gut informiert und – je nachdem, wie Merkur steht – unterstützt höchstwahrscheinlich auch bei Ihnen die Entwicklung dieser Eigenschaften. Wenn Merkur schwierige Aspekte bildet oder überhaupt nur schwach steht, könnten Sie feststellen, daß Ihre Sicht von Ihrem Vater nicht immer klar ist. Es könnte schwer für Sie sein, ihm Ihre Ideen zu vermitteln oder zu verstehen, was er meint.

Der Schauspieler Jeff Bridges entstammt einer Dynastie von Schauspielern. Seine Mutter Dorothy, Vater Lloyd, Bruder Beau und Schwester Lucinda spielten alle im Fernsehen oder in Kinofilmen. 1989 feierten seine Eltern ihren 50. Hochzeitstag. Jeff ist seit 1977 mit Susan verheiratet und hat mit ihr drei Töchter.

Welche Faktoren in seinem Horoskop zeigen die starke, positive Verbindung zu seinen Eltern an? Jupiter, Herrscher des 4. Hauses, steht im 5. Haus in Konjunktion zu Venus und im Quinkunx zu Uranus. Sein Mond befindet sich in Zwillinge im 9. Haus in Opposition zu Sonne und im Trigon zu Neptun. Jeff mag Frauen und sieht seine Mutter als den »Klebstoff, der die Familie zusammenhält«, während sein Vater wegen seiner Karriere herumreiste. Obwohl Dorothy Schauspielerin war, machte ihr die Mutterrolle Freude, als die Kinder da waren. Jeffs Sonne / Mond-Opposition deutet zwar darauf hin, daß seine Eltern Probleme hatten, aber er streitet das ab. Zwillinge / Schütze kann philosophische, geistreiche Diskussionen anzeigen. »Meine Mutter war wunderbar fanatisch darin, jedem Kind jeden Tag eine ganze Stunde zu widmen... Sie nannte es unsere Zeit. Während dieser drei Stunden nahm sie keine Anrufe entgegen und ließ sich nicht ablenken. Es war einfach intensive Kinderzeit.« Das ist ungefähr das, was Sie mit Merkur im 4. Haus von Ihrer Mutter erwarten dürfen.

Wenn wir uns das Vaterbild in Bridges Horoskop ansehen, dann erkennen wir, daß der Herrscher des 10. Hauses sich im 4. Haus befindet und viele Aspekte bildet, sowohl harmonische als auch herausfordernde. Die Sonne steht in weiter Konjunktion mit Merkur, der den MC regiert, daher ist nicht schwer nachzuvollziehen, warum er in die Fußstapfen seines Vaters trat. Er gab seine erste Vorstellung mit sechs Monaten und zog sich dann zurück, bis er acht Jahre alt war und in der Fernseh-Show seines Vater auftrat, die *Sea Hunt* hieß. Nach der Oberschule studierte Jeff Schauspiel in den New Yorker Berghof Studios und gab sein Filmdebut in *Halls of Anger*.

Laut Bridges ist die Beziehung zu seiner Familie »völlig normal«, mit den üblichen Meinungsverschiedenheiten, aber auch mit viel Liebe und Spaß. Mit dem Mond in Zwillinge im Trigon zu Neptun, der Herrscher des 7. Hauses ist, findet er echten Gefallen an Frauen und ist auch glücklich mit einer verheiratet. Es fiel ihm nicht leicht zu heiraten, denn bevor er Susan traf, war er ein Schürzenjäger (Sonne in Opposition zu Mond, Venus in Konjunktion mit Jupiter im 5. Haus und Mars, Herrscher des 8. Hauses, im Quadrat zu Merkur). Seit er aber seßhaft geworden ist, scheint seine Ehe ebenso solide zu sein wie die seiner Eltern.

### Steinbock-IC / Krebs-MC

Wenn Saturn das 4. Haus regiert, kann es sein, daß ein Elternteil die Kinder allein großziehen mußte oder daß die Kindheit von Armut geprägt war. Im positiven Sinn kann es bedeuten, daß Sie

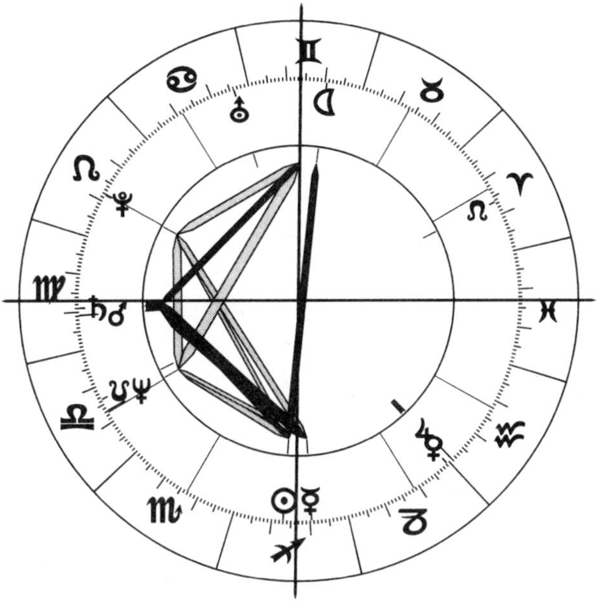

***Jeff Bridges***

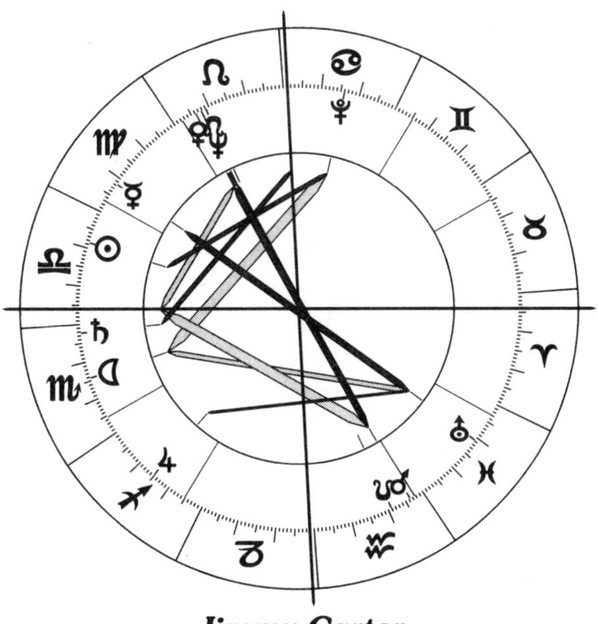

***Jimmy Carter***

auf einem Bauernhof oder einem Haus auf dem Lande aufwuchsen und sehr erdverbunden sind. Wenn Saturn in Ihrem Horoskop günstig steht, könnten Ihre Eltern mit wenig angefangen haben und langsam erfolgreich geworden sein. Mit dieser Konstellation ist es gewöhnlich die Mutter, die Disziplin lehrt. Meistens achten Sie jedoch beide Eltern und verhalten sich gegenüber Autoritäten und reiferen Menschen sehr respektvoll. Häufig leben auch die Großeltern oder ein älterer Verwandter im gleichen Hause.

Krebs an der Spitze des 10. Hauses kann anzeigen, daß die Mutter beide Elternrollen übernimmt. Oder es bedeutet, daß der Vater eine starke Vaterfigur für die ganze Familie war, ähnlich der Rolle von Leon Ames in dem Film *Meet Me in St. Louis*. Mit dieser Achse lernen Sie früh, daß Sicherheit für Ihr Wohlbefinden wichtig ist. Sie suchen sich im allgemeinen einen Partner, der Sie nährt und beschützt, so wie Sie es in Ihrer Kindheit gewöhnt waren.

Ex-Präsident Jimmy Carter sieht seine Kindheit im Rückblick vorwiegend sonnig – eine Idylle, in der er fischte, jagte, durch die Wälder stromerte –, aber seine Erinnerungen enthalten einen Anflug von Trotz, der im Widerspruch zum Thema »Liebe und Umsorgtwerden« steht. »Ich arbeitete hart, als ich klein war«, sagte er einmal, »aber ich bin stolz darauf.« Er wurde vor allem von schwarzen Frauen aufgezogen, denn seine Mutter, eine Krankenschwester, arbeitete Tag und Nacht, und obwohl er stolz auf sie war, vermißte er sie.

In beinahe allen Berichten über seine Eltern wird seine Mutter als »liberales Gegengewicht« zu seinem »konservativen« Vater beschrieben. James Earl Carter Senior verkörperte Autorität und Ehrgeiz. Miss Lillian, die Krankenschwester, war der »umsorgende« Elternteil, und sie widmete sich ganz der Aufgabe, den Armen und Schwachen zu helfen. Sein Vater war kompliziert, oft widersprüchlich. Er strahlte Stärke aus, er war schüchtern; er arbeitete hart und hatte doch auch Sinn für Humor; er war ehrgeizig und dennoch zufrieden. In der Öffentlichkeit schien er hart zu sein, im Privatleben hatte er Mitleid. Carter schreibt, daß sein Vater ein unerbittlicher Lehrer war, der ihn hart bestrafte, wenn er sich schlecht benahm.

Diese Beschreibung scheint viel eher mit Carters 4. als mit seinem 10. Haus übereinzustimmen. Es wird von Saturn regiert, der sich im machtvollen, manipulativen Skorpion im 1. Haus befindet und im Quadrat zum MC steht. Mars ist im 4. Haus in Wassermann. Die Sonne in Waage im 12. Haus steht im Quadrat zu Pluto und wiederholt das Machtthema. Diese Sonnenposition verstärkt auch die Bemerkungen über die Schüchternheit seines Vaters. Da sowohl Mars als auch Saturn eine Verbindung zu diesem Haus haben, ist es leicht einzusehen, warum seine Beziehung zu seinem Vater etwas dürftig war. Dennoch war es Carters großer Wunsch, seinem Vater nachzueifern.

Hier wird der Vater also durch das 4. Haus beschrieben. Seine Mutter wird durch das 10. Haus dargestellt. Der Mond als Herrscher des 10. Hauses steht in Skorpion im 1. Haus und läßt auf eine starke, manchmal manipulierende, gelegentlich entfernte und zurückgezogene Person schließen. Aber Jimmy empfand viel Zuneigung für sie, denn der Mond steht in einem großen Trigon mit Pluto und Uranus. Diese Konstellation zeigt an, daß die Gefühle leicht fließen können und daß er außerdem die Fähigkeit besitzt, gute Beziehungen zu den Frauen in seinem Leben aufzubauen. Mit Venus in Konjunktion zu Neptun im 10. Haus neigt er dazu, Frauen zu idealisieren. Zuhause sah er seine Mutter als Kulturträgerin. Sie schenkte ihren Kindern auch religiöse Inspiration – oft eine Funktion von Neptun.

Die Wahl seiner Ehefrau spiegelt seine Kindheit auf dem Lande wider. Er suchte sich eine Frau aus, die viele Qualitäten beider Eltern verkörpert. Rosalynn stammt aus einer ähnlichen Umgebung mit den gleichen moralischen Wertvorstellungen wie er selbst (Horoskopdaten im Anhang). Mars in seinem 4. Haus ist Herrscher über sein 7. Haus und steht mit dem Herrscher des 4. Hauses, Saturn, im Trigon. Er liebt und verehrt sie mit derselben Hingabe, Zuneigung und demselben Respekt, den er für seine Eltern empfand.

### Wassermann-IC / Löwe-MC

Mit Uranus als Herrscher über Ihr Elternhaus und Ihre ererbten Anlagen könnte Ihre Kindheit mit Veränderungen und Durcheinander beladen gewesen sein. Ihre Eltern sind vielleicht viel umhergezogen, und Sie mußten sich alle paar Jahre an eine völlig neue Umgebung gewöhnen. Möglicherweise wurden Sie aber auch unehelich geboren oder ein Elternteil verließ Sie, als Sie noch ziemlich klein waren. Manchmal könnten Sie sich als Fremder in Ihrem eigenen Heim fühlen, allein und einsam sogar beim größten Familientreffen. Aber Ihr Leben ist niemals langweilig... Uranus zeigt, in welchem Bereich Sie lernen müssen, sich neuen Umständen anzupassen. Vielleicht ist einer Ihrer Eltern besonders extravagant; vielleicht haben Sie eine Mutter, die Astrologin oder einen Vater, der Erfinder oder Schlamm-Ringkämpfer ist. Durch Ihre ungewöhnliche Erziehung lernen Sie, sich auf Herausforderungen einzustellen und das ganz besonders, wenn Uranus in einem veränderlichen oder kardinalen Zeichen steht.

Löwe am MC wird von der Sonne regiert und zeigt, daß Sie denjenigen Elternteil vergöttern, der durch das 10. Haus beschrieben wird, insbesondere, wenn die Sonne stark aspektiert ist. Dies ist eine Stellung, in der Sie möglicherweise Ihrem Vater nacheifern, weil Sie ihn als Anführer sehen, als machtvolle Leitfigur in Ihrem Leben. Sie treten im Umgang mit Autoritäten recht herrisch auf. Manchmal müssen Sie Bescheidenheit lernen, ehe Sie selbst der Boss sein können.

Sie neigen dazu, nach einem Partner zu suchen, der so ähnlich wie Ihre Eltern handelt. Er soll entweder einmalig, dramatisch, dominant und ungewöhnlich sein oder aus einem völlig anderen Milieu stammen als Sie. Aus den Aspekten der Sonne, der Herrscherin Ihres 10. Hauses und von Uranus, dem Herrscher des 4. Hauses, können Sie schließen, wie Sie damit umgehen.

Bei Paloma Picasso steht Uranus (Herrscher des 4. Hauses) in Zwillinge im 9. Haus. Er hat ein Sextil zu ihrem Saturn, zu Venus und zu Sonne, Herrscherin des 10. Hauses. Pluto und Saturn befinden sich im 10. Haus. Obwohl sie und ihr Vater sich in den letzten zehn Jahren seines Lebens einander entfremdet hatten, trat sie trotzdem in seine Fußstapfen. Anstatt sich jedoch nur ein wenig aus Liebhaberei in der Kunst umzusehen, um ihrem Vater nachzueifern oder durch Malen oder Schreiben ihrer Mutter Konkurrenz zu machen, wurde sie eine berühmte Designerin. Sie produziert für Tiffany's Schmuck, der durch seinen kühnen Entwurf und seine persönliche Note ins Auge fällt, und sie kreiert Lederwaren, Glas, Tücher, Sonnenbrillen und ihr eigenes Parfüm.

Ihr Vater, der Künstler Pablo Picasso (Horoskopdaten im Anhang), wird sehr gut durch ihr 10. Haus dargestellt. Pluto und

Saturn in diesem Haus deuten darauf hin, daß er die Kontrolle haben wollte, entweder indem er ihr ihren Lebensstil diktierte oder indem er sie völlig ignorierte. Doch es gab auch sehr viel Liebe. »Er war kein durchschnittlicher Vater«, erinnert sie sich. »Er war sehr ausgelassen (Sonne / Venus-Konjunktion). Einmal nahm er meine weißen Leinenschuhe und bemalte sie vollständig.« Ihre Widder-Sonne steht in exakter Opposition zu ihrem Aszendenten, was den Bruch mit ihrem Vater bekräftigt. Ungeachtet Plutos relativ »guter« Aspekte versiegten ihre kreativen Kräfte durch diesen Bruch. Aber trotz dieses Debakels gewann sie nach und nach ihre Produktivität zurück und wird auf ihrem Gebiet inzwischen als jemand anerkannt, der es zu etwas gebracht hat.

Francoise Gilot, ihre Mutter, wird durch das von Uranus beherrschte 4. Haus charakterisiert. Françoise und Pablo waren nie verheiratet, Paloma wurde unehelich von einer sehr willensstarken Frau geboren, einer Malerin und Schriftstellerin – die einzige Frau, die Picasso nie unterwerfen konnte. Der Mond in Steinbock zeigt an, daß Palomas Mutter sich kühl und geschäftsmäßig verhielt, jedoch mit Uranus im Aspekt zu Mars zu großer Leidenschaft fähig war. Die Beziehung zwischen Mutter und Tochter war zwar eng, aber niemals innig.

Mit ihrer Sonne / Venus-Konjunktion an der Spitze des 7. Hauses ist es für Paloma sehr wichtig, sich mit ihrem Mann identifizieren zu können. Mit Mars, dem Herrscher von 7 im 6. Haus, führen sie eine Arbeitsbeziehung. Ihr Mann setzt ihre Ziele mit ihr fest und unterstützt sie in ihrer Arbeit. Sie meint: »Er fand, daß ich die Schmuckentwürfe in großem Stil machen und nicht schüchtern sein sollte... .«

## Fische-IC / Jungfrau-MC

Fische an dieser Stelle ist ein wichtiger Hinweis darauf, daß es möglicherweise einen Stiefvater oder eine Stiefmutter gibt. Es ist klar, daß nicht jeder mit dieser Stellung Ersatzeltern hat. Es kommt auf Neptuns Position an. Häufig ist die Familie religiös... und zwar sehr stark. Oder es liegt ein Hauch des Geheimnisvollen oder des Zaubers über Ihrer Herkunft und Ihrem Erbe... die sprichwörtliche Leiche im Keller. Bildet Neptun kritische Aspekte, trinkt

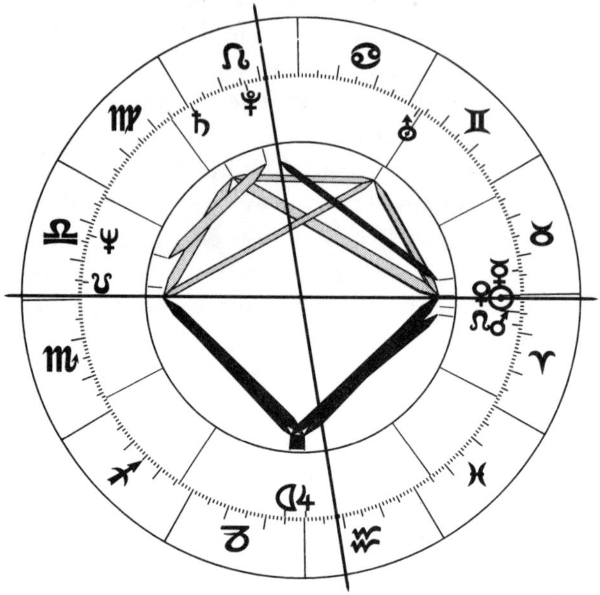

***Paloma Picasso***

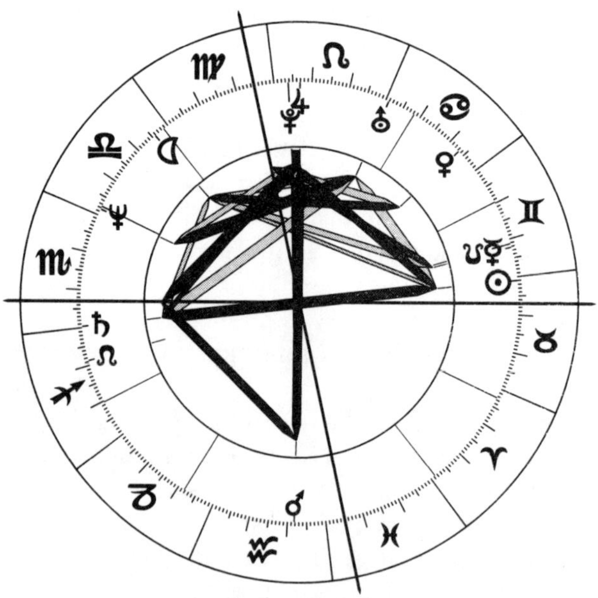

***Steve Ford***

möglicherweise ein Elternteil bis zum Exzeß oder er nimmt andere Drogen. Mit harmonischen Aspekten ist Ihr Vater oder Ihre Mutter vielleicht musikalisch. Ihre Mutter konnte eventuell nicht immer für Sie da sein, entweder weil sie arbeitete oder weil sie krank war.

Jungfrau am MC beschreibt einen etwas kritischen Elternteil, dessen Erwartungen Sie gerecht zu werden versuchen. Hier klären Merkurs Aspekte, ob Ihnen das leicht fiel oder ob es unmöglich war. Autorität wird von Ihnen so lange analysiert, bis sie sich – wenn möglich – auflöst. Wenn Sie nicht damit zu Rande kommen, flüchten Sie sich vielleicht in die träumerische Sicherheit Ihres 4. Hauses und suchen Zuflucht beim entsprechenden Elternteil. Wir finden diese Achse aber auch bei vielen Menschen, die die Verantwortung für einen alten oder gebrechlichen Elternteil tragen.

Von Ihrem Partner erwarten Sie sowohl einen gewissen Glanz als auch Inspiration, und er soll Ihnen dabei helfen, eine stabile Grundlage für eine Familie zu entwickeln. Mit veränderlichen Zeichen am MC werden Sie oft auch veränderliche Zeichen am AC haben. Die Stellung von Jupiter und dem Herrscher Ihres 7. Hauses spielt eine wichtige Rolle bei der Auswahl Ihrer Partner.

Steve Ford, Sohn des 38. Präsidenten der Vereinigten Staaten, hat diese Fische / Jungfrau-Achse in seinem Horoskop. Neptun herrscht über sein 4. Haus und steht im 12. im Quadrat zu Uranus, im Quinkunx zu Sonne, im Trigon zu Mars und im Sextil zu Pluto. Seine Mutter war von Alkohol und Psychopharmaka abhängig, und Steve, sein Vater und seine Geschwister bestärkten sie darin, in eine Klinik zu gehen. Steves Mond steht in Waage im 11. Haus und zeigt, daß er seine Mutter als Freundin sieht, als jemanden, der Ausgleich und Harmonie sucht. Sein Mond hat einige sehr positive Aspekte und ein Quadrat zu Venus. Obwohl er mit seiner Mutter auf gutem Fuß stand, könnte es einige Auseinandersetzungen über sein Verhalten in der Öffentlichkeit gegeben haben (Venus regiert sein 7. Haus).

Nachdem er als Rodeoreiter einigen Erfolg verbuchen konnte, machte Steve als Schauspieler Karriere und spielte in einer täglich gesendeten »Seifenoper«. Mit Jungfrau am MC und dem Herrscher Merkur in Zwillinge im 7. Haus hat er sein Ego entwickelt, indem er sich dem Licht der Öffentlichkeit stellte. Sein Vater wird ebenfalls durch Merkur repräsentiert und durch die Sonne in Stier, was bereits darauf schließen läßt, daß es sich um eine prominente Persönlichkeit handeln könnte. Da die Sonne in Opposition zu Saturn steht, können wir sicher sein, daß Steve es seinem Vater gleichtun und im Rampenlicht stehen möchte. Das kann zunächst irgendein Bereich sein und später dann vielleicht die Politik.

Kapitel 4

# Andere Häuser in Beziehungen

## Das 2. Haus

Das 2. Haus entspricht nicht direkt einem Familienmitglied oder einer bestimmten Beziehung, folglich spielt es bei der Einschätzung, ob eine Beziehung funktioniert oder nicht, keine große Rolle. Seine größte Bedeutung liegt darin, daß wir hier die Werte analysieren können, die den einzelnen Menschen in einem Horoskopvergleich etwas bedeuten. Wenn diese Werte übereinstimmen, kann zwischen ihnen alles recht ruhig verlaufen, manchmal beinahe schon zu ruhig, weil es zu wenige Herausforderungen oder Zündfunken gibt. Wenn ihre Wertesysteme einander stärken, aber es doch auch einige Streitfragen gibt, hat die Verbindung die besten Aussichten auf Erfolg. Sind ihre Lebensansichten völlig unterschiedlich, kann es sehr schwierig sein, Ziele und Bedürfnisse aneinander auszurichten. Somit hat eine glückliche Ehe oder Partnerschaft weitaus weniger Aussicht auf Erfolg, falls nicht noch einige andere extrem unterstützende Faktoren hinzukommen.

Wenn wir über Werte sprechen, meinen wir nicht unbedingt die Art, wie jemand Geld verdient oder ausgibt. Das ist zwar auch wichtig, aber wir beziehen uns hauptsächlich darauf, was dem einzelnen etwas bedeutet, wenn es um das Thema Besitz, Standpunkte und Lebensansichten geht. Das 2. Haus ist derjenige Lebensbereich, in dem es um Ihr eigenes Selbstbild geht – Ihren Selbstwert. Wenn Sie ein sehr selbstgefälliger und geltungsbedürftiger Mensch sind und wissen, wer Sie sind, wohin Sie gehen wollen und wie Sie dorthin kommen, ist es sehr unwahrscheinlich, daß Sie sich mit jemandem wohl fühlen, der gerade dabei ist, sich über seine Identität klarzuwerden und herauszufinden, wo es beruflich langgehen soll oder was er von Partnerschaften erwartet. Wenn Sie beurteilen möchten, ob Partner in diesen Bereichen zueinander passen, sehen Sie sich das 2. Haus an.

Eine Studentin brachte einmal das Horoskop eines jungen Mannes mit, an dem sie interessiert war. Bei der Untersuchung beider Horoskope ergaben sich einige nette Verbindungen zwischen ihnen. Aber als wir das 2. Haus betrachteten, schien es nur wenige Gemeinsamkeiten in ihren Wertesystemen zu geben. Sie hatte Wassermann im 2. Haus mit Uranus in Zwillinge im 7. Haus. Das zeigte, daß sie sich zu ungewöhnlichen Leuten hingezogen fühlte und daß es ihr Freude machte, sich mit intellektuellen Gruppen auszutauschen. Er dagegen hatte Krebs an der Spitze des 2. Hauses, mit Mond in Steinbock im 7. Haus. Er hatte lieber Kontakt mit konservativen Leuten. Saturn stand auch in seinem 2. Haus, also war er beim Thema Geld sehr sicherheitsorientiert, während sie eher nach der Devise »wie gewonnen, so zerronnen« lebte. Uranus in Konjunktion mit Mars und beide im Quadrat zu Jupiter zeigten, daß sich ihr Selbstwert daran festmachte, »anders« zu sein als andere.

Im Gegensatz dazu war er mit seiner Mond-Saturn-Opposition in der Sparte »Ego« seiner selbst etwas unsicher, aber doch ziemlich verbissen in seinen Erwartungen an eine Partnerin.

Sie heirateten. Die Ehe hielt drei Jahre. Ihr Kommentar dazu: »Er war von Anfang an ein Geizkragen. Stellen Sie sich vor, er wollte mein Geld für mich anlegen! Ich konnte darauf keinen Augenblick eingehen.« Er war etwas unwilliger, einen Kommentar über das Scheitern der Beziehung abzugeben und sagte nur: »Wir hatten über alles verschiedene Ansichten. Wir waren uns nur darin einig, keine Haustiere haben zu wollen.«

## Das 3. Haus

Das 3. Haus der verwandtschaftlichen Beziehungen und Nachbarn beschreibt Ihre Geschwister und Ihr Verhältnis zu ihnen. Falls Saturn hier steht, mußten Sie vielleicht für jüngere Brüder und Schwestern Verantwortung übernehmen; Mars in diesem Haus läßt darauf schließen, daß es entweder keine Geschwister gibt oder daß es mit Brüdern und Schwestern oder Nachbarn Streit gibt. Die Mars-Energie positiv anzuwenden, würde bedeuten, sie direkt in die Familienbeziehungen einzubringen und sie dort zu nutzen. Die Sonne im 3. Haus symbolisiert enge persönliche oder sogar geschäftliche Beziehungen mit Geschwistern oder

Nachbarn, während Merkur an dieser Stelle anzeigt, daß es zwischen Ihnen und anderen immer um Kommunikation geht. Wie sich diese Kommunikation gestaltet, hängt von Merkurs Aspekten ab. Jupiter muß nicht unbedingt auf eine große Familie hindeuten, versinnbildlicht aber eine sehr herzliche Beziehung zur Familie. Venus im 3. Haus läßt – je nach Aspekten – Nähe oder geschäftliche Beziehungen mit Verwandten erkennen und weist darauf hin, daß Sie jüngere Geschwister eventuell verwöhnen. Der Mond in dieser Position ist sehr emotional, wenn es um Familienangelegenheiten geht, und neigt oft dazu, seinen jüngeren Geschwistern eine Mutter oder ein Vater zu sein. Neptun bewölkt das Familienbild mit Stief- oder Halbgeschwistern oder kann eine kreative Familienanlage offenbaren. Uranus weist oft auf eine Schwester oder einen Bruder hin, der außerhalb der Familie steht, und Pluto zeigt manchmal den Verlust eines Bruders oder einer Schwester oder auch eine enge Beziehung zu ihm oder ihr an.

Brüder und Schwestern sorgen dafür, daß man sich mit Ebenbürtigen austauschen kann. Wenn ein Mädchen keine Brüder hat, ist ihr einziges männliches Rollenmodell ihr Vater. Ein Junge ohne Schwestern hat nur seine Mutter als weibliches Rollenmodell. Ein Einzelkind kann es schwer haben, sich Beziehungen zu Ebenbürtigen aufzubauen, weil es sich zu Hause nicht mit Geschwistern austauschen kann. Das ist weder gut noch schlecht, aber es liefert dem Astrologen einen Hinweis, um einschätzen zu können, wie die Person mit anderen Menschen auskommt. Einem Einzelkind könnte es schwerfallen, zu teilen; ein Mädchen ohne Brüder muß lernen, sich durch Versuch und Irrtum auf männliche Verhaltensweisen einzustellen. Umgekehrt muß sich ein Junge ohne Schwestern weiblichem Verhalten anpassen.

Wir erinnern Sie nochmals daran, daß Sie aus dem Horoskop allein nicht darauf schließen können, ob jemand Brüder und Schwestern hat, und in den astrologischen Annalen steht nirgends geschrieben, daß Sie einfach raten sollten. Wenn Ihnen natürlich Raten Spaß macht, könnten Sie ab und zu damit sogar mal richtig liegen, aber uns wäre es lieber, daß Sie immer richtig liegen, also fragen Sie!

Jeff Bridges hat Skorpion an der Spitze des 3. Hauses. Pluto steht im 12., Mars im 1. Haus (siehe Horoskop S. 87). Seine Sonne steht ebenfalls im 3. Haus. Die Stellung von Pluto zeigt, daß er hinter den Kulissen mit einem Bruder oder einer Schwester arbeiten könnte. Die Stellung von Mars läßt auf eine starke Identifikation mit einem Bruder oder einer Schwester schließen, und die Sonne im 3. Haus bekräftigt eine starke Geschwisterbindung. Er hat zusammen mit seinem Bruder Beau (Horoskopdaten im Anhang) in Filmen gespielt und erwähnt oft, wie sehr er sich mit ihm identifiziert. Plutos Aspekte sind harmonisch und fließend, aber Merkur und Mars stehen im Quadrat zueinander, also gab es offensichtlich einige Auseinandersetzungen zwischen den beiden. Obwohl ihn sein Bruder in seiner Filmkarriere übertroffen hat, scheint Beau nicht eifersüchtig zu sein. »Jeffs Triumphe sind auch meine«, erzählt er in einem Interview. »Wir hatten immer das Gefühl, daß wir in der gleichen Mannschaft sind und uns gegenseitig anfeuern.«

Prinz Charles von England (siehe Horoskop S. 182) hat Jungfrau an der Spitze des 3. Hauses. Merkur steht in Skorpion im 4. Haus. Er ist mit Saturn durch ein Sextil verbunden und mit Uranus durch ein Trigon. Das spricht dafür, daß die Beziehungen zu seiner Schwester und zu seinen beiden Brüdern eher passiv sind und auf Achtung für die Familie (4. Haus), auf Verantwortungsbewußtsein (Saturn) und Freundschaft (Uranus) basieren.

Lorna Luft (siehe Horoskop S. 75) neigt mit Krebs im 3. Haus natürlich sehr dazu, ihre Schwester und ihren Bruder zu bemuttern und erwartet dasselbe von ihnen. Der Steinbock-Mond verstärkt diese Tendenz noch. Uranus im 3. Haus, der ihr 10. Haus regiert, zeigt an, daß sie zu einem ihrer Geschwister auf beruflichem Gebiet konkurriert. Sie und ihre Schwester Liza Minelli singen und spielen beide, und mit Wassermann eingeschlossen in ihrem 10. Haus erreichte Liza (siehe Horoskop S. 28) eher als Lorna viel Beachtung.

Peter Fondas Sonne, die sein 3. Haus regiert, steht in exakter Konjunktion mit dem MC und so verwundert es nicht, daß seine Schwester Jane aus eigener Kraft ein Star ist. Seine Sonne in Opposition zu seinem Mond im Quinkunx zu Pluto spricht dafür, daß ihre Beziehung nicht immer einfach war, aber das Sextil zum Mars zeigt, daß er sich für sie einsetzt, wann immer es nötig ist.

Lassen Sie uns einen Blick auf die Horoskope zweier berühmter Geschwister werfen und sehen, ob wir etwas darüber sagen können, wie sie miteinander auskommen.

Bei Prinzessin Anne von England (siehe Horoskop S. 100) regiert Jupiter ihr 3. Haus, in dem Steinbock eingeschlossen ist. Saturn steht in der Jungfrau im 11. Haus in Konjunktion mit ihrem Mond und mit Merkur, Jupiter dagegen in Fische im 5. Haus. Jupiter ist in ein Großes Trigon mit Mars im 1. und Uranus im 9. Haus eingebunden. Ihr Bruder, Prinz Andrew, hat Jungfrau an der Spitze des 3. Hauses, und der Herrscher Merkur befindet sich in Fische im 8. Haus im Sextil zu Saturn.

Sie empfindet ihre Beziehung als freundschaftlich (11. Haus), obwohl sie auch in Konkurrenz zueinander stehen (5. Haus). Wahrscheinlich fühlt sie sich allen ihren Brüdern nahe, und ebenso wahrscheinlich stimmen sie in Philosophie, Sport und allem, was Spaß macht (das Große Trigon zwischen 1., 5. und 9. Haus), überein.

Andrew könnte seinen Geschwistern etwas kritisch gegenüberstehen (Jungfrau an der Spitze des 3. Hauses). Mit dem Sextil zu Saturn in seinem 5. Haus übernimmt er vielleicht die Planung für Sport und Spiel. Der Quinkunx zu Uranus in seinem 1. Haus, der sein 7. Haus regiert, gibt einen Hinweis auf eine manchmal ungewöhnliche Art zu kommunizieren und eine gewisse Unkonventionalität seines Selbstausdrucks, den zu verstehen seinen Geschwistern einige Schwierigkeiten bereiten könnte. Aber dadurch, daß sein 2. und 3. Haus miteinander verbunden sind (Jungfrau an beiden Häuserspitzen), haben sie wahrscheinlich dieselben Wertvorstellungen. Seine Venus / Mars-Konjunktion in seinem 6. Haus ist mit seinem Mond durch ein Sextil verbunden. Die Beziehung zu seiner Schwester Anne läuft also vermutlich besser als die zu seinen Brüdern. Die Konjunktion fällt in ihr 3. Haus und verstärkt die Bindung zwischen den beiden.

## Das 5. Haus

Dieses Haus enthält viele wichtige Faktoren, beispielsweise Ihren kreativen Drang, Ihre Fähigkeit, sich zu amüsieren, inwieweit Sie Risiken einzugehen bereit sind, Spekulationen, Vergnügungen, Hobbys, Sport, Abenteuer... Wenn es aber um Beziehungen geht, sind nur zwei Punkte im 5. Haus wirklich wichtig: wie Sie sich Ihren Kindern gegenüber verhalten und wie Sie zu Liebe und Romantik stehen.

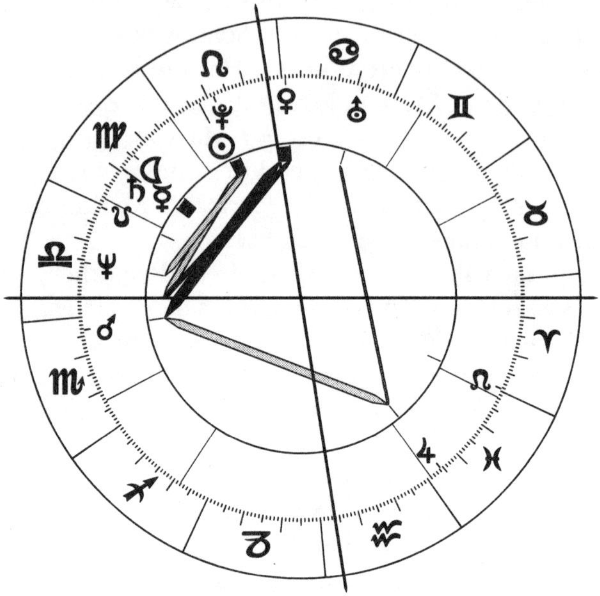

**Prinzessin Anne**

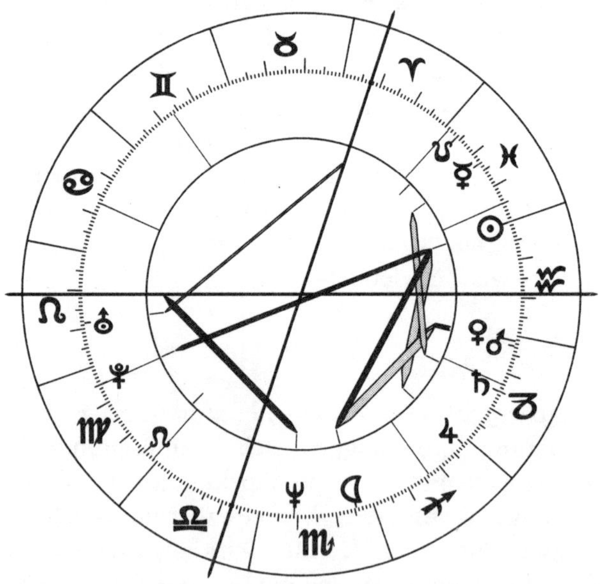

**Prinz Andrew**

Nicht einmal eine ungünstig stehende Venus kann Stier an der 5. Häuserspitze daran hindern, sich der Sinnlichkeit zu erfreuen, während Wassermann an dieser Stelle exzentrisch sein kann, sogar etwas zu exzentrisch, wenn Uranus gespannte Aspekte aufweist. Auch Steinbock an dieser Stelle muß nicht unbedingt den gehemmten Liebhaber spielen: Ingrid Bergman hat Steinbock im 5. Haus, aber Saturn in Konjunktion mit Mars. Auch bei ihrem Geliebten und späteren Ehemann, Roberto Rossellini, steht Steinbock an dieser Stelle, aber Uranus befindet sich im 5. Haus. Sie stimmen sicher mit uns darin überein, daß keiner von beiden bei Liebesaffären besonders zurückhaltend war.

Charles Boyer (Horoskopdaten im Anhang), ein romantisches Filmidol der vierziger Jahre, hat die vermeintlich recht unromantischen Zwillinge an der 5. Häuserspitze, aber Pluto und Neptun in diesem Haus, und der Herrscher Merkur steht in Löwe in seinem 7. Haus. Ganz im Gegensatz zu seinem Filmimage war seine einzige wirkliche Liebe seine Ehefrau – und zwar 44 Jahre lang (Herrscher des 5. Hauses im 7.).

Der Regisseur Peter Bogdanovich (Horoskopdaten im Anhang) war nahezu besessen von seiner Liebe zum ehemaligen Playboy-Bunny Dorothy Stratton. Er hat Löwe an der Spitze seines 5. Hauses – und eine Sonne-Pluto-Konjunktion in Löwe im selben Haus.

Cher hat Skorpion an dieser Häuserspitze. Die Herrscher dieses Hauses, Mars und Pluto, stehen in Konjunktion in Löwe im zweiten Haus. Müssen wir noch mehr sagen?

Wirklich romantisch war die angeblich platonische Liebesaffäre zwischen dem Komponisten Johannes Brahms und Clara Schumann.

Clara (siehe Horoskop S. 102) war eine ausgezeichnete Pianistin, berühmt für ihre Schönheit und ihren Charme. Sie war 35, und damit 14 Jahre älter als Brahms, zu dieser Zeit bereits Mutter von sechs Kindern und, am allerwichtigsten, die Ehefrau des bekannten Komponisten Robert Schumann (Horoskopdaten im Anhang). Schumann öffnete Brahms musikalische Türen und machte ihn zu seinem Schützling. Brahms war dem Paar tief ergeben; für Robert empfand er Dankbarkeit, für Clara Bewunderung und tiefe Zuneigung. Krebs an der 5. Häuserspitze und der Herrscher Mond in Schütze im 9. Haus der Idealisierung im Trigon zu Merkur und zu Jupiter lassen auf verstärkte und aufge-

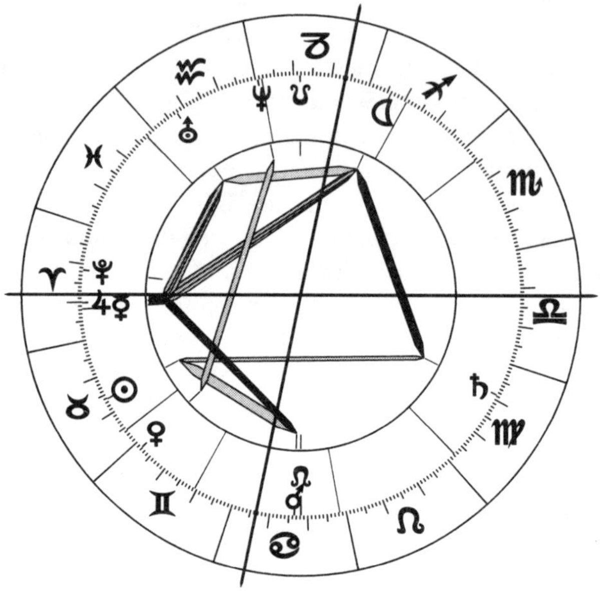

***Johannes Brahms***

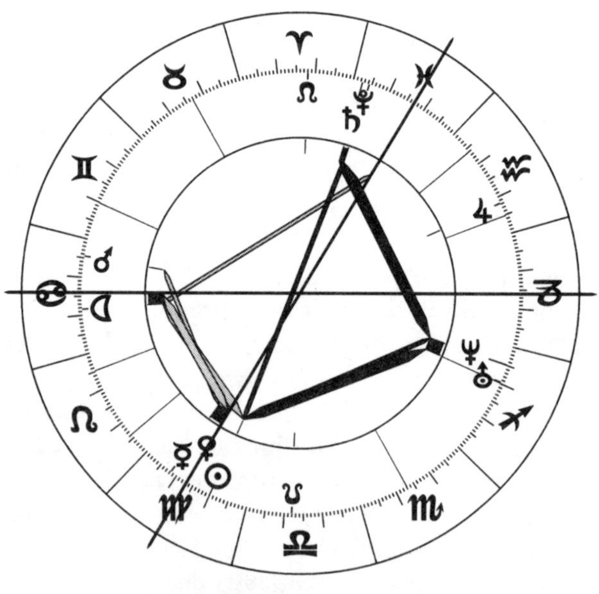

***Clara Schumann***

bauschte Gefühle schließen. Weil der Mond auch im Sextil zu Uranus stand, hatte er überhaupt eine Vorliebe für ungewöhnliche Beziehungen. Das Quadrat zu Saturn deutet an, daß er es aus Angst vor Zurückweisung vermied, seine Liebe zu zeigen. Die Sonne als Herrscher von Löwe (eingeschlossen im 5. Haus) stand in Stier im 1. Haus im Sextil zu Mars, reif und bereit zur Liebe; im Trigon zu Saturn, diszipliniert darin, diese Liebe auszudrükken; im Quadrat zu Uranus, impulsiv und eigensinnig in seinem Streben danach.

Nur fünf Monate, nachdem sie sich kennengelernt hatten, versuchte Robert Schumann, der schon seit längerem an einem Nervenleiden erkrankt war, Selbstmord zu begehen, indem er in den Rhein sprang. Kurz danach wurde er in eine Anstalt gebracht, und Clara, schwanger mit dem siebten Kind, blieb allein und mußte für die Familie sorgen. Brahms zog sofort nach Düsseldorf und opferte praktisch die nächsten zwei Jahre seines Lebens, um in ihrer Nähe zu sein und ihr zu helfen, wo immer er konnte. Robert Schumann starb zwei Jahre später. Doch niemand weiß, was nach seinem Tod tatsächlich zwischen Johannes und Clara geschah. Nach Brahms' eigener Aussage »liebte er sie mehr als irgend jemand oder irgend etwas anderes auf der Welt«, und die Anrede, die zunächst in Briefen »Liebe Frau Schumann« lautete, verwandelte sich schnell in »Innigst geliebtes Wesen.« Doch als Clara frei war, schienen seine Briefe erneut eine gewisse Reserviertheit anzunehmen. Vielleicht war es einfacher, seine Gefühle zu idealisieren (Mond im 9. Haus) als die häusliche Realität mit sieben Kindern zu akzeptieren.

Es gibt Spekulationen darüber, daß Brahms schon in jungen Jahren in Gasthäusern Klavier spielte, um Geld zu verdienen, und daß sein Publikum aus Prostituierten und ihren Freiern bestand – hart für einen jungen Romantiker. Andere vermuten, daß er unter einem Ödipuskomplex litt und eine unnatürlich starke Zuneigung für seine Mutter empfand, die ihn mit ihrer Liebe überschüttet haben soll, weswegen er sich als Rivale seines Vaters angesehen habe (Mond Quadrat Saturn).

Was wir tatsächlich wissen, ist, daß Clara und Johannes bis ans Ende ihres Lebens Freunde blieben (sie starb ein Jahr vor ihm). Er verehrte sie leidenschaftlich, sie erkannte seine Begabung und verfügte über das musikalische Verständnis, um ihn zu ermutigen und zu beraten. Brahms veröffentlichte wirklich kaum etwas ohne ihre Billigung.

Aber wie steht es mit dem anderen 5.-Haus-Thema – der Beziehung zu Ihren Kindern? Das Zeichen an der Häuserspitze, die Position und die Aspekte des Herrschers sowie die Planeten in diesem Haus werden Aufschluß über Ihr Verhalten gegenüber Ihrem Nachwuchs geben und darüber, was Sie von Ihren Kindern erwarten. Ebenso wie das 7. Haus Ihre erste verbindliche Beziehung beschreibt und das 9. Haus Ihre zweite, so stellt das 5. Haus Ihr erstes Kind dar, das 7. Ihr zweites Kind, das 9. Ihr drittes und so weiter, die Gefühle jedoch, die Sie für Ihre Kinder hegen, sind immer aus dem 5. Haus ersichtlich. Wenn Sie Ihr Verhalten jedem einzelnen folgenden Kind gegenüber einschätzen möchten, denken Sie daran, das Haus zu überspringen, das ein Kind symbolisiert, welches Sie aus irgendeinem Grund verloren haben (Tod, Fehlgeburt, Abtreibung).

Obwohl das Zeichen an der Häuserspitze und dessen Herrscher meistens die stärksten Indikatoren dafür sind, wie der betreffende Lebensbereich funktioniert, geben die Planeten darin noch zusätzliche Informationen. Denken Sie im folgenden bitte immer daran: Wir zählen nur Möglichkeiten auf. Jegliche ernsthafte Interpretation erfordert die Betrachtung des gesamten Horoskops und die Befragung desjenigen Menschen, um dessen Horoskop es geht.

*Saturn* im 5. Haus scheint oft Mißverständnisse aufkommen zu lassen, deshalb betrachten wir diesen Planeten als ersten. Saturn im 5. Haus bedeutet nicht, daß Sie keine Kinder bekommen können. Wir haben Hunderte von Horoskopen männlicher und weiblicher Klienten und von Studenten und Verwandten mit dieser Saturn-Stellung, die ein eigenes Kind oder sogar mehrere eigene Kinder haben. Um nur ein paar Prominente mit dieser Stellung zu nennen, die mit Nachwuchs gesegnet sind:
Shirley MacLaine (1) (Horoskopdaten im Anhang), Debbie Reynolds (2), Tatum O'Neal McEnroe (2), Sir Winston Churchill (4), Billy Graham (5), Phyllis Schlafly und Happy Rockefeller (jeweils 6 Kinder). Saturn in diesem Haus kann Schwierigkeiten anzeigen, Kinder zu bekommen oder auch, daß die Beziehungen zu den Kindern problematisch sind – je nach Aspekten und Stellung des Herrschers. Er kann auch auf den Verlust eines Kindes hin-

deuten – wie bei Präsident Kennedy, der zwei gesunde Kinder hatte, das dritte jedoch verlor. Vielleicht nehmen Sie die Elternrolle etwas zu ernst und sind zu streng, zu beschützend, oder Sie erwarten einfach zuviel von Ihren Kindern. Anders ausgedrückt: Sie erziehen Ihren Nachwuchs sehr verantwortungsbewußt. Es kann auch heißen, daß Sie mit Ihren Kindern in einem Familienbetrieb zusammenarbeiten oder daß Sie demselben Beruf nachgehen.

Wenn bei Ihnen *Neptun* im 5. Haus steht, adoptieren Sie vielleicht ein Kind, oder Sie geben eins zur Adoption frei, oder Sie idealisieren Ihre Nachkommen. Mit *Pluto* in diesem Haus kann Ihr Kinderwunsch sehr ausgeprägt sein, doch wenn Pluto schwierige Aspekte bildet, müssen Sie eventuell viele Hindernisse überwinden, um Kinder zu bekommen und sie dann – wie jeden kostbaren Besitz – abgöttisch zu lieben. Mit *Jupiter* im 5. Haus könnten Sie davon hingerissen sein, entweder eine riesige Familie zu haben, vielleicht eine größere als Sie sich leisten können, oder sie völlig zu verwöhnen; auf jeden Fall sind Sie in Ihrer Elternrolle sehr großzügig.

*Uranus* im 5. Haus zeigt an, daß Ihre Kinder wirklich ganz außergewöhnlich sind, aber auch daß Sie sie im Babyalter ebensosehr lieben wie als Erwachsene mit eigenem Kopf, so daß Sie sich mit ihnen austauschen können und vielleicht sogar Freunde werden.

Wenn *Merkur* das 5. Haus besetzt oder es regiert, wünschen Sie sich sehr stark geistigen Kontakt zu Ihren Kindern. Die Umsetzung von Gedanken in Worte, und zwar Ihrer eigenen und die Ihrer Kinder, wird überaus wichtig; wahrscheinlich widmen Sie auch ihrer Bildung sehr viel Aufmerksamkeit. *Venus* im 5. Haus läßt auf eine herzliche Beziehung zwischen Ihnen und dem Kind schließen, und sogar die herausfordernsten Aspekte werden Sie nicht zu einem verhärteten Menschen machen oder zu jemandem, der seine Kinder vernachlässigt. Sollte der *Mond* in Ihr 5. Haus fallen, sind Ihre mütterlichen oder väterlichen Instinkte sehr stark, und Ihr Kinderwunsch ist sehr ausgeprägt. Ihre Beziehung ist abhängig davon, welche Aspekte der Herrscher des 5. Hauses bildet und welche der Mond. Der Mond verändert sich wie die Gezeiten, und daher kann Ihr emotionales Temperament nicht auf eine allgemeine Formel gebracht werden.

Wo die *Sonne* in Ihrem Horoskop steht, da wollen Sie Ihr Licht strahlen lassen. Wenn sie in Ihrem 5. Haus steht, möchten Sie Ihre künstlerische Begabung oder Ihre schöpferischen Anstrengungen vorführen. Oft zeigt das Horoskop jedoch, daß Sie die Aufmerksamkeit nicht auf sich selbst ziehen, sondern lieber durch andere glänzen möchten. Mit der Sonne im 5. Haus können Sie das durch Ihre Kinder tun, möglicherweise als die sprichwörtliche Bühnenmutter (oder Vater), wo die Hitze Ihrer Sonnenstrahlen viele Hindernisse überwinden wird. Mit *Mars* in diesem Haus sind Energie, Schwung und Enthusiasmus die passenden Stichworte. Sie möchten mit Ihren Kindern aktiv sein, ihnen alle möglichen Sportarten beibringen, sie zum Skifahren mitnehmen, ans Meer fahren oder als Mannschaftskapitän fungieren. Wenn körperliche Betätigung nicht Ihre Sache ist, feuern Sie Ihre Kinder vielleicht bei deren Aktivitäten an und chauffieren sie zu ihren sportlichen Vergnügungen. Mit einem gespannt gestellten Mars könnten Ihre Kinder untereinander nicht gut auskommen, oder Sie sind ziemlich ungeduldig mit ihnen.

Mia Farrow, Mutter von neun Kindern, drei mit dem Dirigenten und Komponisten André Previn, eins mit dem Regisseur und Produzenten Woody Allen und fünf adoptierten, hat Löwe an dieser Häuserspitze. Die Sonne als Herrscher steht in Wassermann im 10. Haus (sie hat Spaß daran, außergewöhnliche Rollen zu spielen). Der expansive Jupiter steht ebenfalls in ihrem 5. Haus.

Martin Sheens Widder im 5. Haus wird von Mars in Löwe regiert, der im 8. Haus steht und Teil eines Großen Trigons ist. Venus im 5. Haus ist an einem weiteren Großen Trigon beteiligt. Zweifellos liebt er seine Kinder von Herzen und kommt mit ihnen wunderbar aus.

Brahms heiratete nie, doch nach Aussagen seiner Biographen hat er sich immer Kinder gewünscht, in denen er seine eigenen Gaben weiterentwickelt sehen wollte (die Sonne, die über den im 5. Haus eingeschlossenen Löwen herrscht, steht in Stier im 1. Haus). Da ihm dies versagt blieb, schenkte er seine Zuneigung den Kindern anderer. Mit Krebs an der Spitze des 5. Hauses hatte er Freude daran, sich um die Kleinen zu kümmern, und mit dem Herrscher Mond in Schütze im 9. Haus muß es ihm Spaß gemacht haben, sie zu unterrichten und sie mit erhabenen Vorstellungen und Visionen zu erfüllen. Anscheinend hatte er immer ein paar Süßigkeiten in der Tasche, um sie seinen »kleinen Freunden« zu geben. Seine geliebte Clara andererseits hatte sieben Kinder. Als sie wieder auf Tourneen ging, um die Familie zu ernähren, beaufsichtigte Johannes die Schul- und Musikstunden und unterstützte die Haushälterin bei der Betreuung der kleineren Kinder.

Aber welche Beziehung hatte Clara zu ihren Nachkommen? Mit Skorpion im 5. Haus war sie nicht nur in der Liebe sehr intensiv, sondern auch in ihren Gefühlen für ihre Kinder. Der Herrscher Pluto steht in Fische im 10. Haus in Konjunktion mit Saturn. Wir wissen, daß ihre Kreativität und ihre künstlerischen Talente zu ihrer Karriere als erfolgreiche Pianistin (Herrscher des 5. Hauses im 10.) führten. Wir können auch vermuten, daß sie einen sehr machtvollen (Pluto) Einfluß auf ihre Kinder hatte und fleißig (Saturn) arbeitete, um zu sehen, wie sie ihr nachfolgten. Der Mitherrscher Mars steht in Krebs im 12. Haus und wiederholt noch einmal das Fische-Motiv von Pluto und Saturn in diesem Zeichen, das sich oft als musikalisches Talent manifestiert; Krebs fügt mütterliche Sorge und Empfindsamkeit für ihren Nachwuchs hinzu. Ihr Mond steht in Krebs im 1. Haus, in weitem Trigon zu Pluto, dem Herrscher des 5. Hauses, was ihre Fruchtbarkeit und Produktivität erklären könnte. Wegen ihres Feingefühls erklärte oder verteidigte sie vielleicht auch liebenswürdig und sanft ihre Beziehung zu Brahms: »Wie ein wahrer Freund kam er, um all meinen Kummer mit mir zu teilen«, schrieb Clara nach dem Tod ihres Ehemannes an ihre Kinder. »Er stärkte das Herz, das zu zerbrechen drohte, er erbaute meinen Geist und heiterte meine Seele auf, soweit es ihm irgend möglich war. Er war, kurz gesagt, mein Freund im besten Sinne des Wortes.«

## Das 6. Haus

Wie das 2. Haus ist auch das 6. Haus nicht besonders wichtig, wenn Sie Beziehungen analysieren wollen. Es spiegelt so verschiedene Bereiche wider wie beispielsweise Ihre Gesundheit einschließlich Diät und Hygiene; den Dienst, den Sie anderen erweisen, ob freiwillig oder gegen Bezahlung; Ihre Gewohnheiten und Routineangelegenheiten; Ihre Haustiere wie Hunde und Katzen; Ihre Arbeit und Ihre Kollegen, Ihre Angestellten und auch jegliche Hausangestellten, die Sie vielleicht haben und – falls Sie Hauseigentümer sind Ihre Mieter.

Für unseren Zweck – zu bestimmen, was Sie in Beziehungen brauchen – könnte es wichtig sein, wie Sie mit den Menschen auskommen, mit denen Sie arbeiten oder die für Sie arbeiten. Es kann sich sogar auf Ihren Ehepartner auswirken, wenn in Ihrem Horoskop Mars im 6. Haus spannungsreich aspektiert ist und Sie weiter die Putzfrau anbrüllen.

Deshalb ist es auch wichtig, Ihre Stärken und Schwächen zu erkennen, bevor Sie handeln. Wenn Sie eine friedliebende Waage-Sonne im 6. Haus haben und von allen geliebt werden wollen, oder wenn Fische an dieser Häuserspitze steht und Neptun sich im 12. Haus befindet, dann bieten Sie sich bloß nicht dafür an, die Miete bei Ihren Hausbewohnern eintreiben zu gehen, denn sie werden Ihnen wahrscheinlich Honig um den Bart streichen, und Sie kommen mit leeren Händen nach Hause, oder noch schlimmer, Sie leihen ihnen Ihr Geld!

Ein Klient mit den gesprächigen Zwillingen an der Spitze des 6. Hauses und dem Herrscher Merkur in Zwillinge im 7. Haus traf seine Geliebte am Getränkeautomaten auf der Arbeit. Sie hat Steinbock an der 6. Häuserspitze und Saturn in Wassermann im 7. Haus, der mit ihrem Merkur im Trigon steht. Sie wußte sofort, wie sie ihn vom Automaten wegbringen konnte... – sie brachte ihm den Kaffee direkt an seinen Schreibtisch (der erdverbundene Steinbock weiß, wie man jemandem einen Dienst erweist). Sie heirateten und haben Kinder; nun sitzt sie zuhause am Computer, und er ist wieder im Büro und plaudert am Getränkeautomaten...

## Das 8. Haus

Das 8. Haus hat einen schlechten Ruf, den es nicht verdient. Tod und Steuern sind zwei Bereiche, die einem sofort in den Sinn kommen, wenn man über dieses Haus spricht. Wie schade! Dieses skorpionische Haus, das von Pluto regiert wird, bietet einige Phoenix-Qualitäten. Hier transformieren und wandeln Sie sich, indem Sie einige Eigenschaften »sterben« lassen und dann aus der Asche aufsteigen, verändert und bereit für einen Neubeginn. Steuern und Erbschaften spielen hier zwar auch eine Rolle, aber nicht die wichtigste.

Das 8. Haus ist das 2. Haus Ihres Partners (7. Haus) und kann als solches anzeigen, welche finanzielle, spirituelle, moralische und psychologische Unterstützung Sie von anderen erwarten können. Sie werden nur wenige Politiker finden, die keine starke Betonung des 8. Hauses in ihren Horoskopen aufweisen. Das Gleiche gilt für Börsenmakler, Banker und andere Finanzberater – sie handeln mit dem Geld anderer Leute.

Unser Schwerpunkt heißt Beziehungen, und das wichtigste und amüsanteste Thema dieses Hauses ist Sex. 95 % aller Beziehungen beginnen mit diesem herrlichen chemischen Cocktail, der es zwischen zwei Leuten knistern läßt. Egal, ob Sie es Flirten, Vernarrtheit, Verknallen oder sonstwie nennen, es läuft auf die sexuelle Anziehung zwischen zwei Körpern hinaus, und niemand weiß, warum und wann – außer frau ist Astrologin. Es gäbe nur wenige Hochzeiten oder feste Liebesbeziehungen, wenn Sex nicht eine große Rolle spielen würde.

Nicht alles, wofür mit dem Prädikat »sexy« geworben wird, ist es tatsächlich. Jim Morrison (Horoskopdaten im Anhang) von den »Doors« wurde als Sexsymbol angesehen. Er hat Jungfrau an der Spitze des 8. Hauses, und der Herrscher Merkur steht in Steinbock im 11. Haus. Das sind nicht gerade auf Sexualität ausgerichtete Zeichen. Neptun jedoch befindet sich in Waage im 8. Haus. Jim nahm die neptunische Route über Drogen und Alkohol, aber er löste die Illusion (Neptun) aus, ein sexuelles Wesen zu sein.

Andererseits hat Warren Beatty (Horoskopdaten im Anhang), ein weiteres männliches Sexsymbol, den feurigen Widder an der Spitze des 8. Hauses; Mars, Herrscher von Widder, steht im freiheitsliebenden Schützen im 3. Haus, und sowohl Venus als auch Uranus in Stier befinden sich im 8. Haus. Er ist ganz offensichtlich sowohl sinnlich (Venus im Stier) als auch offen für sexuelle Experimente (Uranus im 8. Haus).

Der zum Märtyrer gewordene Präsident John F. Kennedy (siehe Horoskop S. 40), der für seine sexuellen Eskapaden bekannt war, hatte Stier an der Spitze des 8. Hauses. Dort steht auch Venus, der Planet der Liebe in Zwillinge in Konjunktion mit der Sonne. Als ob das noch nicht genug sei, befinden sich auch Merkur und der Übertreiber Jupiter, beide in Stier, in diesem Haus.

Das ehemalige Schönheits- und Sexsymbol Marlene Dietrich (Horoskopdaten im Anhang), die Dame mit den wunderbaren

Beinen und der rauchigen Stimme, hat Widder an der Spitze des 8. Hauses und den Herrscher Mars in Steinbock im 5. Haus in Konjunktion mit Jupiter. Der auf Selbstschutz bedachte und vermeintlich gehemmte Steinbock ist nicht gerade als sexuellstes oder sinnlichstes Zeichen bekannt, aber wenn er entspannt ist, besonders im 5. Haus, kann er so kraftvoll sein wie der Bock, der ihn symbolisiert.

Jedes Tierkreiszeichen hat seine sexuellen Eigenschaften und Bedürfnisse, andernfalls wäre die Welt nicht mit so vielen Menschen bevölkert.

*Skorpion* bekommt meistens den 1. Preis für das sexuellste Zeichen. Das ist wirklich eine Übertreibung. Es stimmt aber, daß er extrem intensiv ist und eine animalische Anziehungskraft hat. Das ist es, was ihn sehr sexy erscheinen läßt.

Unser 1. Preis für Sinnlichkeit geht an die beiden von Venus regierten Zeichen, *Stier* mit seiner Freude an greifbaren Genüssen und *Waage*, die verliebt in die Liebe ist. Diese beiden Zeichen haben wirklich Spaß am Sex. Es macht ihnen Freude, geliebt zu werden und auch selbst gute Liebhaber zu sein. *Widder*, in denen das Feuer des Mars lodert, sind heftige und impulsive Liebhaber, während der empfindsame und manchmal anhängliche *Krebs* Rollenwechsel liebt, bei denen er entweder einen nährenden Elternteil spielt oder das verhätschelte, bedürftige Kind.

*Löwe*, der Star des Tierkreises, läßt sich gern für seine sexuellen Fertigkeiten beklatschen und sollte diesen Applaus auch bekommen, denn seine romantische Leidenschaft, Hauptthema seiner Sexualität, bringt allen Beteiligten Spaß.

Auch *Fische* sind romantisch und außerdem utopische Träumer, die die Menschheit retten wollen und ihr Leben dafür geben, um das zu tun.

Obwohl *Schütze* von Natur aus feurig ist, ist er sehr auf seine Freiheit bedacht und mag alles, was nach Bindung aussieht, meistens überhaupt nicht. Deshalb bedeutet ihm die Jagd mehr, und er hat auch mehr Spaß daran als an der Eroberung. Sex selbst ist am besten, wenn er leicht genommen wird. Wir haben schon über die tückischen *Steinböcke* gesprochen, die so verletzlich und ängstlich damit beschäftigt sind, sich selbst zu schützen, und daher so uninteressiert und abweisend wirken, bis sie sicher sind, daß ihre Liebe erwidert wird, aber dann: Vorsicht!

*Wassermann* fällt es leichter, die gesamte Menschheit zu lieben als sich von Mensch zu Mensch zu binden, und er ist lieber stolz darauf, das große Ganze zu sehen als sich auf etwas Intimes zu konzentrieren. Er bevorzugt den Sex um des Sex willen, nicht aus Liebe, und das kann bedeuten, daß Experimente großen Spaß bringen. *Zwillinge* werden oft für asexuell oder im besten Fall für cool gehalten. Aber das ist gar nicht wahr, die meiste Zeit hören sie sich nur so cool und gesammelt an, weil sie Sex als intellektuelles Spiel betreiben. Die meisten Leute dagegen halten Sex für eine instinktive Funktion, die ausgelebt werden und über die man nicht nur reden sollte; wenn Sie den Wortschwall ignorieren, kann Zwillinge genauso sexy sein wie jedes andere Zeichen.

Das andere von Merkur regierte Zeichen, *Jungfrau*, wird häufig ungerecht behandelt. Jungfrau-Geborene seien nur an Arbeit interessiert und nicht am Spiel, und deshalb seien sie völlig langweilig. Das ist eine falsche Anklage. Jungfrau ist vielleicht nicht gerade das Tierkreiszeichen mit dem meisten Sex-Appeal, aber mit ihrer Liebe zu Arbeit, Dienst und Lernen »dient« sie ihren Liebespartnern sehr gut, lernt schnell, was der andere mag oder nicht mag, und hat Spaß daran, es zu tun.

Dieser Ausflug in erotischen Klatsch und Tratsch trifft auf Archetypen zu, nicht auf Sonnenzeichen, und sollte nicht ganz ernst genommen werden.

Jeder, der Anaïs Nins Tagebücher gelesen hat, weiß, daß sie ein extrem sinnlicher Mensch war, für den Sex genauso wichtig oder sogar noch wichtiger als Essen oder Schlafen war.

Stier steht an der Spitze ihres 8. Hauses. Venus in Fische im 6. Haus ist durch ein T-Quadrat mit Uranus und Pluto verbunden. Venus regiert auch ihren in die Liebe verliebten Waage-Aszendenten, und Mars steht in ihrem 1. Haus. Er hat ein Trigon zu Pluto und zeigt an, daß sie sich wahrscheinlich vieler Liebesaffären erfreute. Sie schrieb (3. Haus) über ungewöhnliche Dinge (Uranus), besonders über ihre leidenschaftlichen (Pluto), erotischen Abenteuer (Venus / 8. Haus). Pluto im 9. Haus könnte Veröffentlichungen anzeigen, und mit der Sonne im Trigon zu ihrem MC fiel es ihr leicht, mit venusischer Arbeit (Venus im 6. Haus) erfolgreich zu sein. Obwohl wir hier hauptsächlich das 8. Haus ansprechen, vergessen Sie nicht das 5., welches bei Anaïs Nin so-

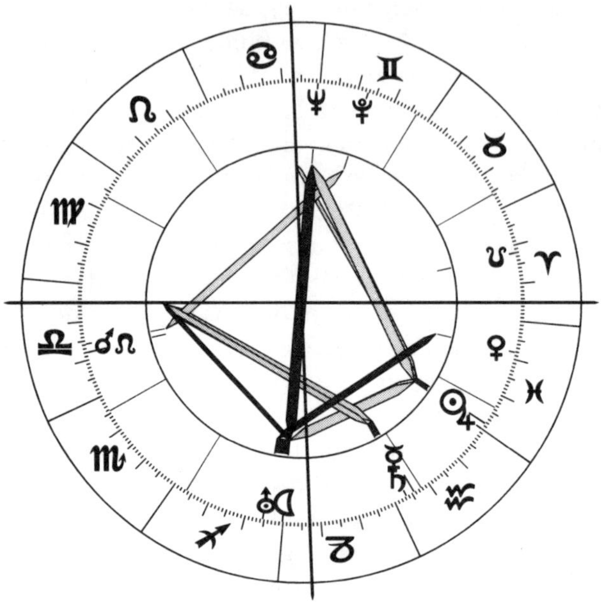

***Anaïs Nin***

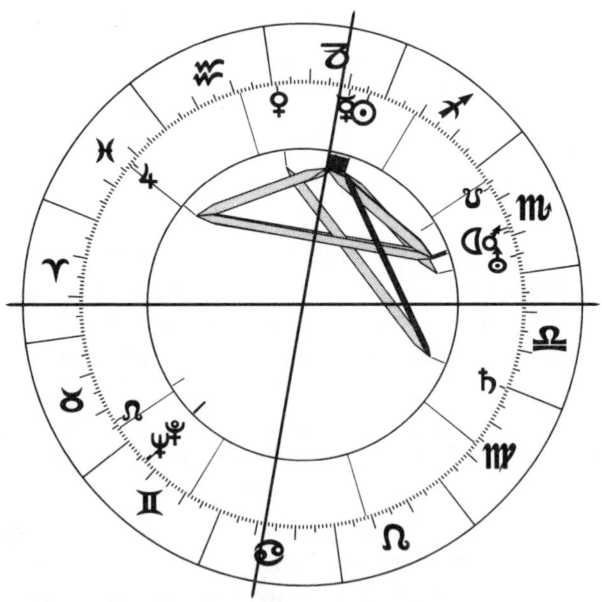

***Henry Miller***

wohl die Sonne als auch Jupiter in den romantischen Fischen enthält, was ihrer Sexualität eine sehr feminine Note verleiht.

Der Schriftsteller Henry Miller war einer ihrer berühmten Liebhaber und wahrlich selbst keine Niete, wenn es darum ging, über Sex zu schreiben. In seinem 8. Haus steht Skorpion, der von Pluto in Zwillinge in Konjunktion mit Neptun regiert wird, der an einer Yod-Figur beteiligt ist. Mitherrscher Mars in Skorpion im 7. Haus steht zwischen Uranus und Mond. Ebenso wie bei Anaïs Nin regiert der Herrscher des 8. Hauses auch den Aszendenten. Bei beiden verschmolzen Sex und Persona zu etwas, das alles umfaßte. Millers Pluto steht im Quadrat zu Jupiter, was auf sexuelle Übertreibungen hinweisen kann. Sein Mars im Trigon zu Jupiter gibt eine ähnliche Botschaft, obwohl etwas gemildert, wohingegen Mars in Konjunktion zu Uranus auf ein großes Maß an Experimentierfreude und mehr Lust als Liebe in seinem sexuellen Ausdruck hinweist. Weil Mars im 7. Haus seinen Aszendenten und auch sein 8. Haus regiert, ist leicht zu verstehen, warum Miller so viele seiner Liebhaberinnen heiratete – außer Nin, die zu dieser Zeit nicht frei war; er selbst war es allerdings auch nicht.

## Das 9. Haus

Im 9. Haus geht es nicht um intime oder enge zwischenmenschliche Beziehungen. Es definiert Ihre höheren Interessen, Religion, Recht, Philosophie, weite Reisen, Ausländer, Importe und Exporte, Ethik, Ideale, Streben, Visionen und, eher an Personen orientiert, Geistliche oder Lehrer. Am allerwichtigsten ist hier die ganz besondere Person, die in Ihr Leben tritt, wenn Sie jung sind – Tante, Onkel, Freund der Familie, Nachbar, Lehrer, Pfarrer, Guru – und Ihnen eine Welt zeigt, die Sie vorher noch nie betreten haben. Es ist dieser besondere Jemand, der alles verändern kann und Ihnen die Augen öffnet für Visionen und Ideale, die Sie vielleicht von Ihren Eltern nie akzeptiert hätten. Schließlich sind Eltern dafür da, daß Sie sie lieben und ihnen gehorchen und auch, daß Sie gegen sie rebellieren, um zu beweisen, daß Sie erwachsen werden, während der »besondere Jemand« nichts von Ihnen fordert. Deshalb hören Sie ihm zu und folgen ihm.

Eine enge Freundin von uns hat Jungfrau an der Spitze des 9. Hauses. Merkur, sein Herrscher, steht in Fische in Konjunktion mit Sonne im 3. Haus und im Sextil zum Aszendenten. Sie war Babysitter für ihre Nachbarin (3. Haus), von der sie inspiriert wurde. Obwohl die Nachbarin jung heiratete und vier Kinder hatte, entschloß sie sich, zurück an die Schule zu gehen, um zunächst ihren Magister und dann ihren Doktor der Philosophie zu machen, während sie ihre Kinder großzog.

Sie lebten einige Jahre Tür an Tür; das Mädchen sah zu, wie ihre Nachbarin ihre Doktorarbeit schrieb und Professorin an der Universität wurde. All diese Jahre hindurch nahm sie sich immer Zeit für ihre Kinder, führte sie an Literatur heran, an Kunst und Musik. Unsere Freundin trat in die Fußstapfen ihrer Nachbarin, heiratete jung, hatte Kinder und beendet nun ihre Doktorarbeit und nimmt sich ebenfalls immer Zeit für ihre Kinder.

Bei einer unserer Klientinnen mit Löwe im 9. Haus steht die Sonne in Wassermann im 3. Haus, Jungfrau ist eingeschlossen im 9. und Merkur steht in Steinbock im 2. Haus. Ihr geliebter Vater kränkelte und konnte weder mit ihr spielen noch andere Dinge mit ihr unternehmen, die man im allgemeinen von Vätern erwartet. Bei einem Freund der Familie, der in der Nähe wohnte, gab es einen Wohnungsbrand. Bis alle Reparaturen erledigt waren, zog er für vier Monate zu der Klientin und ihrer Familie.

Er war anders als alle anderen Menschen, die sie bisher kennengelernt hatte (Sonne in Wassermann). Er war Pianist, und als er Debussys *Clair de Lune* übte, entdeckte sie ihre Liebe zu klassischer Musik. Er nahm sie mit auf Spaziergänge durch den Wald und zeigte ihr, wo es wilde Erdbeeren gab, erzählte ihr, warum Moos wächst und wie Ameisen einen Hügel bauen. Er warf sie in die Luft und fing sie wieder auf. Sie war 4, er war 34. Er veränderte ihre Werte (Merkur im 2. Haus), er zeigte ihr eine neue Welt (9. Haus), und sie liebte sie – und natürlich auch ihn!

## Das 11. Haus

Lange Zeit nur als Haus der Freundschaften bekannt, umfaßt das 11. Haus auch alle Gruppen, Organisationen und Vereine, in denen Sie möglicherweise Mitglied sind. Es zeigt, wie Sie in diesem Umfeld arbeiten. Wir sind der Ansicht, daß, wenn der Herrscher des Aszendenten in diesem Haus steht, Sie wahrscheinlich viel eher ein Gruppenmensch sind, als wenn Ihre Sonne hier steht. Sehr oft ist jemand mit Sonne in diesem Haus eher ein Einzelgänger. Natürlich hängt wieder einmal viel von den Aspekten und anderen Bedingungen im Horoskop ab. Andererseits haben viele Menschen, die beim Militär arbeiten, ein stark aktiviertes 11. Haus.

Aber in diesem Buch liegt die Betonung auf dem Austausch zwischen Freunden. Die *Bibel* sagt:

> *»Größere Liebe hat niemand als die, daß einer sein Leben hingibt für seine Freunde.«* *– Johannes 15, 13*

und

> *»Vergiß nicht einen alten Freund; denn der neue ist ihm nicht vergleichbar; ein neuer Freund ist wie ein neuer Wein.«*
> *– Prediger Salomo 8, 10*

Shakespeare hat, frei übersetzt, folgendes zum Thema Freunde zu sagen:

> *»Die Freunde, die Du hast, und die Du haben möchtest,*
> *veranker' sie in Deiner Seele mit einem Band aus Stahl!«*
> *– Hamlet, I, iii*

Es wird oft gesagt, daß man sich seine Familie nicht aussuchen kann. Aber man sucht sich seine Freunde aus und ist ihnen gegenüber daher toleranter. Goethe nennt das »Wahlverwandtschaft«. Im Horoskop gibt es noch andere Hinweise für Freundschaft, aber das 11. Haus zeigt, welche Bedürfnisse Sie in diesem Bereich haben. Sehen Sie nach, welches Zeichen an der Häuserspitze steht, um herauszufinden, nach welchen Kriterien Sie Ihre Freunde aussuchen. Wenn es Widder ist, fühlen Sie sich zu Menschen hingezogen, die die Führung übernehmen, während Fische in dieser Position nach Einfühlungsvermögen und Verständnis sucht. Es ist nicht unsere Absicht, eine Liste astrologischer Merkmale für Freundschaft aufzustellen, sondern wir möchten zeigen, wie man diesen Bereich des Horoskops einschätzen kann.

Wie immer gibt der Herrscher dieses Hauses nähere Informationen durch seine Stellung in Haus und Zeichen, ebenso alle Planeten in diesem Haus und auch ihre Aspekte. Mit *Saturn* in diesem Haus oder als dessen Herrscher neigen Sie dazu, in der Auswahl Ihrer Freunde sehr wählerisch zu sein, und oft haben Sie nur einen einzigen engen Freund, jedoch einige Leute in Ihrem Leben, die Sie eher als Bekannte ansehen. Wenn *Uranus* mit diesem Haus in Verbindung steht, haben Sie vielleicht mehrere Freundeskreise, die völlig unabhängig voneinander existieren. Mit der einen Gruppe sind Sie dann kreativ, mit der anderen treiben Sie Sport.

Spielt *Merkur* im 11. Haus eine Rolle, suchen Sie nach sich klar ausdrückenden, kommunikativen Gefährten oder möchten sich an Gruppenaktivitäten beteiligen oder mit Menschen Freundschaft schließen, die Sie beim örtlichen Gymnastikkurs oder Gesundheitsverein kennenlernen. *Venus* in diesem Haus weist darauf hin, daß Sie in erster Linie mit Ihren Freunden Spaß haben möchten und gerne mit ihnen Feten feiern. Steht der *Mond* hier oder ist er Herrscher, dann neigen Sie dazu, Ihre Gefährten zu nähren und zu umsorgen. Wenn der Mond im 4. Haus steht, erwählen Sie sie sogar, damit sie mit Ihnen zusammen leben.

Mit *Neptun* im 11. Haus kommen und gehen Ihre Freunde, tauchen in Ihrem Leben auf und verschwinden wieder, aber Sie haben immer unzählige Bekannte, von denen Sie ganz hingerissen sind und mit denen Sie viel Zeit verbringen. Oder Sie fühlen sich zu Freunden und Bekannten hingezogen, die Ihre künstlerischen und musikalischen Interessen teilen oder sich vielleicht auch religiösen Gruppen anschließen. *Pluto* im 11. Haus hat in dieser Position eine Bedeutung, die Saturn ähnelt, insofern als Sie ziemlich anspruchsvoll in der Auswahl derjenigen Menschen sind, mit denen Sie Ihre Zeit verbringen möchten. Gelegentlich neigen Sie dazu, völlig von einer Bekanntschaft absorbiert zu werden und Menschen gegenüber taub zu sein, denen Sie kurz vorher noch sehr wohlgesonnen waren.

Wir haben bereits erwähnt, daß die *Sonne* im 11. Haus ziemlich nach außen gerichtet und gesellig sein kann, aber daß viel von ihren Aspekten abhängt. Sie könnten erkennen, daß ein oder zwei enge Beziehungen mehr als genug für Sie sind. Aber viele Menschen mit einer Sonne im 11. Haus, oder als Herrscherin dieses Hauses, sind diejenigen, die das Wort Freundschaft prägen, indem sie beinahe jeden Menschen, mit dem sie bekannt werden, unter ihre sozialen Fittiche nehmen. *Jupiter* kann sich ähnlich auswirken. Sie sind offen für viele Nuancen von Freundschaft mit Menschen aus allen Lebensbereichen. Ihre intellektuelle Neugier wird durch ihre Erfahrungen geweckt, und Sie pflegen die Freundschaft, weil Sie daran interessiert sind zu lernen. Mit *Mars* in diesem Haus oder als Herrscher können Sie energische, extrovertierte Menschen anziehen, mit denen Sie sportlich, sozial oder anderweitig wetteifern.

Da wir, die Autorinnen, seit vielen Jahren Freundinnen sind, finden wir es gut, wenn wir unsere eigenen Horoskope als Beispiele dafür heranziehen, worum es in einer Freundschaft geht. Wir werden sie uns ansehen, nicht nur auf Belange des 11. Hauses hin, sondern wir werden auch einen Ausblick auf den zweiten Teil des Buches und den Horoskopvergleich geben.

Wir sind beide Wassermann; Joans Sonne steht im 1., Marions im 3. Haus. Unsere Merkure und Joans Venus stehen in Konjunktion. Ihre Venus ist Teil eines T-Quadrats in ihrem Horoskop. Marions fixes T-Quadrat (Sonne in Opposition zu Neptun im Quadrat zu Jupiter) verbindet sich mit Joans (Sonne in Opposition zu Neptun im Quadrat zu Saturn). Joans Mars aspektiert Marions Venus im Trigon; ihr Jupiter steht im Sextil zu Marions Uranus. Marions Jupiter steht in Konjunktion zu Joans Saturn und aktiviert ihr Großes Trigon in den Wasserzeichen (Uranus, Pluto, Saturn), während beide Sonnen einen Trigon-Aspekt zu Marions Saturn bilden.

Die eben erwähnten Aspekte bestehen zwischen den beiden Horoskopen und zeigen ein großes Maß an Übereinstimmung und auch an Stimulation an. Aber lassen Sie uns einen Blick darauf werfen, wonach jede einzelne in einer Freundschaft sucht. Joans 11. Haus wird von Jupiter regiert. Es stehen keine Planeten darin, aber es ist mit dem 10. Haus verbunden, weil Jupiter auch diese Häuserspitze regiert. Jupiter steht in Steinbock direkt an der Spitze des 12. Hauses. Wir meinen, er muß außerdem auch im 11. Haus gedeutet werden. Das läßt darauf schließen, daß sie sich zu intellektuellen, philosophischen, sachlichen Freunden hingezogen fühlt, die ein Geheimnis für sich behalten können (Jupiter in 12) und ernsthaft, organisiert und vertrauenswürdig sind (Jupiter im Steinbock im Sextil zu Saturn). Sie schließt Freundschaften mit Berufskollegen (10. und 11. Haus verbunden) und ist ihnen gegenüber großzügig und freigebig (Schütze an der Häuserspitze).

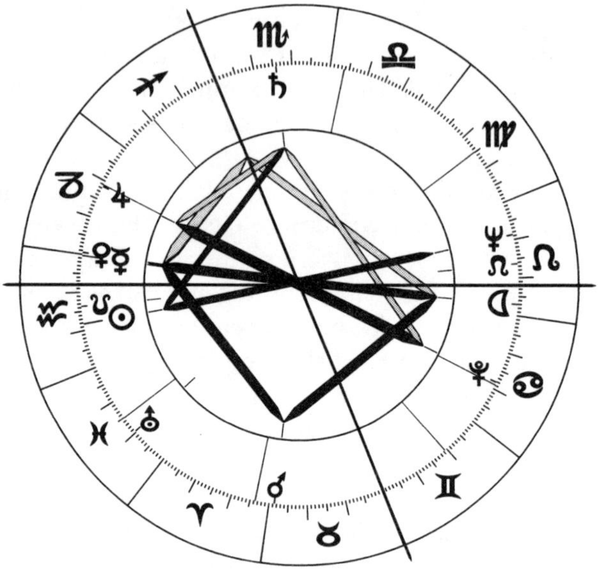

***Joan McEvers***

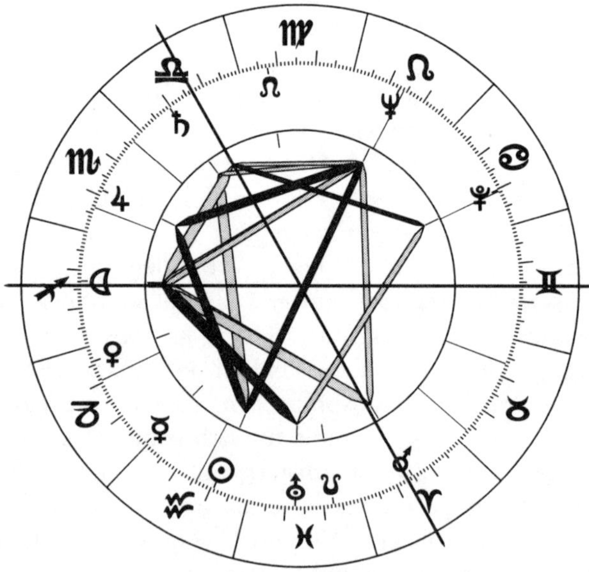

***Marion D. March***

Bei Marion steht an der 11. Häuserspitze Skorpion. Der Herrscher Pluto ist in Krebs im 8. Haus und Mitherrscher Mars in Widder im 4. Haus. Jupiter in Skorpion im 11. Haus regiert über ihren Aszendenten. Sie fühlt sich von Menschen angezogen, die eine klare Meinung vertreten, die Ereignisse und Aktionen so ähnlich einschätzen wie sie, die aus einem aktiven Elternhaus stammen (Mars im 4. Haus), und sie ist sehr stark an ihren Zielen und an ihrem Verhalten interessiert (Skorpion an der Spitze des 11. Hauses). Weil sich der Herrscher ihres Aszendenten in diesem Haus befindet, mag sie Menschen und arbeitet gerne mit ihnen zusammen – sowohl in Gruppen als auch einzeln. Sie schätzt ihre Freunde wegen ihres Intellekts, ihrer philosophischen Ansichten und wegen ihrer Wißbegierigkeit (Jupiter im 11. Haus).

Die vielen Ähnlichkeiten brachten uns zunächst zusammen, aber es sind Respekt und Liebe, die dazu beigetragen haben, daß die Beziehung so lange hält. Wir lernten uns 1968 in einem Astrologiekurs kennen, mochten und bewunderten einander, kamen zu der Überzeugung, daß wir miteinander arbeiten können und haben es seitdem getan. Nicht jede Freundschaft entwickelt sich zu einer Arbeitsbeziehung, aber in unserem Fall tragen die Saturn-Konstellationen und die Tatsache, daß unsere MC-Herrscher Venus und Jupiter in einer weiten Konjunktion miteinander stehen, dazu bei. Weitere einleuchtende Entsprechungen liefern unsere Mondpositionen. Marions Mond steht in enger Konjunktion zu ihrem Aszendenten, Joans am Deszendenten. Das zeigt, daß wir uns gegenseitig nähren. Marions Mond hat ein Sextil zum MC; Joans steht im Trigon zum MC. Wir arbeiten gefühlvoll und verbindlich zusammen.

Wie drückte es doch Ralph Waldo Emerson aus: »Ein Freund ist ein Mensch, mit dem ich aufrichtig sein kann. Vor ihm kann ich laut denken.« Und so ungefähr ist es bei uns.

## Das 12. Haus

So wie das 2. Haus symbolisiert auch das 12. Haus keine konkreten Beziehungen, doch es sollte nicht ignoriert werden, wenn man sich ein Urteil in einem Horoskopvergleich bilden will. Genau wie das 2. Haus Werte und Selbstwert zeigt, sehen Sie im 12. Haus Ihre geheimen Ängste, die Entwicklung Ihrer inneren

Stärken und wie Sie mit Ihren Grenzen umgehen. Sie fragen, was das mit der Beziehung zu anderen Menschen zu tun haben soll? Ausgehend vom Zeichen an der Spitze dieses Hauses, seinem Herrscher, und jedem Planeten darin können Sie eine Menge über Ihre unbewußten Sehnsüchte herausfinden und auch darüber, wie Sie mit schwierigen und herausfordernden Situationen umgehen, in die Sie geraten könnten.

Wenn Sie dieses Haus im Hinblick auf Partnerschaften betrachten, dann ist es wichtig zu wissen, wie jeder einzelne sich auf den anderen bezieht, wenn Gefühle der Unzulänglichkeit aufsteigen, und wie offen jeder von Ihnen mit Treue, Loyalität und Vertrauen umgeht. Wenn Sie einmal begriffen haben, wo jemand unterbewußt herkommt, dann haben Sie ein gutes Stück zum Verständnis dessen geschafft, was Sie von diesem Menschen in Zeiten von Streß und Spannung erwarten können. Wenn Sie nachvollziehen können, welche Stärken Ihr Partner entwickeln muß, können Sie ihm dabei helfen, seine Perspektive in diesen Bereichen zu erweitern.

Steht Löwe an der Spitze des 12. Hauses (oder die Sonne darin), fühlen Sie sich möglicherweise unzulänglich in Ihrem Selbstausdruck. Wenn Ihr Partner sich dessen vom Horoskop her bewußt ist (es ist unwahrscheinlich, daß Sie es mit Worten ausdrücken können), kann er vielleicht einen Weg finden (durch die Aspekte von Ihrer Sonne zu seinem Horoskop), Ihnen dabei zu helfen, mehr Selbstvertrauen zu sich zu entwickeln und sich mit sich selbst wohler zu fühlen.

Wenn Sie sich zu jemandem mit Merkur als Herrscher des 12. Hauses hingezogen fühlen oder wenn Merkur im 12. Haus steht, entdecken Sie möglicherweise, daß Sie diesen Menschen ermutigen können, sein Wissen mit Ihnen zu teilen, und daß sie ihm Resonanz geben können. Damit helfen Sie ihm, seine Talente fürs Reden oder Schreiben zu entdecken, von denen er vielleicht noch gar nicht wußte, daß sie in ihm schlummern. Sie können einander helfen, wenn Sie oder Ihr Partner sich bewußt sind, daß mit dem Mond im 12. Haus Gefühle viel stärker sind und viel tiefer verletzt werden können, als Sie sich anmerken lassen. Mit Venus in diesem Haus kann es Ihnen schwerfallen, Ihre Gefühle zu zeigen, außer in vertrauten, intimen Situationen. Wenn Mars hier steht, könnte Ihre Energie unterdrückt sein. Mit Jupiter, je nach

Sonne oder Aszendent, sind Sie vielleicht peinlich berührt, wenn Sie Ihre religiösen oder philosophischen Ansichten offenlegen sollen. Saturn im 12. Haus zeigt an, daß es Ihnen schwer fällt, sich Ihren Ängsten zu stellen. Ihr Partner könnte Ihnen dabei helfen, Ihrer Furcht entgegenzutreten oder mit Verdrängtem klarzukommen.

Steht Uranus in Ihrem 12. Haus, wird es mit dem Bewußtsein Ihres Partners und seinem Verständnis viel einfacher, Ihren Kanal für individuellen Ausdruck anzuerkennen. Die Ihnen eigenen Instinkte und Ihre Intuition können mit Neptun im 12. Haus in produktive Bahnen gelenkt werden. Wo auch immer sich Pluto im Horoskop befindet, sind Machthemen von allergrößter Bedeutung. Steht er im 12. Haus, fühlen Sie sich eventuell zu einem Partner hingezogen, der Ihnen hilft, Ihre innersten Gefühle darüber zu analysieren, wie Sie Macht ausüben oder ob Sie der Macht anderer unterliegen.

Wenn Sie starke Verbindungen zum 12. Haus eines anderen Menschen haben, können Sie diesem Menschen dabei helfen, sich mit seinem Unterbewußtsein auseinanderzusetzen oder mit seinem Widerwillen, sich mit unterdrückten Gefühlen zu befassen.

Sie sehen also, daß alle Häuser wichtig sind, wenn Sie die Horoskope von Liebespaaren, Freunden, Gefährten, Eltern und Kindern analysieren und vergleichen.

Kapitel 5

# Abgeleitete Häuser

Bei der Interpretation von Häusern gibt es noch einen weiteren Aspekt, der für die Beziehungsanalyse sehr aufschlußreich ist. Es ist das System der abgeleiteten Häuser. So wie das 5. Haus etwas über Ihre Kinder aussagt, beschreibt das 9. Haus (das 5. Haus vom 5.) die Kinder Ihrer Kinder, d.h. Ihre Enkel. Wenn Sie die Häuser auf diese Weise zählen, achten Sie darauf, daß Sie beim richtigen Haus zu zählen beginnen. Beim eben erwähnten Beispiel wird das 5. Haus zum 1., wenn Sie anfangen zu zählen; das 6. ist Haus 2, das 7. ist Haus 3, das 8. ist Haus 4 und das 9. wird Haus 5. Das 9. Haus liegt 5 Häuser vom 5. Haus entfernt.

Wenn Sie diese Technik benutzen, verweist jedes Haus auf verschiedene Beziehungen. Ein weiteres Beispiel: Ihre Großmutter väterlicherseits (die Mutter Ihres Vaters) wird durch das 1. Haus dargestellt. Ihr Vater ist das 10. Haus, seine Mutter ist das 4. vom 10. Haus. Wenn das 10. Haus das 1. ist, das 11. das 2. Haus, das 12. das 3. Haus, wird der Aszendent zum 4. Haus vom 10. Haus und kann eine Ihrer Großmütter beschreiben. Ihren Großvater väterlicherseits finden Sie im 7. Haus, dem 10. vom 10. Haus.

Es folgt eine Liste der Häuser mit den wichtigen und weniger wichtigen Beziehungen, die sie repräsentieren:

*Das 1. Haus steht für:*

Die Mutter Ihres Vaters (4. Haus vom 10. Haus)
Den Vater Ihrer Mutter (10. Haus vom 4. Haus)
Ihre angeheiratete Nichte oder Ihr angeheirateter Neffe (7. Haus vom 7. Haus)
Ihre Urenkel (5. Haus vom 9. Haus)

*Das 2. Haus steht für:*

Die Freunde Ihrer Mutter (11. Haus vom 4. Haus)
Die Vorgesetzten Ihrer Kinder (10. Haus vom 5. Haus)
Die Eltern Ihrer Freunde (4. Haus vom 11. Haus)

*Das 3. Haus steht für:*
Ihre Brüder und Schwestern
Die Freunde Ihrer Kinder (11. Haus vom 5. Haus)

*Das 4. Haus steht für:*
Ihre Mutter
Cousins und Cousinen väterlicherseits (5. Haus vom 12. Haus der Tanten und Onkel väterlicherseits)
Schwiegerelternteil des Gegengeschlechts (10. Haus vom 7. Haus) (Sind Sie ein Mann, finden Sie hier Ihre Schwiegermutter, als Frau Ihren Schwiegervater)
Stiefmutter

*Das 5. Haus steht für:*
Kinder
Zweitgeborene Geschwister (3. Haus vom 3. Haus)
Ehepartner des Freundes / der Freundin (7. Haus vom 11. Haus)

*Das 6. Haus steht für:*
Tanten und Onkel mütterlicherseits (3. Haus vom 4. Haus)
Ihre Angestellten

*Das 7. Haus steht für:*
Ihren Partner / Ihre Partnerin
Drittgeborene Geschwister (3. Haus vom 5. Haus)
Nichten und Neffen (5. Haus vom 3. Haus)
Die Mutter Ihrer Mutter (4. Haus vom 4. Haus)
Der Vater Ihres Vaters (10. Haus vom 10. Haus)

*Das 8. Haus steht für:*
Angestellte Ihrer Geschwister (6. Haus vom 3. Haus)

*Das 9. Haus steht für:*
Ihre Enkel (5. Haus vom 5. Haus)
Ihre Schwager und Schwägerinnen (3. Haus vom 7. Haus)
Viertgeborene Geschwister (3. Haus vom 7. Haus)
Freunde Ihrer Freunde (11. Haus vom 11. Haus)

*Das 10. Haus steht für:*
Ihren Vater
Ihren Vorgesetzten
Cousins und Cousinen mütterlicherseits (5. Haus vom 6. Haus der Tanten und Onkel mütterlicherseits)
Schwiegereltern des gleichen Geschlechts (4. Haus vom 7. Haus)
Stiefvater

*Das 11. Haus steht für:*
Freunde
Adoptierte Kinder (5. Haus vom 7. Haus)
Pflegekinder
Angeheiratete Kinder
Ihr Patenkind
Uneheliche Kinder

*Das 12. Haus steht für:*
Tanten und Onkel väterlicherseits (3. Haus vom 10. Haus)

Wenn Sie die Häuser durchzählen, können Sie etwas über die betreffenden Beziehungen herausfinden. Bei dieser Methode können einige Verwicklungen entstehen. Wir empfehlen Ihnen, sie so einfach wie möglich zu handhaben.

Manchmal funktioniert Astrologik genauso gut wie echte Logik. Es gibt keinen logischen Grund dafür, ein Haus zu überspringen, um das zweite Kind (7. Haus), das 3. Kind (9. Haus) und das 4. Kind (11. Haus) zu beschreiben, doch es funktioniert.

Dasselbe Prinzip trifft auf die Ehe zu, wo das 9. Haus die Wesenszüge des 2. Partners darzustellen scheint, während das 11. Haus den 3. Partner schildert und so weiter. Denken Sie jedoch daran, daß Ihre Haltung zur Ehe immer durch Ihr 7. Haus beschrieben wird. Die folgenden Beschreibungen enthalten tiefergehende Charakterisierungen jedes neuen Partners.

Teil 2

# Horoskopvergleich

# Einleitung

Die Kunst, zwei Horoskope miteinander zu vergleichen, nennt man *Synastrie*. Sie wird von Astrologen im Beratungsalltag wahrscheinlich am häufigsten verlangt. Ein Horoskopvergleich kann für zukünftige Geschäftspartner, Eltern-Kind-Beziehungen oder Geschwister erarbeitet werden. Aber die Fragen, die am häufigsten gestellt werden, lauten natürlich: »Ist er der richtige Mann für mich? Wird sie mich glücklich machen? Können wir heiraten?« Ehe sie den »großen Schritt« wagen, wollen die meisten Leute wissen, ob das, was sie fühlen, die »große Liebe« ist oder nur eine vorübergehende Verliebtheit.

Wir werden uns in diesem Teil des Buches vor allem auf enge, intime Zweierbeziehungen konzentrieren, denn für viele ist das am interessantesten. Wir werden uns aber auch mit Familien- und Geschäftsbeziehungen befassen.

Man kann einen Horoskopvergleich nur vornehmen, wenn man die einzelnen Geburtshoroskope *durch und durch* versteht. Das ist natürlich der Hauptgrund dafür, daß wir Teil 1 geschrieben haben.

Nur wenn wir verstehen, was jeder einzelne braucht und wonach er sucht, können die Wechselwirkungen zwischen beiden Partnern eingeschätzt werden.

Bei einem Horoskopvergleich muß man viele Faktoren berücksichtigen. Aber zunächst müssen Sie über ein wichtiges Thema eine Entscheidung treffen, über das Astrologen sich nicht einig sind: die Orben. Unserer Meinung nach sind 5° (vielleicht 6° bei den Lichtern) gerade noch zulässig, wenn man zwei Horoskope vergleicht. Je enger der Orbis, desto stärker der Kontakt. Bitte probieren Sie zunächst unsere Methode. Wenn Sie nach einigen Monaten merken, daß sie für Sie nicht die richtige ist, wählen Sie Ihrer eigenen Erfahrung entsprechend einen engeren oder weiteren Orbis. Astrologie ist eine Symbolsprache. Jeder Astrologe und jede Astrologin muß sein / ihr eigenes System entwickeln. Dazu gehört auch die Frage der Orben.

Im folgenden haben wir festgehalten, was wir für essentiell wichtig halten, wenn darüber zu entscheiden ist, wie leicht oder wie schwierig eine Beziehung sein mag. Denken Sie aber bitte daran, daß auch die scheinbar einfachste Verbindung in einem Desaster enden kann, wenn die beiden Menschen nicht miteinander kommunizieren können oder nicht danach streben, die Beziehung dauerhaft zu gestalten. Umgekehrt können sogar die größten Hindernisse überwunden werden, wenn beide Seiten gewillt sind, Kompromisse einzugehen und ihre Liebe stark genug ist, ihre Unterschiede zu tolerieren und ihre Ähnlichkeiten zu genießen.

Untersuchen Sie, was beide Menschen von der Beziehung erwarten, oder anders ausgedrückt: Was sind ihre *7.-Haus-Bedürfnisse?*

Zeichnen Sie die Planeten des einen außen in das Horoskop des anderen ein, und Sie können auf einen Blick sehen, in welche Häuser des Partners die Planeten fallen. Achten Sie darauf, was jede Person der anderen bringt. Beachten Sie, ob Planeten der einen Person in *leere Häuser* der anderen fallen. Notieren Sie alle Aspekte zwischen beiden Horoskopen und halten Sie Ausschau nach neuen *Aspektfiguren.*

Was fehlt im einzelnen Horoskop? Ein Element, eine Qualität, eine Aspektart? Sehen Sie nach, ob das andere Horoskop diese Lücke füllt.

Untersuchen Sie sämtliche *Saturnkontakte*, denn sie haben sich als diejenigen erwiesen, die am meisten für eine langdauernde Bindung sprechen.

Suchen Sie nach weiteren Entsprechungen. Beispielsweise ähnelt die Stier-Sonne der einen Person der Sonne oder dem Mond im zweiten Haus der anderen Person. Verbindungen zwischen dem AC des einen zu Sonne oder Mond des anderen, oder Verbindungen zwischen Sonne und AC-Herrschern oder DC-Herrschern sollten beachtet werden. Genauso wichtig ist die klassische für Anziehung sprechende Verbindung zwischen Mond und Venus zur Sonne des anderen in Liebesbeziehungen.

Erkunden Sie die sexuelle Anziehung zwischen Venus und Mars, Venus / Venus, Mars / Mars, auch wenn sie nicht ewig dauern wird, sowie die Kontakte zwischen Sonne, Mond, Venus oder Mars zu Uranus.

Finden Sie heraus, welche Verbindungen zwischen den anderen Planeten bestehen, wie z. B. Merkur (Kommunikation), Jupiter (Ideale / Religion), Neptun (Charisma / Faszination) oder Pluto (Intensität / Zwang).

Vergleichen Sie die Grundstrukturen der Horoskope. Beachten Sie die Harmonie gleicher *Elemente* in beiden Horoskopen ohne Berücksichtigung der Orben. Denken Sie daran, daß Mondknoten-Kontakte große Bedeutung haben können. Achten Sie darauf, ob das AC-Zeichen des einen dem MC-Zeichen des anderen entspricht oder umgekehrt. Das deutet häufig auf eine Übereinstimmung und ein natürliches Verständnis füreinander hin.

Last but not least, überprüfen Sie, ob die *progressiven Horoskope* eine Verbindung zueinander haben.

Wir werden all dies Schritt für Schritt interpretieren, aber denken Sie daran, daß diese Liste nicht nach Reihenfolge der Wichtigkeit erstellt wurde, sondern nur in der Reihenfolge, in der wir gewohnheitsmäßig vorgehen.

Kapitel 6

# Das Versprechen des 7. Hauses

Wie wir bereits in Kapitel 2 ausgeführt haben, beschreibt das 7. Haus, was Sie sich von einem Partner wünschen und was Sie von ihm brauchen. Das Zeichen an der Häuserspitze gibt den ersten Hinweis. Der Zeichenherrscher ist sehr bedeutsam im Hinblick darauf, wo Sie diesen Partner suchen werden. Wenn dieser Planet im 6. Haus steht, dann ist es der Arbeitsbereich. Steht er im 9. Haus, könnten Sie Ihren Zukünftigen auf einer Reise treffen, im 11. Haus gehören Sie vielleicht demselben Sportverein an. Da wir Ihre Beziehungswünsche und -bedürfnisse bereits in den Kapiteln 1 und 2 untersucht haben, werden wir in diesem Kapitel noch weitere Feinheiten lehren, um die betreffende Person zu beschreiben. Es ist beinahe unmöglich, die körperliche Erscheinung zu umreißen, aber Charaktereigenschaften und Wesenszüge können ziemlich offensichtlich dem betreffenden Zeichen, dem Herrscher und den Planeten im 7. Haus entsprechen.

Steht die *Sonne* in diesem Haus oder ist sie dessen Herrscher, werden Sie jemanden suchen, der nach außen orientiert und freundlich ist, der ein Führertyp, dramatisch und möglicherweise sogar egoistisch sein mag. All das richtet sich natürlich nach Aspekt und Zeichen. Steht Ihre Sonne in Fische im 7. Haus, werden Sie offensichtlich keinen Partner suchen, der so machtvoll ist, wie wenn Ihre Sonne in Schütze oder Widder steht. Aber Sie ziehen Leute an, die ganz bestimmte Vorstellungen haben, ein Bedürfnis nach Glanz und manchmal nach Konkurrenz. Mit Sonne im 7. Haus sollten Sie aufpassen, daß Sie sich nicht einen Partner aussuchen, der Sie in den Schatten stellt.

Bei Englands Prinz Andrew (siehe Horoskop S. 100) steht die Sonne in Fische im 7. Haus. Die Häuserspitze fällt in Wassermann, der Herrscher Uranus ist in Löwe im ersten Haus. Er sucht nach einem einmaligen Individuum, aber nach jemandem, der ihm nicht den Wind aus den Segeln nimmt, denn er hat einen Löwe-AC. Seine Frau ist lebhaft, fröhlich und unterhaltsam – alles Wassermann / Löwe-Eigenschaften. Aber außerdem ist sie mitfühlend, freundlich und gefühlvoll (Fische-Qualitäten). Ihre Sonne steht in Waage direkt an der Spitze des 12. Hauses. Merkur, Mars und Neptun stehen alle im 12. Haus. Ihr Mond ist in Widder im 5. (Löwe-) Haus.

Mit einem *Krebs*-DC oder mit dem *Mond* im 7. Haus suchen Sie nach einem nährenden, Sie umsorgenden Partner, nach einem, der so ähnlich ist wie Ihre Mutter oder Ihr Vater. Steht der Mond in Zwillinge, wird in Ihrer Beziehung Kommunikation sehr wichtig sein. Steht er in Skorpion, ist Intensität das Hauptthema. Sie wählen zweifellos Partner, die empfänglich, empfindsam und gefühlvoll sind und sich auf Heim und Familie konzentrieren. Das Zeichen, in dem der Mond steht, gibt immer noch weitere Hinweise, ebenso seine Hausposition.

Bei Jane Fonda ist der Mond Herrscher des 7. Hauses und steht auch dort – in Löwe. Sie zieht extravagante Partner an, die gerne im Rampenlicht stehen. Sie müssen allerdings auch Interesse für Heim und Familie haben und fähig sein, andere zu umsorgen. Da sich auch Pluto in diesem Haus befindet, wünscht sie sich intensive und triebhafte Partner, so daß es zu einem Machtkampf kommen kann. Ihr erster Ehemann war der französische Regisseur Roger Vadim (siehe Horoskop S. 40), der in ihrer Beziehung eine etwas väterliche Rolle spielte. Er war derjenige, der sie als Schauspielerin aufbaute und ihre Karriere förderte. Ihr zweiter Ehemann, Tom Hayden, ist ein kalifornischer Politiker mit Sonne und Mond in Schütze. Er ist extrovertiert, dynamisch und er steht gern im Rampenlicht. Nach ihrer Scheidung von Hayden heiratete Fonda den Unternehmer Ted Turner (siehe Horoskop S. 46). Turner ist Skorpion, genau der intensive, triebhafte Typ, den ihr Pluto sich als Partner wünscht. Sein Schütze-AC hat das Feuer, das ihrem Löwe-Mond und ihrer Schütze-Sonne entspricht. Vielleicht ist das eine Ehe, die im Himmel geschlossen wurde.

Mit einem *Zwillinge-* oder *Jungfrau*-DC, oder wenn *Merkur* sich im 7. Haus befindet, ziehen Sie Partner an, mit denen Sie sich unterhalten können, die Ihre Ansichten über das Leben teilen, den gleichen Humor haben und die gleichen Spiele mögen wie Sie. Vor allem braucht Merkur Resonanz, also einen Partner, der zuhört und Ideen mit ihm austauscht. Für Jungfrau, Zwillinge

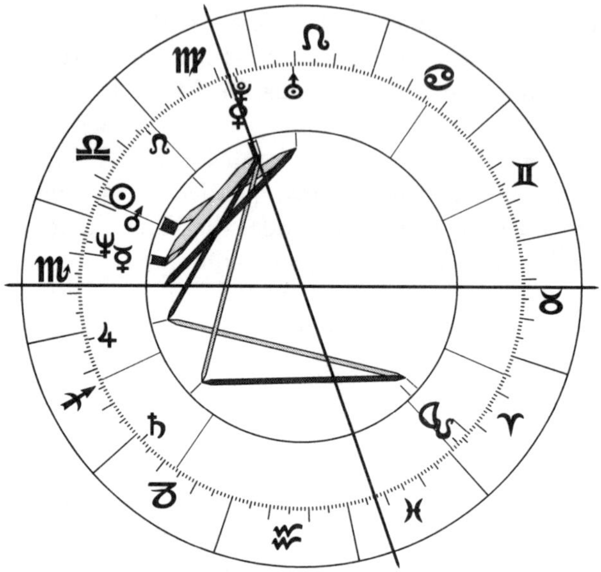

***Herzogin Sarah von York***

***Jane Fonda***

oder Merkur bitte keinen Partner vom starken, schweigsamen Typ und auch keinen, der ungesellig ist, der sich zurückzieht und Probleme oder Pläne nicht diskutieren will. Nein danke! Was Sie brauchen, ist jemand, dem Sie sich anvertrauen können, einen, mit dem Sie sich austauschen können, einen, der zuhört, während Sie weiterplappern. Mit einem Jungfrau-DC haben Sie vielleicht Kritik oder Analysen zu ertragen, aber das ist Ihnen recht, solange Sie Resonanz finden.

Eine Freundin von uns hat einen Jungfrau-DC mit Merkur dort, also zieht sie ganz offensichtlich Leute an, die kommunikativ und wortgewandt sind. Ihr Ehemann hat ebenfalls einen Jungfrau-DC, obwohl sein Merkur in Fische am AC steht. Sie ist Hausfrau und Mutter, er ein erfolgreicher Geschäftsmann in einem Bereich, in dem er mit vielen Angestellten zu tun hat. Beide haben Saturn im 11. Haus, daher ist ihr Freundeskreis sehr klein. Sie kann es kaum erwarten, daß er von der Arbeit nach Hause zurückkehrt, damit sie alles erfährt, was er den Tag über so erlebt hat. Sie besprechen alles Geschäftliche miteinander, und sie vermittelt ihm wertvolle Einsichten in die Menschen, mit denen er zu tun hat. Er dagegen bringt ihr Leben in Schwung, indem er sie um Rat fragt und ihn oft auch annimmt.

*Venus* ist die natürliche DC-Herrscherin. Wenn also *Waage* oder *Stier* an dieser Stelle stehen, oder wenn Venus sich dort befindet, deutet alles darauf hin, daß in Partnerschaften alles glatt geht. Wie Sie bereits mitbekommen haben, ist in der Astrologie allerdings alles ohne Gewähr. Bildet Venus günstige Aspekte, ist es möglich, daß Sie mit Ihrem Partner glücklich leben bis ans Ende Ihrer Tage. Aber was ist, wenn Venus Quadrate, Konjunktionen, Oppositionen oder Quinkunxe zu Saturn, Uranus oder Pluto bildet? Dann könnte ziemlich harte Arbeit auf Sie zukommen, damit Ihre Partnerschaft erfolgreich funktioniert.

Mit Venus im 7. Haus könnte Ihr Partner recht sozial, charmant, liebevoll, kooperativ und diplomatisch (Waage) oder künstlerisch, sinnlich, zärtlich, kultiviert und loyal (Stier) sein. Es ist sehr wichtig, daß Ihre Wertvorstellungen übereinstimmen. Bei einem Waage-DC bedeutet Diskutieren echten Spaß. Vielleicht begeistern Sie beide sich auch für künstlerische Unternehmungen. Stier läßt an Stabilität und starke Triebhaftigkeit denken. Musische Interessen und finanzielle Angelegenheiten könnten in der

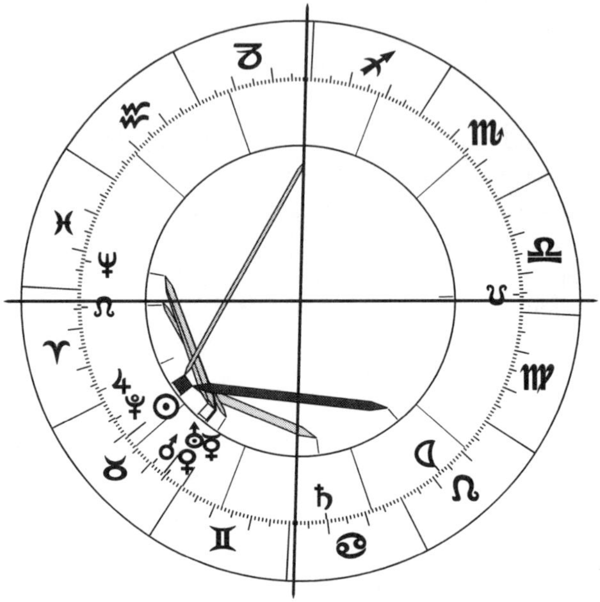

**Theodor van Gogh**

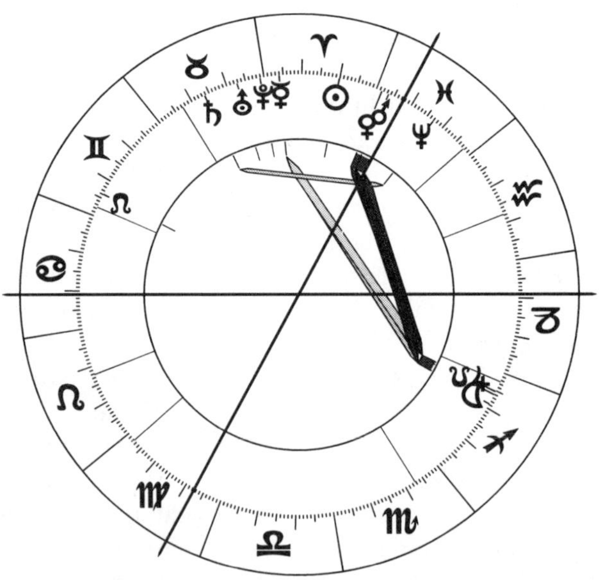

**Vincent van Gogh**

Beziehung sehr wichtig sein. Was auch immer es sein mag, Sie wirken auf andere Menschen ganz bestimmt sehr anziehend.

Theodor van Gogh hat einen Waage-DC mit Venus in Stier in seinem 2. Haus. Er und sein Bruder Vincent hatten eine Arbeitsgemeinschaft, in der Theo Vincent unterstützte, der malte.

Als Kunsthändler zog er Künstler und an Kunst Interessierte (Waage) an. Er hatte ein gutes Einkommen, indem er die Kunstwerke anderer verkaufte (Venus in Stier im 2. Haus). Weder er noch Vincent lebten jedoch lange genug, um von Vincents großartigem Talent profitieren zu können.

Wie Sie sich denken können, ziehen Sie mit *Mars* im 7. Haus oder mit einem *Widder*-DC Partner an, die tatkräftig, bahnbrechend, originell, sportlich, dynamisch und impulsiv sind. Wie Sie mit all dieser Energie klarkommen, hängt natürlich davon ab, in welchem Zeichen Mars steht und welche Aspekte er bildet. Wenn Sie eher passiv sind, könnte ihnen das alles zu anstrengend sein. Dann suchen Sie vielleicht Ihr ganzes Leben nach »dem Richtigen« oder »der Richtigen«. Wenn Sie selbst relativ dynamisch sind, könnten, auch wenn es viel Streit und Kämpfe geben mag, die Versöhnungen und Friedensschlüsse den ganzen »Zirkus« wert sein.

Ein typisches Beispiel für einen 7.-Haus-Mars ist Frederic Chopin, der die lebhafte, temperamentvolle George Sand anzog. Ihre Beziehung war extrem intensiv und dynamisch, solange sie hielt, aber in gewisser Hinsicht war es, als ob ihre Energie seine Vitalität ausbrannte. Mars in Fische im 7. Haus steht im Trigon zu Uranus, seinem DC-Herrscher. Die Eigenschaften dieser Zeichen beschreiben sehr gut George. Sie war ganz sie selbst und unabhängig, und doch auch sehr fürsorglich. Sie kümmerte sich um Frederic, auch als er krank war (Fische). Ihre Sonne steht in Krebs im 5. Haus, und sie behandelte ihn oft wie ein Kind. Mit Mars in Konjunktion mit Pluto und im Quadrat zu Saturn und Neptun fiel ihm Partnerschaft nicht leicht.

Der Schauspieler Burt Reynolds (Horoskopdaten im Anhang), der lange Junggeselle war, ist typisch für jemanden mit *Schütze*-DC. Auch sein *Jupiter* befindet sich hier. Nach einer frühen Heirat mit Judy Carne ließ er sich danach keine Chance in der Liebe entgehen, ehe er sich schließlich niederließ, Loni Anderson heiratete und ein Kind adoptierte.

Mit dem 7. Haus in Schütze schätzen Sie Freiheit. Mit Ihrem Verhalten ziehen Sie ungebundene und freie Menschen an. Verbindlichkeit ist für Sie nur ein Wort – solange bis der oder die Richtige kommt. Steht Jupiter im 7. Haus, dann möchten Sie, daß Ihr Partner sich mit Ihnen weiterentwickelt. Er muß ein Individualist sein, jemand, der Ihre Philosophie teilt und möglichst auch Ihre Religion. Er muß offen und unvoreingenommen der Welt und den Menschen gegenübertreten. Die Aspekte zu Jupiter sagen etwas darüber aus, wie leicht oder wie schwer es sein kann, bis Sie schließlich Ihr Ideal finden. Reynolds Jupiter im 7. Haus steht im Quadrat zu Mars und Neptun, also lebte er viele Jahre lang nach dem Motto: »Ein gebranntes Kind scheut das Feuer.«

Der schöne Planet *Saturn* hat bei Astrologen häufig einen miesen Ruf, besonders wenn er im 7. Haus steht. Sicher, er kann eine verzögerte Heirat anzeigen. Sie könnten auch jemand anziehen, der älter oder jünger ist als Sie. Sie könnten das Gefühl haben, daß Ihr Partner Sie irgendwie einschränkt. Aber was ist so falsch daran, mit dem Heiraten zu warten, bis Sie ein paar romantische Affären erlebt und sexuelle Erfahrungen gesammelt haben? Sicher ist es heutzutage keine Schande mehr, mit jemandem zusammen zu sein, der älter oder jünger ist. Soweit es die Beschränkung angeht, liegt es an Ihnen, wie Sie Ihre Saturn-Energie nutzen. Saturn an dieser Stelle oder ein *Steinbock*-DC kann aber auch ein sehr stabilisierender Faktor sein. Sie könnten einen Partner anziehen, der sehr tüchtig, verantwortlich und sachlich ist und der gut mit Finanzen umgehen kann, einer, der Sie in praktischem Sinne nährt. Im Horoskop einer Frau könnte das jemand sein, der Sie an Ihren Vater erinnert. Häufig finden wir bei dieser Position, daß jemand aus der Vergangenheit auftaucht, jemand, mit dem Sie eine romantische Liebelei hatten, die dann jedoch zerbrach. Sie sahen sich jahrelang nicht. Es kann aber auch ein alter Schulfreund sein.

Cher (siehe Horoskop S. 31) hat Saturn im 1. Haus. Er regiert ihren DC. Ihr erster Ehemann war der viel ältere Sonny Bono. Ihr zweiter Ehemann, Greg Allman, war ungefähr so alt wie sie. Jeder Liebhaber danach war jünger. Mit Saturn im 1. Haus ist Partnerschaft wichtig für sie, aber er ist in ein schwieriges T-Quadrat mit Mond im 7. und Jupiter im 4. Haus eingebunden. Sie sucht an den falschen Stellen nach jemandem, der ihr die Fürsorge gibt, die sie bei ihrem Vater vermißte.

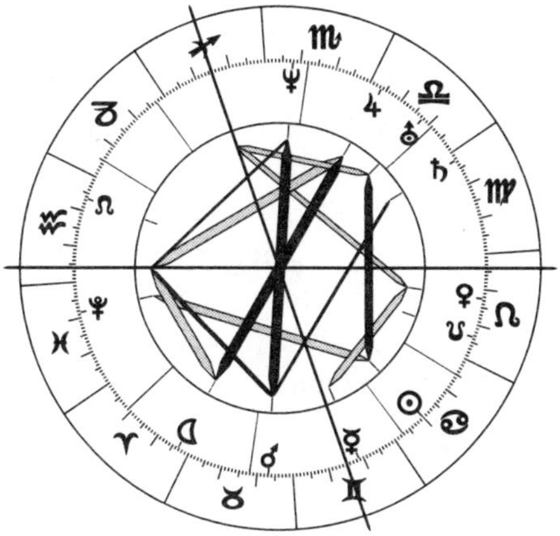

**George Sand**

**Judy Garland**

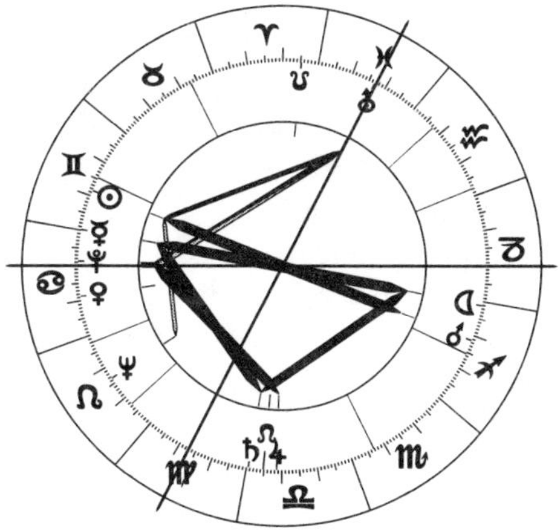

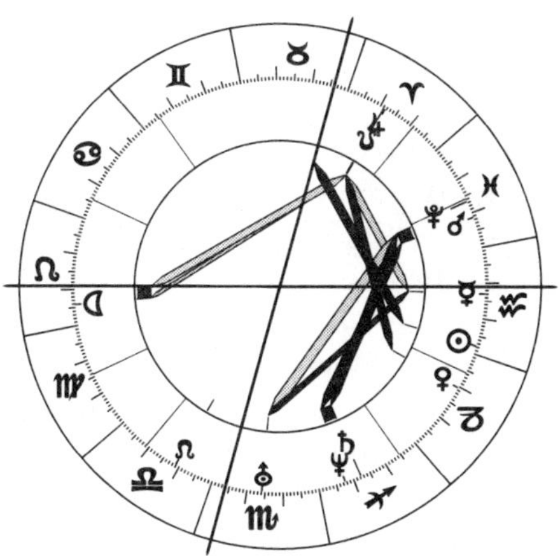

**Frederic Chopin**

Prinz Albert von Monaco (Horoskopdaten im Anhang) scheint es nicht eilig damit zu haben, die Verantwortung für eine Ehe zu übernehmen, obwohl bei ihm Saturn im 7. Haus steht. Er befindet sich im Junggesellenzeichen Schütze und ist Herrscher von 8. Er steht zwar im Trigon zu Pluto, aber im Quadrat zu Sonne. Letzeres spricht oft dafür, daß viel persönliche Entwicklungsarbeit zu leisten ist. Seine Sonne befindet sich im 10. Haus. Das bedeutet, daß er sich erst sicher sein muß, die richtige Partnerin gefunden zu haben, die ihm später auch beim Regieren hilft.

Sicherlich fühlen Sie sich mit *Uranus* im 7. Haus oder mit einem *Wassermann*-DC zu impulsiven und ungewöhnlichen Menschen hingezogen, zu solchen, die ganz anders sind als Sie, sei es Nationalität, Konfession, Hautfarbe oder Lebensweise. Bei einem Wassermann-DC haben Sie natürlich einen Löwe-AC. Wenn Sie dazu nicht viel Erde oder Wasser in Ihrem Horoskop haben, dann sind Sie selbst schon ganz schön dynamisch und bombastisch. Daher wirken extrovertierte Leute wohl kaum abschreckend auf Sie. Wenn Sie eher ruhig und sanft sind, zieht Sie vielleicht auch gerade der Gegensatz an.

Marilyn Monroe (siehe Horoskop S. 37) hat einen Löwe-AC und einen Wassermann-DC. Ihre Ehemänner deckten ein breites Spektrum ab. Ihr erster war Schweißer, der zweite Football-Spieler und der dritte ein Bühnenschriftsteller. Mit Uranus in Fische im 8. Haus bestand die Attraktivität offenbar in Sex und Geld. Wenn Sie die weite Konjunktion zu Mars und ein Trigon zu Saturn nicht hinzuzählen, ist ihr Uranus unaspektiert. Wir erwähnten bereits, daß es nicht immer leicht ist, einen unaspektierten Planeten in ein Horoskop zu integrieren. Die Partnerwahl war nicht gerade Marilyns Stärke.

Mit Uranus im 7. Haus sind Ihre Partnerschaften abwechslungsreich und exzentrisch oder Sie verhalten sich in diesem Bereich recht sonderbar. Der Schriftsteller Henry Miller (siehe Horoskop S. 112) heiratete fünfmal (er war nie länger als sieben Jahre mit einer Frau verheiratet) und hatte viele Verhältnisse. Seine literarischen Werke spiegeln viele seiner »romantischen« Erfahrungen wider. Seine plastischen Beschreibungen waren lange als obszön verboten. Uranus steht in Konjunktion zu Mond und Mars und ist in ein äußerst schwieriges Yod eingespannt. Vielleicht ist dies die Entsprechung für seine Unentschlossenheit und Launenhaftigkeit in Beziehungen. Das Quadrat zwischen AC und Venus war auch nicht gerade förderlich.

Mit einem *Fische*-DC oder mit *Neptun* im 7. Haus neigen Sie dazu, Menschen anzuziehen, die sich bewußt oder unbewußt bei Ihnen anlehnen möchten. Im allgemeinen sind Sie überaus gutherzig und haben immer ein offenes Ohr für Menschen und ihre Probleme. Deshalb werden Sie von vielen um Rat gebeten. Ihre Gefährten lieben den Partner mit Neptun im 7. Haus, weil sie Sie idealisieren, aber Sie müssen aufpassen, daß Sie nicht von Ihrem Podest gestürzt werden. Wenn Neptun schwierige Aspekte hat, oder wenn Sie die Neptun-Themen in Ihrem Leben nicht gründlich bearbeitet haben, dann könnten Sie einen Partner anziehen, der Drogenprobleme hat oder jemanden, der ständig auf Ihre Hilfe angewiesen ist. Auf einer anderen Ebene könnten Sie von künstlerischen oder religiösen Menschen erwählt werden, weil Sie mit Ihrem Einfühlungsvermögen und Ihrer Freundlichkeit einen guten Draht zu ihnen haben. Sie können professioneller Berater sein: Psychologe, Bewährungshelfer, Astrologe, Therapeut oder Priester.

Zu unseren Klientinnen gehört eine sehr beschäftigte praktizierende Psychotherapeutin mit einem Fische-DC. Neben ihrer beruflichen Tätigkeit arbeitet sie zwei Abende und einen Tag in der Woche ehrenamtlich in einer Klinik für behinderte Kinder. Sie hat nie geheiratet. Sie behauptet von sich, sie sei mit ihrem Beruf verheiratet. Viele Kinder seien dankbar für ihre Pflege und Freundlichkeit.

Bei Fred Astaire (siehe Horoskop S. 193) steht Neptun im 7. Haus. Seine erste Tanzpartnerin war seine Schwester Adele. Fische ist eingeschlossen im 3. Haus (Geschwister). Auch Eva Braun (siehe Horoskop S. 150) hatte Neptun im 7. Haus und war wahrscheinlich der einzige Mensch auf der Welt, der einen Mann wie Adolf Hitler privat verehren durfte.

Ein *Skorpion*-DC oder *Pluto* im 7. Haus kann ziemlich anstrengend sein, es sei denn Plutos Aspekte sind verträglich. Sie könnten mehrmals einen Menschen anziehen, der versucht, Sie zu beherrschen oder jemanden, der Ihre Gunst gewinnt, nur um Sie fallenzulassen. Wo immer Pluto auch stehen mag – dort geht es um Macht. Steht er in Ihrem 7. Haus, kann es zwischen Ihnen und Ihrem Partner zu einem Kampf um die Vorherrschaft kommen. Manchmal können Sie der dominante Teil in einer Beziehung sein und dadurch gerade den Menschen vertreiben, den Sie wirklich gern haben. Die Lektion, die mit Pluto im 7. Haus gelernt werden muß, besteht darin, Ihr starkes Verlangen mit Geduld und Herzensgüte zu mildern. Das gleiche gilt für einen Skorpion-DC. Die Positionen von Pluto und Mars werden Ihnen Wege aufzeigen, wie Sie damit umgehen können.

Benito Mussolini (siehe Horoskop S. 44) hat Pluto im 7. Haus in Stier. Er ist Herrscher des Aszendenten und hat kaum Spannungen – abgesehen von einem Quadrat zum MC. In seinen Beziehungen war er sehr fordernd, hielt jedoch seine Ehe hoch und heilig trotz einer sehr engen Verbindung mit Claretta Petacci (Horoskopdaten im Anhang).

Sie hat einen Skorpion-DC. Pluto im 2. Haus hat nur schwache Aspekte. Mussolini war in dieser Partnerschaft total dominant, sie jedoch war ihm völlig ergeben. Das findet man bei Skorpion an dieser Stelle häufig. In Partnerschaften ist man dann intensiv und beständig.

Kapitel 7

# Weitere Hinweise darauf, was Sie in Beziehungen suchen

Der Mond zeigt im Horoskop eines Mannes das weibliche Prinzip und die Sonne im Horoskop einer Frau das männliche an. Wenn Sie daher untersuchen, welche Bedürfnisse Ihre Sonne (wenn Sie eine Frau sind) und welche Ihr Mond (wenn Sie ein Mann sind) widerspiegeln, können Sie herausarbeiten, welchen Partnertyp Sie suchen. Wir übersehen dabei nicht die Tatsache, daß der Mond in jedem Horoskop anzeigt, wo Sie Fürsorglichkeit suchen oder bieten, und daß die Sonne zeigt, wo Sie leuchten, bewundert werden, geliebt oder gelobt werden wollen. Es gibt natürlich noch viele weitere lunare und solare Attribute, doch in diesem Buch befassen wir uns mit Ihren Bedürfnissen in Beziehungen. Wenn Sie eine Frau sind und Ihre Sonne im 9. Haus steht, werden Sie höchstwahrscheinlich einen Mann attraktiv finden, der intellektuell aufstrebend und möglicherweise auf juristischem Gebiet tätig ist. Das würde auch auf eine Sonne in Schütze zutreffen. Ein Mann mit einem Skorpion-Mond oder mit dem Mond im 8. Haus würde von seiner Partnerin erwarten, daß sie sexuell sehr aktiv ist. Er würde sich auch zu einer sehr gefühlvollen Frau hingezogen fühlen, einer, die ebenso selbstbeherrscht wie intuitiv ist.

Außerdem müssen wir beachten, welchen applikativen Aspekt Ihre Sonne (im Horoskop einer Frau) oder Ihr Mond (im Horoskop eines Mannes) hat. Das Schlüsselwort ist hier »applikativ« (d.h. ein Aspekt, der zeitlich erst noch exakt wird). Ein Beispiel: In Roberto Rossellinis (siehe Horoskop S. 172) Horoskop ist der einzige applikative Aspekt, den sein Mond eingeht, eine Opposition zur Sonne, was nicht gerade dafür spricht, daß eine Ehe eine angenehme Situation für ihn ist. Er beschreibt auch eine Partnerin, die beständig und realistisch ist, und die gerne reist und philosophiert (9. Haus).

George Sands Sonne hat einen applikativen Aspekt zu Uranus (siehe Horoskop S. 137), was darauf schließen läßt, daß sie die Beziehungsform Ehe recht anstrengend gefunden haben mag. Ihr

Partner sollte anderer Herkunft sein, sich besonderer gesellschaftlicher Aktivitäten erfreuen oder ungewöhnlicheren Wertvorstellungen anhängen als sie selbst. Dieser Aspekt könnte eine Erklärung dafür bieten, daß sie eine Scheidung durchsetzen konnte – in einer Zeit, als Frauen nur äußerst selten dieses Privileg erhielten. Sie fragen vielleicht, warum wir das Trigon zwischen Sonne und Pluto nicht erwähnen. Es ist zehn Minuten nach dem exakten Orbis, also ein separativer Aspekt. Diese alte Methode funktioniert nur mit applikativen Orben. Wir empfehlen sie auch nur zur zusätzlichen Information.

Bilden Ihre Sonne oder Ihr Mond keine applikativen Aspekte, dann heißt das nicht, daß Sie niemals einen Partner finden werden, sondern nur, daß Sie andere Faktoren heranziehen müssen, um beschreiben zu können, was Sie sich von Ihrem zukünftigen Partner wünschen. Dabei fällt uns der Anruf einer Studentin vor vielen Jahren ein. Ein Amateur-Astrologe hatte ihr erzählt, sie würde niemals heiraten, weil bei ihr keine Planeten im 7. Haus stehen. Sie war total durcheinander, denn sie war verlobt und plante bereits ihre Hochzeit. Es liegt auf der Hand, daß es bei nur zehn Planeten und zwölf Häusern unmöglich ist, in jedem Haus einen Planeten zu haben. Wir sind sicher, daß Sie jetzt verstehen werden, daß Leute heiraten, obwohl sie keine Planeten im 7. Haus haben, daß sie auch ohne Planeten im 5. Haus Familien gründen und daß sie auch mit einem leeren 9. Haus reisen werden. Unsere Studentin heiratete, ließ sich einige Jahre später scheiden und heiratete glücklich noch einmal.

## Zweit-, Dritt- und weitere Beziehungen

Wir haben bereits Ihre 7.-Haus-Bedürfnisse untersucht und welchen Partnertyp Sie attraktiv finden, indem wir das Haus, seinen Herrscher und die Planeten darin eingehend betrachtet haben. Aber wie sieht es aus, wenn Sie einen zweiten Versuch unternehmen und eine neue verbindliche Beziehung eingehen? Heiraten Sie immer den gleichen Partnertyp? Natürlich nicht, obwohl das manchmal sogar vorkommt. Um beschreiben zu können, was sie von einem zweiten Partner erwarten, müssen Sie sich ansehen, in welches Zeichen die Spitze des 9. Hauses fällt, welches der Herrscher ist und welche Planeten dort stehen. Ihre Haltung zu Partnerschaften ist noch dieselbe, aber nun kommen weitere Faktoren hinzu. Was auch immer der Grund für eine Scheidung oder Trennung gewesen sein mag, Sie haben etwas über eine enge, intime Beziehung zu einem anderen Menschen gelernt. Wenn Sie es also ein zweites Mal versuchen, könnte sich Ihre Einstellung ebenso wie Ihre Erwartung geändert haben, einfach als Folge dessen, wie die erste Beziehung gelaufen ist. Deshalb gibt das 9. Haus weitere Informationen.

Wenn Sie sich zum dritten Mal ernsthaft binden, sehen Sie sich das 11. Haus an und für jede weitere Beziehung das entsprechende ungeradzahlige Haus, wenn Sie Henry Miller oder Mickey Rooney sind. Wir haben herausgefunden, daß die dritten Beziehungen oder Ehen oft die besten sind, weil die Partner als Freunde beginnen (11. Haus).

Judy Garland (Abb. S. 137) hat einen Steinbock-DC. Sie suchte nach Sicherheit und nach dem Vater, den sie in ihrer Kindheit vermißte. Ihr Vater starb, als sie dreizehn war, und sie war nach ihrer eigenen Aussage »am Boden zerstört«. Saturn steht im 4. Haus in Quadrat zu Mond, was das Bedürfnis nach einer Vaterfigur noch vergrößert, nach jemandem, auf den sie sich verlassen kann, der verantwortungsbewußt ist und der auf ihre Bedürfnisse eingeht. Ihr erster Ehemann, David Rose, war älter und für ein junges, romantisches Mädchen schien er ihre Sehnsucht nach einem verständnisvollen Partner zu erfüllen. Sie hatten einen sehr großen Freundeskreis (Saturn steht in Waage) und führten ein gastliches Haus. Sie hatten jedoch Schwierigkeiten, eine solide, vertraute Basis zu finden. Er war attraktiv, kreativ und musikalisch, beinahe ihr Spiegelbild, aber Saturn steht in Quadrat zu Merkur in ihrem 12. Haus. Es fiel ihr sehr schwer, ihre tiefsten Gefühle und Sehnsüchte mitzuteilen.

Danach heiratete sie den charmanten, weltgewandten, ebenfalls viel älteren Vincente Minelli, der der Vater ihrer ersten Tochter Liza ist. Zusätzlich zu den Bedürfnissen und Wünschen des 7. Hauses müssen wir nun die des 9. Hauses (2. Partner) in Betracht ziehen. Uranus ist Herrscher von 9 und steht in Fische im 10. Haus in Konjunktion zum MC. Sie würde also jemanden anziehen, der einmalig und charakterlich anders war. Minelli paßte, er war kultiviert und nach innen gewandt, er konnte helfen, ihre Karriere zu fördern ( Uranus am MC). In der Tat lernten sie sich während der

Dreharbeiten zu *Meet Me in St. Louis* kennen. Er war der Regisseur, und sie spielte die Hauptrolle. Einfühlsam und fürsorglich (Uranus in Fische) schien Minelli einige ihrer *Animus*-Wünsche zu erfüllen. Aber Uranus hat sehr schwierige Aspekte, und Judy war noch zu jung, um die Quadrate zu Sonne und Mars meistern zu können, ebenso wie den Quinkunx zu Neptun. Sie heiratete ihn mit 23 ohne zu wissen, was in einer Ehe von ihr erwartet werden würde. Sein intellektuelles Gebaren war ihr ein Greuel.

Als sie 30 war, heiratete sie 1952 Sid Luft. Mit Saturn als DC-Herrscher wird es nach der ersten Saturn-Wiederkehr (im Alter zwischen 28 und 30) leichter, an einer Beziehung zu arbeiten. Venus ist Herrscherin ihres 11. Hauses, das bei einer dritten Beziehung untersucht werden muß. Venus steht in ihrem 1. Haus in Krebs mit günstigen Trigonen zu Uranus und MC. In dieser Ehe konnte sie sich wahrscheinlich müheloser zum Ausdruck bringen als in den ersten beiden.

Luft gab sich alle Mühe, ihre Karriere in Schwung zu bringen. Mit der Geburt ihrer Tochter Lorna und ihres Sohnes Joey hatte diese Ehe eine gute Überlebenschance, aber die Beziehung war von Beginn an sehr turbulent. Obwohl sie einen Mann geheiratet hatte, der ihren Erwartungen gerecht wurde, quälten sie all ihre 7.-Haus-Zweifel und saturnischen Gefühle der Unzulänglichkeit. Von allen Ehen hielt diese jedoch am längsten (acht Jahre). Doch keiner ihrer Ehemänner konnte ihr ihre Kindheit zurückbringen, wo sie mit ihrem Hund auf dem Rasen spielen und mit ihrem Daddy zuhause bleiben konnte.

Sie heiratete Mark Herron vermutlich 1963, was ihre 4. Ehe wäre – das 1. Haus ist dafür wichtig. Es wird von Mond regiert, der in Opposition zu Merkur und im Quadrat zu Saturn steht. Wenn es tatsächlich eine Ehe gab (ihre Scheidung von Luft war nach einigen Quellen noch nicht abgeschlossen), war sie von Beginn an zum Scheitern verurteilt, denn Judy hatte nie gelernt, mit diesem herausfordernden T-Quadrat, das in Verbindung zu ihrem 7. Haus steht, umzugehen. Zuletzt heiratete sie Mickey Deans am 15. März 1968 (ihre 3.-Haus-Ehe). Die Sonne regiert das 3. Haus. Sie steht in Opposition zu Mars und im Quadrat zu Uranus und MC. Auch Deans versuchte, ihre Karriere zu unterstützen, doch diesmal geriet sie durch Drogen und Alkohol außer Kontrolle. Er war bei ihr, als sie starb.

Hätte die Astrologie Judy in irgendeiner Weise helfen können, eine funktionierende Partnerschaft aufzubauen? Als Astrologinnen würden wir das gerne glauben, aber all die guten Ratschläge in der Welt, die nicht beachtet werden, können die Verhältnisse, in denen ein Mensch lebt, und die Handlungen, die er unternimmt, nicht ändern. Der Astrologe kann Menschen nur dabei helfen, Dinge selbst herauszuarbeiten und zu verändern. Er kann ihnen beibringen, daran zu glauben, daß alles möglich ist. Das ist der freie Wille, von dem wir immer reden.

Kapitel 8

# Ihre Planeten im Horoskop des anderen

Eine der einfachsten Möglichkeiten, die Horoskope zweier Personen auf Verträglichkeiten hin zu prüfen, besteht darin, die Planeten des einen außen um das Horoskop des anderen einzuzeichnen. Hieraus können Sie entnehmen, was jeder dem anderen im Hinblick auf Charakter, Möglichkeiten und Übereinstimmungen bringt.

## Sonne

Wohin auch immer Ihre Sonne im Horoskop des anderen fällt – dort werden Sie versuchen, Ihr eigenes Ego geltend zu machen. Manchmal probieren Sie, den anderen zu kontrollieren, manchmal fördern Sie eher seine Ambitionen als Ihre eigenen. Natürlich funktioniert das auch umgekehrt. Wenn die Sonne eines anderen Menschen in ein Eckhaus Ihres Horoskops fällt, hat dieser Mensch für Sie auf die eine oder andere Art gewöhnlich eine große Anziehungskraft. Fällt sie ins 1. oder 7. Haus, dann ist es vielleicht körperliche Anziehung. Im 1. Haus ist es auch ein Gefühl der Ähnlichkeit, besonders, wenn diese Sonne in Ihrem Aszendenten-Zeichen steht. Fällt die Sonne ins 7. Haus, dann heißt es »Gegensätze ziehen sich an«. Weil Sie genau das suchen, was in Ihr 7. Haus fällt, scheinen sich Ihre Erwartungen zu erfüllen.

Wenn die Sonne in das 4. oder 10. Haus fällt, so hat es häufig den Anschein, als reflektiere die andere Person eine Eigenschaft oder Wesensart Ihrer Eltern. Im 10. Haus könnte sich das auf Ihren Beruf und Ihre Karriere auswirken. Wenn die Sonne in das 5. Haus (Liebesaffären und Kinder) oder in das 8. Haus (Sex) fällt, dann ist offensichtlich, worin die Anziehungskraft und die Dynamik besteht. Wenn die Sonne des anderen in Ihrem 6. Haus steht, können Sie – je nach Aspekten – gut miteinander arbeiten. Im 2. Haus haben Sie vielleicht gemeinsame Wertvorstellungen, oder der andere zeigt Ihnen, wie Sie Ihre Fähigkeit, Geld zu verdienen, verbessern können. Fällt die Sonne eines anderen Menschen in Ihr 3. oder 9. Haus, beleben Gespräche und Philosophie Ihre Beziehung, oder Sie lernen voneinander. Oder Sie erschließen sich gemeinsam neue Horizonte.

Ganz klar, daß eine Sonne, die in Ihr 11. Haus fällt, auf Freundschaft und gutes Einvernehmen hindeutet. Wie immer kommt das 12. Haus nicht so gut weg – einige Astrologen warnen, daß jemand mit der Sonne in Ihrem 12. Haus Ihr schlimmster Feind sein kann. Wir teilen diese Meinung nicht, denn wir glauben, daß Sie durch ihn viel über dieses Haus lernen können. Wer kann Ihnen mehr über Ihre verborgenen Talente beibringen als jemand, dem das Zeichen an Ihrer 12.-Haus-Spitze vertraut ist?

## Mond

Der Mond hat in den besprochenen Positionen eine ähnliche Bedeutung, jedoch mehr im emotionalen Bereich. Der Mond eines anderen Menschen wird sich in Ihrem Horoskop eher auf der Ebene der Intuition und Wahrnehmung bemerkbar machen. Das trifft auch auf Ihren Mond im Horoskop des anderen zu. Fällt der Mond des anderen in Ihr 1. Haus, nimmt diese Person Ihre Stimmungen und Haltungen beinahe ohne Worte auf, in Ihrem 6. Haus kann es Ihr körperlicher Zustand sein, im 9. sind es Ihre Sehnsüchte und Bestrebungen. Fällt der Mond in das 2. oder 8. Haus, dann geht es um Geld, Sex oder Werte an sich. Im 3. kann die Kommunikation durch Blicke oder Gesten funktionieren, im 4. wird Fürsorge wichtig. Im 5. Haus wissen Sie intuitiv, wie Sie den anderen bezaubern können, im 7. scheint es ganz natürlich, daß Sie aufeinander achten. Im 10. Haus hat man miteinander in der Öffentlichkeit und im Beruf zu tun, im 11. mit sozialen Bedürfnissen und im 12. mit unausgesprochenen Sehnsüchten. In dem Bereich Ihres Horoskops, in den der Mond des anderen fällt, scheinen Sie emotional an diese Person gebunden zu sein.

## Merkur

Wo auch immer der Merkur des anderen Menschen in Ihrem Horoskop stehen mag, die Kommunikation zwischen Ihnen beiden wird sehr leicht sein: im 8. Haus über sexuelle Bedürfnisse, im 4. über Ihre tiefsitzenden Ansichten zu Heim und Familie, Ihre Kindheitserinnerungen oder Ihre Nostalgie. Der Merkur des Fliegers Charles Lindbergh besetzt das 6. Haus von Anne Morrow Lindbergh (siehe Horoskope S. 188). Die ersten Jahre ihrer Ehe verbrachten sie damit, sich das Land von oben anzusehen, um Kartenhersteller mit Informationen zu versorgen. Benutzt man diese Methode des Vergleichs, ist jeder Austausch zwischen Planeten natürlich von Zeichen und Aspekten beider Horoskope abhängig. Wenn der Merkur eines anderen das T-Quadrat in Ihrem Horoskop in ein Großes Kreuz verwandelt, wird es verständlicherweise die Beziehung mehr beeinflussen, als wenn es nur wenige oder leichtere Aspekte gäbe. Lesen Sie mehr über Aspektfiguren in Kapitel 10.

## Venus

In dem Bereich Ihres Horoskops, der durch die Venus des anderen aktiviert wird, gibt es zwischen Ihnen fast immer Übereinstimmung und Verständnis. Sogar unter schwierigen Aspekten werden Gefühle der Herzlichkeit und Liebe für den anderen vorhanden sein, können jedoch einen Anflug von Eifersucht oder wechselseitigen Exzessen haben. Venus, der Planet der Verbesserung, zeigt für die meisten Themen des betreffenden Hauses Glück und Übereinstimmung an. Jemand, dessen Venus in Ihr 6. Haus fällt und dort leicht handhabbare Aspekte bildet, bewundert vielleicht Ihre Art, sich zu kleiden und zu pflegen. Bei schwierigen Aspekten verleiten Sie einander vermutlich zu Ausschweifungen. Wenn es das 11. Haus ist, vertreten Sie beide Freunden und gesellschaftlichen Unternehmungen gegenüber ähnliche Ansichten. Im 10. Haus stimmen Sie in Ihrem gesellschaftlichen Engagement überein und darin, Ihren Status bewahren zu wollen. Venus im 5. oder 7. Haus ist einer der angenehmsten Aspekte zwischen zwei Menschen, denn wenn es nicht gerade sehr schwierige Aspekte sind, blühen Liebe und Harmonie.

## Mars

In dem Haus, in das der Mars fällt, ist es leicht, sich diese Energie nutzbar zu machen, und wie zu erwarten, geht es auch um körperliche Anziehung. Daher sind ganz offensichtlich das 1., 5., 7. und 8. Haus für diesen Planeten sehr günstig. Seine Aktivität ermöglicht es Ihnen aber auch, den alten Werten im 2. Haus neues Leben einzuhauchen, die Kommunikation im 3. Haus zu beleben, die Wertschätzung für das Heim im 4. aufzufrischen, die Motivation für gemeinsame zukünftige Unternehmungen im 6. Haus zu steigern, lebendigere Diskussionen über philosophische Themen im 9. Haus zu führen, die öffentliche oder berufliche Anerkennung im 10. Haus zu vergrößern, im 11. Haus verstärkt sozial aktiv zu sein und im 12. Haus schlummernde Talente zu wecken. Wie Sie inzwischen sicher wissen, hängt dabei wieder viel von den Aspekten des jeweiligen Mars ab, von dem Zeichen, in dem er steht und nicht zuletzt davon, wie sehr jeder einzelne gewillt ist, für eine gute Beziehung zu arbeiten.

## Jupiter

Jupiter symbolisiert das Prinzip der Expansion, daher ist das Haus, in das der Jupiter des anderen fällt, dasjenige, in dem Sie Unterstützung und die Bestätigung Ihrer Überzeugungen erwarten können, sowie eine Stärkung Ihrer Ideale und Anerkennung für Ihre Taten. Fällt dieser Jupiter beispielsweise in Ihr 10. Haus, können Sie Unterstützung für Ihre beruflichen Ziele bekommen, oder wenn er ins 5. Haus fällt, könnte dieser Mensch Ihnen bei Ihren kreativen Bemühungen sehr helfen. Falls Jupiter keine schwierigen Aspekte bildet, kann in dem Bereich, den er besetzt, Wachstum und sehr oft Glück erfahren werden.

Der Jupiter von Elisabeth Barrett Browning und der von Robert Browning (siehe Horoskop S. 46) stehen in Opposition zueinander und fallen ins 1. bzw. 7. Haus des anderen. Das bedeutet Entwicklung und verbesserte Ausdrucksmöglichkeiten sowohl für ihre Aszendenten als auch für die Beziehung an sich.

## Saturn

Bei dieser Methode der astrologischen Synthese spielt Saturn eine sehr wichtige Rolle. Saturn repräsentiert Ausdauer. Während sein Vorhandensein in zwei Horoskopen manchmal sehr herausfordernd und schwierig scheint, ist er doch auch der Klebstoff, der

***Eva Braun***

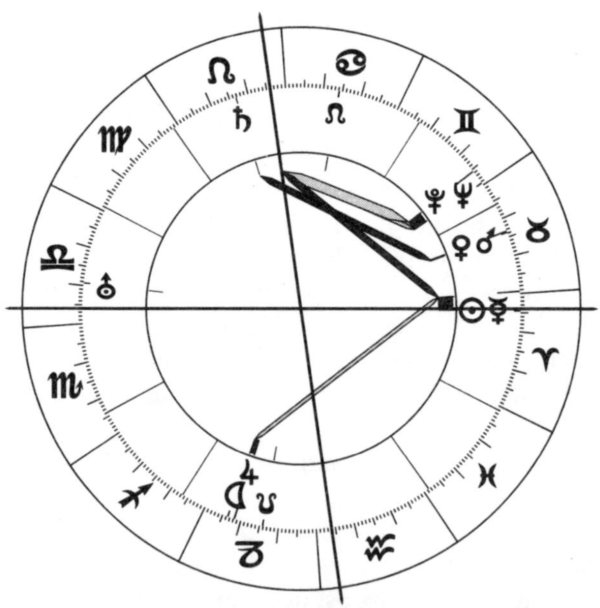

***Adolf Hitler***

eine Beziehung zusammenhält. Der Saturn des Partners wird Verantwortungsgefühl, Tradition und Beharrlichkeit anzeigen, und zwar in dem Bereich, in den er in Ihrem Horoskop fällt. Steht der Saturn Ihres Partners in Ihrem 1. Haus, könnten Sie das Gefühl haben, daß Sie sich ernster als sonst nehmen oder daß der andere sich für Sie verantwortlich fühlt. In Ihrem 9. Haus könnten Sie anfangen, Interesse für die Lebensphilosophie des anderen zu entwickeln. Wenn er in Ihr 2. Haus fällt, kommt Ihnen vielleicht seine Erfahrung im Umgang mit Geld zugute oder Sie sind bereit, Finanzangelegenheiten mehr Aufmerksamkeit zu widmen.

Bei Adolf Hitler und Eva Braun besteht ein Saturn / Saturn-Quadrat im Horoskopvergleich. Ihrer fällt in sein 7. Haus in Konjunktion zu Venus und Mars. Soweit wir gelesen haben, war er bezaubert und berührt von den aufrichtigen Gefühlen dieser jungen Frau, und wahrscheinlich war sie die einzige, mit der er es je ernst meinte. Sein Saturn steht in Evas 8. Haus. Wir haben natürlich kein Insiderwissen über ihr Sexualleben, aber es ist bekannt, daß Hitler ein paar seltsame Angewohnheiten hatte. Es liegt auf der Hand, daß diese Beziehung Evas Leben völlig verwandelte.

## Uranus

Egal, in welches Haus Ihres Horoskops der Uranus (Planet der »göttlichen Unzufriedenheit«) des anderen fällt – dort werden Sie zu Selbsterkenntnis motiviert, und dort ist Veränderung möglich. In den Eckhäusern wird dies zu einem sehr persönlichem Thema. Je nach Aspekten versuchen Sie vielleicht, den Ängsten zu widerstehen, die Sie in sich spüren. Schließlich akzeptieren Sie dann aber die Umstellungen, die erforderlich sind, um die Beziehung zum Partner aufrechterhalten zu können. Wenn das 2. oder das 8. Haus betroffen ist, kann diese Beziehung Ihr Wertesystem völlig auf den Kopf stellen. Steht Uranus im 3. oder 9. Haus, können sich Ihr Kommunikationsverhalten und auch Ihre philosophischen Ansichten total verändern.

Uranus ist der Planet der Freiheit und Unabhängigkeit. Wo er das Horoskop eines anderen Menschen berührt, bringt er zwar nicht unbedingt Unerwartetes, doch ein »Ich mach, was ich will« oder »Ich habe mein eigenes Tempo.«

## Neptun

Neptuns Illusionen können das, was im betreffenden Haus geschieht, verwirren und vernebeln. Wenn Ihr eigener Neptun in Ihrem Horoskop nicht gut integriert ist, finden Sie die Handlungen des anderen Menschen, dessen Neptun in Ihr Horoskop fällt, sehr nebulös. Erst wenn Sie ihn näher kennengelernt haben, können Sie erkennen, wie Neptun in der Beziehung wirkt. Positiv gelebte Neptunenergie kann das Haus, in dem Neptun sich befindet, inspirieren und erleuchten. Wo Neptun steht, da idealisieren Sie höchstwahrscheinlich den betreffenden Menschen oder den entsprechenden Lebensbereich. An den Horoskopachsen kann er den Zauber symbolisieren, der zwischen Ihnen beiden besteht. Oder er verschleiert, was tatsächlich in diesem Bereich abläuft. Wie immer bestimmen Zeichen und Aspekte, wie es im einzelnen abläuft.

## Pluto

Plutos Symbolismus ähnelt sehr dem von Mars, er ist nur viel intensiver und subtiler. Marsisches Handeln ist offen, Pluto agiert verdeckt. In dem Bereich, den der Pluto eines anderen Menschen in Ihrem Horoskop betont, oder umgekehrt, möchten Sie nicht unbedingt immer teilen. Deshalb behalten Sie die Funktionen dieses Bereichs lieber für sich. Es braucht Zeit, um Neptun zu erkennen – und genauso ist es mit Pluto. Die Plutoposition des anderen in Ihrem Horoskop zeigt meistens Situationen an, durch die man unvermutet aufgewühlt wird. Handlungen in diesem Haus laufen besonders intensiv ab. Glücklicherweise fällt Pluto meistens (wie auch Neptun) in einen Bereich Ihres Horoskops, in dem Sie sowieso schon mit den Auswirkungen dieses Planeten zu tun haben – außer wenn der Partner einer anderen Generation angehört.

## Eigene Planeten in den unbesetzten Häusern des Partners

Ebenso wichtig ist es, darauf zu achten, ob die Planeten Ihres Partners bei Ihnen in leere Häuser fallen. Haben Sie beispielsweise keine Planeten im 6. Haus und die Planeten eines anderen fallen dort hinein, dann gibt Ihnen das die Möglichkeit, die Energien des betreffenden Hauses herauszuarbeiten.

Prinz Philip von England erfüllt diese Anforderung wunderbar bei Königin Elizabeth (siehe Horoskop S. 48). Sie hat ein leeres 8. Haus, aber sein Jupiter und Saturn füllen es und bringen sowohl Expansion und Unterstützung im sexuellen Bereich hinein. Andererseits gibt sie ihren Saturn in sein leeres 10. Haus und verleiht ihm damit den königlichen Status, den er so mag. Rebecca West bringt ihren Merkur und ihre Sonne in H. G. Wells leeres 10. Haus (Horoskopdaten im Anhang). Seine Affäre mit ihr erregte Aufsehen und brachte ihm Berühmtheit ein.

Charles Boyer hatte im 2. Haus der Werte keine Planeten, doch die Venus seiner Ehefrau fiel dorthin und sie hatten eine totale Liebesbeziehung. Kurz nachdem sie an Krebs gestorben war, beging er Selbstmord und hinterließ einen Brief, in dem er schrieb, daß er ohne sie nicht leben könne.

## Die Bedeutung dessen, was fehlt

Beinahe ebenso wichtig wie die Bedürfnisse des 7. Hauses sind diejenigen, die von Lücken oder vom Mangel in Ihrem eigenen Horoskop verursacht werden. Wir haben dieses Phänomen als Teil des Überblicks in diesem Buch besprochen. Kurz rekapituliert: Jedes Mal, wenn etwas in Ihrem Horoskop fehlt, neigen Sie dazu, diesen Mangel irgendwie zu kompensieren. Wenn Ihnen ein Element fehlt oder eine Qualität oder sogar ein bestimmter Aspekt, werden Sie versuchen, sich dieses fehlende Merkmal durch Ihre Beziehungen zu anderen Menschen in Ihr Leben zu holen.

Einer unserer Klienten hat keine Planeten im Erdelement. Er fühlt sich sehr stark zu Frauen hingezogen, die eine Jungfrau-, Steinbock- oder Stierbetonung haben, weil sie sein Bedürfnis nach Ordnung, Methode und Verantwortungsgefühl stillen. Nicht immer fehlen Ihnen die Wesenszüge, die durch den Faktor des Mangels angezeigt werden, tatsächlich. Aber manchmal fühlen Sie sich in diesem Bereich unzulänglich. Wenn Sie mit jemandem zusammen sind, der diese Lücke füllt, dann sind Sie fasziniert.

Lücken können sich noch auf andere Weise zeigen. Alle drei Häuser des Lebens oder der Substanz, der Beziehungen oder des Endes können leer sein. Charles Lindbergh zum Beispiel hat keine Planeten in diesen Häusern (4., 8., 12. Haus). Anne bringt ihren Mars, Mond, Neptun, Merkur und Venus in sein 8. Haus und ermöglicht ihm dadurch, seine tieferen Bedürfnisse zu erkennen (siehe Horoskope S. 188).

Weder Joanne Woodwards noch Paul Newmans Mond hat Aspekte. Verbinden wir beide Horoskope miteinander, dann entstehen Oppositionen zwischen ihrem Neptun und seinem Mond und ihrem Mond und seinem Neptun. Sein Mars steht außerdem im Sextil zu ihrem Mond. Indem sie einander Oppositionen bringen, helfen sie sich gegenseitig, sich ihrer emotionalen Bedürfnisse bewußter zu werden (siehe Horoskope S. 50).

Besonders wichtig ist die Tatsache, daß ein unaspektierter Mond im Geburtshoroskop andeutet, daß dem betreffenden Menschen Einsichten in seine Gefühle fehlen, ja daß er sogar davor zurückscheut, seine Gefühle zu zeigen. Indem sie einander Aspekte zu ihren Monden bringen, werden sie dazu angetrieben, sich mit diesem bedeutenden Teil ihres Wesens zu konfrontieren. Woodward und Newman scheinen ihre Sache gut gemacht zu haben, sowohl in ihrem Leben als auch in ihrer Ehe. Nicht allen Paaren geht es so gut. Es ist nicht jedermanns Sache, dazu veranlaßt zu werden, nach innen zu schauen. Joanne und Paul könnten durch ihren kreativen Umgang mit Neptun unterstützt worden sein: Mal spielten sie zusammen in Filmen, mal war er ihr Regisseur.

Ziemlich oft fühlen Sie sich zu jemandem hingezogen, der verkörpert, was Sie nicht sind, nur um zu versuchen, ihn an sich anzupassen, statt sich ihm anzupassen. Unsere Ordner sind voll von diesen Beispielen. Ein junger Mann ohne Planeten in Feuerzeichen verliebte sich in eine attraktive junge Dame mit Löwe-AC und Schütze-Sonne. Nach sechs Monaten ehelichen Glücks fing er an, sich bitter darüber zu beklagen, wie seine Frau ihm die Show stahl, wie sehr er ihren ewigen Optimismus leid sei, denn gab es überhaupt irgend etwas, wovon sie nicht begeistert war? Das ist die menschliche Natur – und genau die muß berücksichtigt werden, wenn man Horoskope vergleicht.

## Die Betonung von Horoskophälften

Wenn Sie mehr als sieben Planeten über dem Horizont haben, sind Sie im allgemeinen sehr nach außen orientiert und könnten einen positiven Einfluß auf jemanden haben, bei dem viele Planeten unter dem Horizont stehen und der etwas schweigsam ist.

Ihre gesellschaftlichen Interessen machen es ihm leichter, aus seinem Schneckenhaus zu kommen. Diese Wechselwirkung schafft auch einen Ausgleich zwischen demjenigen mit vielen Planeten östlich des Meridians und dem mit vielen Planeten auf der westlichen Seite. Der Mensch mit der betonten linken Horoskophälfte kann den anderen dazu begeistern, aktiver zu sein, während dieser ihm weisen Rat erteilen kann, wenn er vielleicht wieder einmal zu voreilig war.

## Affinitäten

Es gibt noch eine weitere Möglichkeit, wie Aspekte zwischen den Planeten zweier Horoskope sowohl zum Zauber als auch zur Langlebigkeit einer Beziehung beitragen. In diesem Fall beziehen wir uns auf Sonne, Mond und AC-Zeichen und auf die Hauspositionen. Nachdem wir die Horoskope Hunderter von Paaren untersucht haben, die 25 Jahre oder länger zusammen waren, gab es einen Faktor, der sich immer wiederholte. Wir nennen es *Haus- / Zeichen-Affinität.* Diese Affinität ist in den Horoskopen leicht zu finden.

Beispiel: Wenn jemand eine Schütze-Sonne hat und der andere Sonne oder Mond im 9. Haus oder einen Schütze-AC, so ist das eine *Affinität – eine Verwandtschaft, die für gegenseitige Anziehung spricht.* Sie garantiert beinahe immer eine dauerhafte Beziehung, wenn andere Faktoren ebenfalls Übereinstimmung signalisieren.

Das System des astrologischen Alphabets, dem Dr. Zipporah Dobyns den Weg bereitete, wird durch dieses Konzept unterstützt. Sie beginnt damit, daß sie Widder, Mars und das 1. Haus vergleicht und mit diesem astrologischen Alphabet bis Fische, Neptun und dem 12. Haus fortfährt, in dem Bewußtsein, daß Zeichen, Planeten und Häuser gewisse Ähnlichkeiten haben.

Unsere Forschung bestätigt das im Bereich des astrologischen Vergleichs, der Synastrie. Wenn Sie einen Stier-Mond haben, dann sind Sie emotional auf jemanden mit Sonne oder Mond im 2. Haus oder mit einem Stier-AC eingestimmt, weil Sie von Natur aus spüren, woher der andere kommt. Dafür gibt es genügend Beispiele. Sophia Lorens Wassermann-Mond zog Carlo Pontis Mond im 11. Haus an. Cary Grants Wassermann-Mond verführte

Dyan Cannons Sonne im 11. Haus. Prinz Andrews Sonne im 7. Haus ergänzt Fergies Waage-Sonne.

Eine weitere Wesensverwandtschaft betrifft Planeten im selben Element – auch ohne engen Orbis. Beispiel: Ihre Sonne steht auf 12° Zwillinge und der Merkur Ihres Liebsten auf 27° Wassermann; die Planeten stehen *nicht* im Orbis für ein Trigon, aber dieses gewisse Gefühl der inneren Übereinstimmung ist vorhanden – zwar nicht ganz so stark wie bei einem Aspekt, aber stark genug, um berücksichtigt werden zu müssen.

Die Horoskope des Führers der amerikanischen Bürgerrechtsbewegung Martin Luther King und seiner Frau Coretta illustrieren sehr anschaulich die Bedürfnisse und Ähnlichkeiten dieses Kapitels. Ihre Sonne steht in Stier, er hat einen Stier-AC. Also war es recht einfach für sie, ihre Wertesysteme miteinander abzustimmen, obwohl ihre 2.-Haus-Herrscher keinen Aspekt zueinander bilden. Beide haben den Mond in Fische. Ihrer steht im 6. Haus, seiner im 11., was darauf hinweist, daß sie in ähnlicher Weise mit ihren Gefühlen umgingen.

Wenn wir uns die Verteilung der Planeten jedes einzelnen um das Horoskop des anderen ansehen, können wir einige interessante Beobachtungen machen. Ihr Mond, Jupiter und Uranus fallen alle in sein 11. Haus. Das zeigt an, daß sie seinen politischen Standpunkt teilte. Ihr Merkur und ihre Sonne fallen in sein 12. Haus und weisen darauf hin, daß sie ihn hinter den Kulissen unterstützte. Ihre Venus steht in Konjunktion mit der Spitze seines 2. Hauses und im Trigon zu seinem 10.-Haus-Merkur: Sie war mit seinem Wertesystem einverstanden und stärkte seine Position in der Öffentlichkeit. Ihr Mars und MC stehen in Konjunktion zur Spitze seines 3. Hauses; vielleicht hatten sie Streit oder Diskussionen über ihre Rolle in seinem öffentlichen Leben (Mars ist Mitherrscher ihres 7. Hauses). Uranus, Neptun und Pluto stehen bei beiden in Konjunktion und geben daher nur wenig zusätzliche Information, aber ihr Saturn steht in seinem 7. Haus und im Sextil zu seinem 10.-Haus-Merkur. Sie stabilisierte und festigte seine Stellung.

Wenn wir Martins Planeten außen um Corettas Horoskop einzeichnen, sehen wir, daß seine Sonne und sein MC in ihr 4. Haus fallen, was auf ähnliche Herkunft und Kindheitserfahrungen schließen läßt. Diese Stellung weist auch darauf hin, daß sie seine

***Martin Luther King***

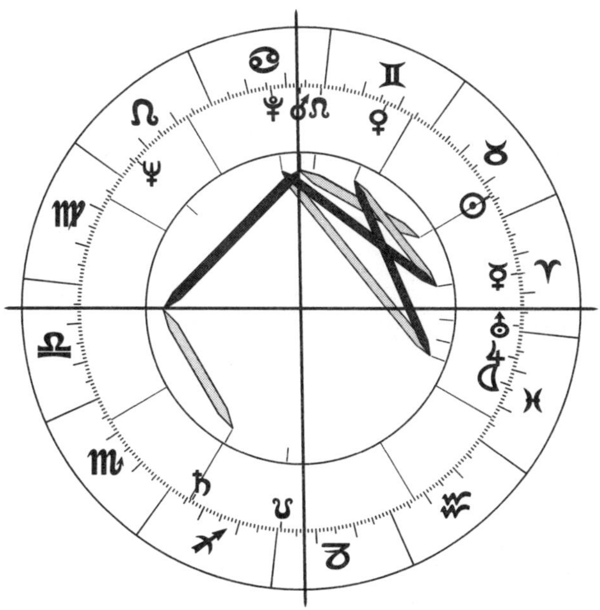

***Coretta Scott King***

Arbeit nach seinem Tod fortsetzen würde. Sein Merkur steht in ihrem 5. Haus und im Trigon zu ihrem AC, sicher ein Zeichen für positive Verständigung und ebenso für die Anziehungskraft zwischen den beiden. Seine Venus, sein Mond und sein Uranus fallen in ihr 6. Haus. Sie zeigen, daß sie gut miteinander arbeiten konnten, weil ihre Monde beide in Konjunktion zu seiner Venus und ihrem Jupiter stehen und beide Pluto-Positionen im Trigon berühren, seinen im 3. Haus, ihren im 10. Haus. Sein Jupiter fällt in ihr 7. Haus und steht auch noch in Konjunktion zu ihrer 8.-Haus-Sonne, ein herzlicher und glücklicher Kontakt. Sein Aszendent fällt in ihr 8. Haus – eine starke sexuelle Anziehung. Sein Mars in Zwillinge fällt in ihr 9. Haus, steht im Sextil zu ihrem Neptun und im Quadrat zu ihrem Jupiter, was ihren religiösen Glauben vergrößert. Sein Saturn in ihrem 3. Haus in Konjunktion mit ihrem südlichen Mondknoten wird auch als karmische Verbindung angesehen. In einem späteren Kapitel werden wir weitere Informationen zu den Mondknoten geben.

Affinitäten funktionieren auch folgendermaßen: Wenn jemand einen Venus / Saturn-Aspekt hat und der andere Venus in Steinbock oder Saturn in Waage, dann symbolisiert dies ähnliche Ansichten über Liebe und Loyalität. In den Horoskopen der Kings hat Martin Jupiter im Trigon zu Neptun, während Coretta Jupiter in Fische hat; bei beiden ist der religiöse Glaube sehr stark.

In der Synastrie der Kings fällt Martins Sonne und auch sein MC in Corettas sonst leeres 4. Haus. Er aktiviert ihre psychologischen Wurzeln und ihren Familiensinn. Sein Merkur in ihrem leeren 5. Haus schafft ihr ein kreatives Ventil. Sie bringt ihren Neptun in sein leeres 4. Haus und unterstützt dadurch seine Vorstellung von Familie und Spiritualität. Ihr Saturn in seinem 7. Haus verstärkt sein öffentliches Image dadurch, daß sie ihn unterstützt.

Kapitel 9

# Interaspekte

Eines der effektivsten Verfahren, um Verträglichkeiten einschätzen zu können, ist es, die Aspekte zu betrachten, die sich zwischen zwei Horoskopen ergeben. Steht Ihr Mond in Konjunktion zu seiner Sonne? Könnte diese klassische männlich / weibliche Verbindung Ihnen beiden zu ewigem Glück verhelfen? Steht Ihr Mars im Trigon zu ihrer Venus und haben Sie sich auf den ersten Blick in sie verliebt? Es ist nicht ganz so einfach, aber es scheint bestimmte Mechanismen zwischen Planeten zu geben, die dieses gewisse »Ich weiß nicht warum« bei der ersten Begegnung auslösen, während bei anderen Mechanismen einem alles vergehen kann. Einige der stärksten Kontakte sind meistens die härtesten. Sie mögen es »Lektionen« nennen, aber wenn diese Lektionen einmal gelernt wurden, können diese Kontakte genau diejenigen sein, die am längsten halten. Denken Sie daran, daß Konjunktionen die einflußreichsten Aspekte sind, danach kommen Quadrate und Oppositionen, dann die Trigone und Quinkunxe. Sextile fallen in der Synastrie weniger ins Gewicht.

Wir erinnern Sie daran, daß in der Astrologie die Grundbedeutungen der Planeten und Aspekte immer gleich bleiben, unabhängig davon, ob es sich um die Interpretation eines Geburtshoroskopes, um Progressionen, Stundenhoroskope, Elektionshoroskope oder Horoskopvergleiche handelt.

## Sonne

Die Sonne bezieht sich auf Ihren Selbstausdruck und Ihre innere Persönlichkeit. Das einzige Schlüsselwort, das Sie beim Horoskopvergleich noch hinzufügen mögen, ist »Wachstumspotential«, denn darum handelt es sich bei allen Sonnen-Kontakten zwischen zwei Horoskopen. Sonnen in Konjunktion verstehen automatisch die Bedürfnisse des anderen, können sich aber gegenseitig zu Tode langweilen. Sonnen in Opposition können sich anziehen oder abstoßen, das kommt auf den Rest des Horoskops an. Sonnen im Quadrat lassen mehr oder weniger häufig Konflikte erkennen, besonders in den Bereichen, die sie im Horoskop regieren.

Sonne im Quadrat zu Mars kann sich als heißer Temperamentsausbruch zwischen Ihnen und Ihrem Partner manifestieren, wenn das 3. Haus betroffen ist, oder als starke sexuelle Anziehung, wenn einer der beiden Planeten mit dem 8. Haus verbunden ist. Dieser Aspekt kann auch große Ausdauer zwischen Ihnen beiden anzeigen. Die Sonne in Aspekt zu Neptun kann sich in jedem Interhoroskop (Wechselwirkung zwischen Horoskopen) als verführerisch erweisen, während Sonne / Uranus-Kontakte für verblüffende und unvorhersehbare Wirkungen sorgen. Sonne in Aspekt zu Merkur deutet auf geistige und verbale Anregung hin. Jegliche Verbindung zwischen Sonne und Jupiter spiegelt ein Wohlgefühl wider, das irreführend sein kann, denn Sie versprechen einander vielleicht mehr als Sie halten können. Alle Sonne / Pluto-Aspekte verleihen der Beziehung Tiefe und Intensität. Beim Quadrat kommt es manchmal zu einem Machtkampf zwischen dem Bedürfnis der Sonnen-Person, die glänzen will, und dem Kontrollbedürfnis der Pluto-Person.

## Mond

Der Mond zeigt Ihre emotionalen Reaktionen, Stimmungsschwankungen und unterbewußten Gefühle. Fließende Aspekte zwischen den Monden enthüllen eine Empfänglichkeit für die Empfindlichkeiten und Alltagsbedürfnisse, während gespannte Aspekte häusliche Unstimmigkeiten mit sich bringen können.

In der Synastrie werden Sonne / Mond-Aspekte als Verbindungen angesehen, die der Beziehung große Lebendigkeit und Kraft verleihen, denn die Sonne reflektiert im Horoskop einer Frau das Männliche oder auch den *Animus*, und der Mond im Horoskop eines Mannes zeigt seine weibliche Seite oder *Anima*. Jeder Aspekt ist hier besser als gar keiner. Die Konjunktion ist am erfüllendsten und wird tatsächlich als klassischer Bindungsaspekt in Liebesbeziehungen angesehen. Er kann dazu beitragen, schwierige Faktoren in der Beziehung zu bewältigen. Trigone und Sextile kennzeichnen ein Gefühl der Harmonie, aber nicht unbedingt

Langlebigkeit oder dieses starke Gefühl des Einanderbrauchens, wie es bei der Konjunktion der Fall ist. Oppositionen bringen Anziehungskraft, deuten jedoch auch auf emotionalen Austausch hin. Auch Quadrate bergen eine gewisse Attraktion, doch sie können Autoritätskonflikte und Machtkämpfe erkennen lassen.

Der freundlichste Interaspekt ist jedoch der zu Venus. Sogar das Quadrat kann ein Hochgefühl anzeigen, weil Sie merken, daß Sie die Gefühle Ihres Partners aufnehmen. Die schwierigsten Kontakte sind diejenigen zu Pluto, wo die Emotionalität des Mondes zu intensiv werden kann. Dies kann für einen Luft-Mond (Zwillinge, Waage, Wassermann) wunderbar sein, für jemandem mit einem Horoskop, das bereits auf große Empfindsamkeit schließen läßt, jedoch schwer handzuhaben. Mond / Merkur-Kontakte kombinieren das Gefühlvolle des Mondes mit Merkurs Intellekt. Das kann je nach Aspekt aufregend oder aber irritierend sein, und es kommt darauf an, wie Sie überhaupt auf emotionale Reize reagieren. Verbindungen zwischen Mond und Jupiter können gegenseitige Anziehung und auch emotionale Leidenschaft füreinander symbolisieren, wohingegen ein Mond / Neptun-Aspekt idealistisch oder sogar spirituell sein kann. Spannungsaspekte zwischen Mond und Neptun können darauf hinweisen, daß Sie sich unabsichtlich gegenseitig täuschen.

### Merkur

Merkurverbindungen sind entscheidend, weil dieser Planet Ihre intellektuelle Einstellung und Kommunikationsfähigkeit darstellt. Sogar schwierige Aspekte zwischen zwei Horoskopen sind besser als gar keine, weil keine Beziehung überleben kann, wenn Sie und Ihre bessere Hälfte nicht miteinander reden können. Ohne Merkur-Kontakte könnte es auch einfach an gegenseitigem Interesse fehlen, und beinahe immer ist man unfähig, einander zu verstehen. Geistiger und verbaler Austausch sind unabdingbare Voraussetzungen für eine dauerhafte Verbindung. Zwar werden Quadrate und Oppositionen als Spannungsaspekte angesehen, doch Spannungen können auch anregen und es wert sein, eine Beziehung zu pflegen und sie sich entwickeln zu lassen.

Jimmy Carters Merkur auf 21° Jungfrau steht in Konjunktion zu Rosalynns Venus (Horoskopdaten im Anhang). Die Kommunikation mit seiner Frau war beinahe immer eine herzliche und angenehme Erfahrung und wurde nur gelegentlich von emotionalen Ausbrüchen gestört, denn ihr Merkur steht im Quadrat zu seinem Mond. Er konnte immer zu ihr durchdringen, allerdings könnte sie ihn manchmal empfindlich getroffen haben.

Aspekte zwischen Merkur und Jupiter können Ihren Horizont erweitern. Mit Aspekten zwischen Merkur und Uranus könnten Sie einander intellektuell erwecken und sich gegenseitig geistig anregen – Langeweile gibt es nicht für Sie. Stehen Merkur und Pluto in Verbindung, vertieft sich Ihr Verständnis füreinander. Falls die Merkure in den Geburtshoroskopen Spannungsaspekte haben, müssen Sie lernen, die Unterschiede zwischen sich zu akzeptieren.

## Venus

Venus zeigt, wie Sie Liebe und Zuneigung authentisch ausdrükken. Ihre Venus in Kontakt mit der Sonne eines anderen Menschen ist ein weiterer klassischer Hinweis auf eine Liebesbeziehung und kann zu einer dauerhaften Verbindung beitragen.

Wenn bei beiden Menschen Venus im selben Element steht, können Sie Ihre Liebe in ähnlicher Weise zum Ausdruck bringen. Trigone und Sextile sprechen für herzliche, gesteigerte Gefühle zwischen Ihnen, die Opposition jedoch zeigt, daß Sie Zeit brauchen, um einander gut genug kennenzulernen und die Wünsche des anderen zu verstehen. Das Quadrat kann auf die Unfähigkeit hinweisen, einander Ihre wahren Gefühle zu zeigen, aber auch auf das Potential, einander mit den besseren Dingen im Leben bekannt zu machen.

Venus in Verbindung zu Pluto läßt an Liebe (Venus) als Katalysator für Transformation (Pluto) denken oder an eine intensive Liebesbeziehung. Dieser Aspekt kann auch das Kontrollbedürfnis des einen Partners über den anderen bezeichnen, was sich häufig als Eifersucht oder als Wunsch, vom anderen Besitz zu ergreifen, manifestiert.

Venus / Jupiter-Aspekte sind ein Hinweis darauf, daß Sie sich gegenseitig verwöhnen — dort, wo diese Planeten herrschen oder wo sie stehen. In Verbindung zum 2. Haus könnten Sie beide mehr Geld ausgeben als Sie haben. Im 6. Haus könnte keiner von

Ihnen Lust haben, so hart zu arbeiten, wie Sie sollten. Abgesehen von diesen kleinen Sünden sind Venus-Kontakte grundsätzlich in jeder engen Beziehung hilfreich.

## Mars

Mars-Verbindungen werden Dynamik und Energie in die Beziehung bringen, dazu zählt natürlich auch sexuelle Energie. Mars in harmonischem Aspekt zu Mars bedeutet, daß sowohl Ihre sexuellen Triebe als auch Ihre Lebenskraft übereinstimmen. Spannungsaspekte zeigen ebenfalls sexuelle Energie an, sind aber auch ein Hinweis auf Konkurrenzkämpfe oder Eifersucht.

Viel wichtiger als Venus / Venus- oder Mars / Mars-Aspekte sind jedoch Venus / Mars-Aspekte. Weil Mars Ihre körperliche Kraft und Venus Ihre Liebesfähigkeit repräsentieren, kann eine Vermischung beider wunderbare, elektrisierende Anziehungskraft bewirken. Wie immer ist die Konjunktion der stärkste Aspekt, Quadrat und Opposition folgen. Alle drei sind starke Anzeichen für eine überaus magnetische Anziehungskraft. Der Quinkunx jedoch deutet häufig an, daß nur von einer Seite aus sexuelles Interesse besteht. Trigon und Sextil sind angenehm, aber weniger stark und in Stier oder Skorpion weniger besitzergreifend.

Mars weiß, was er will, und durch seine Aspekte und seine Position wird das Durchsetzungsvermögen im Horoskopvergleich ebenso beschreibbar wie im Geburtshoroskop. Trigone von Mars zu jedem Ihrer eigenen Planeten zeigen Stärke und Mut. Quadrate zu Uranus, Neptun und Jupiter sind nicht allzu schwer zu handhaben. Sie bedeuten eher Stimulation als Erschwernis. Quadrate zu Merkur, Mond und Pluto stehen für Irritation und können sogar Auseinandersetzungen provozieren.

## Aszendent

Der Aszendent beschreibt immer Ihre Persona, Ihre äußere Persönlichkeit und Ihren Körper. Wo und in welcher Beziehung er zum Horoskop eines anderen Menschen steht, kann ebenso etwas über die erste Reaktion aufeinander aussagen wie darüber, ob das Verhalten zueinander freundlich oder aggressiv ist. Gewisse Aspekte zu AC oder DC geben Aufschluß darüber, wie eine Beziehung anfängt und auch über ihre Dauer. Eine starke Verbindung zwischen dem Aszendenten des einen und der Sonne des anderen oder Kontakte zwischen dem Herrscher des AC und der Sonne sind sehr anregend und hilfreich. Es kann auch sehr vorteilhaft sein, wenn die 7.-Haus-Herrscher durch einen Aspekt verbunden sind.

### Medium Coeli

Ihr MC zeigt, welchen Status Sie Ihrem Partner bringen. Aber alle Aspekte, in die der MC einbezogen ist, müssen ebenfalls als Ego-Kräfte interpretiert werden, die sich sehr stark auf Ihren Partner auswirken können.

### Jupiter

Jupiter-Kontakte zeigen einerseits Gebiete an, auf denen Wachstum möglich ist, und andererseits auch Ihre Fähigkeit, dem anderen Menschen Gutes zu tun. Es ist tatsächlich so, daß jemand, dessen Jupiter in Konjunktion zu Ihrem AC steht, Sie wahrscheinlich total verwöhnen wird. Jupiters optimistisches Wesen kann viele schwierige Facetten einer Beziehung erleichtern. Seine idealistische Seite kann dem Bereich, in dem er steht, Auftrieb verleihen oder einfach Unterstützung geben. Zu Jupiters Kehrseite gehört, daß er häufig mehr verspricht, als er halten kann, was zu Enttäuschungen führt. Oder Sie verleiten einander gerade dort zu Nachgiebigkeit und Genußsucht, wo Sie das lieber nicht tun sollten. Jupiters missionarischer Eifer kann Sie ebenso in Versuchung wie auch zu religiösem Glauben führen. Dies trifft ganz besonders auf Jupiter / Neptun-Aspekte zu, die für gegenseitige Erleuchtung stehen können, oder auch dafür, daß Sie einander davon überzeugen, Jim Jones nach Guyana zu folgen. Jupiter / Saturn-Kontakte hingegen kombinieren den Optimismus und die großzügige Vision Jupiters mit der Sachlichkeit und dem Realismus von Saturn, eine wunderbare Talentverschmelzung, die besonders in einer Geschäftsbeziehung produktiv ist.

Wenn sich Jupiter und Uranus verbinden, sind beide Partner im allgemeinen großzügig und geben einander viel Raum. Jupiter / Pluto-Kontakte stehen dagegen fast immer für den Drang nach Wachstum und Ausdehnung, eine großartige Kombination in Geschäftsbeziehungen.

## Saturn

Saturn zeigt Begrenzungen und Lektionen, die noch zu lernen sind, aber auch die Solidität der Beziehung. Tatsächlich gibt es ohne einen starken Saturn-Kontakt kaum eine dauerhafte Beziehung. In jeder ernsthaften, verbindlichen Partnerschaft sehen wir die Aspekte zu Saturn als diejenigen an, die für Stabilität sprechen. Saturn symbolisiert, wo Sie direkt und persönlich mit der Realität des anderen Menschen konfrontiert werden. Ob Sie damit positiv oder negativ umgehen, ist nicht nur durch die Aspekte angezeigt, sondern auch dadurch, welche Lebenseinstellung der andere Mensch generell hat. Alle Saturn-Aspekte sind beachtenswert, ganz besonders aber die zu persönlichen Planeten. In der Synastrie kann Saturn den Planeten eines anderen »überwältigen« und ihn »herunterziehen«, aber das muß nicht unbedingt so sein. Denken Sie daran, daß ein falscher Umgang mit Jupiter zu übertriebenem Genuß und zu übermäßiger Nachgiebigkeit führen, während ein angemessener Umgang mit Saturn-Aspekten sich als weise Kontrolle manifestieren kann.

Jemand, dessen Saturn Ihre Sonne aspektiert, kann Ihre Ziele fokussieren oder Ihren Ehrgeiz frustrieren. Mit einem Aspekt zu Ihrem Mond kann ein Mensch Ihre Gefühle stabilisieren oder Ihren emotionalen Ausdruck einschränken. Jemand mit Saturn in Aspekt zu Ihrem Merkur kann Ihr Denken disziplinieren oder Ihre Kommunikationsfähigkeit unterdrücken. Mit einem Kontakt zu Ihrer Venus kann dieser andere Mensch Ihre Liebe und Ihre Genußfähigkeit gefrieren lassen oder aber seine Liebe ist so haltbar wie Superkleber. Steht der Saturn einer Frau in Konjunktion zum Mars eines Mannes, so kann das einen überaktiven Sexualtrieb zähmen oder psychologische Impotenz hervorrufen, weil ihre Ansprüche seine Energie schwächen. Der Saturn eines Mannes im Aspekt zum Mars einer Frau bedeutet im allgemeinen, daß ihre Initiative gedämpft wird oder daß er ihr hilft, ihre Zeit besser einzuteilen.

Saturn / Neptun-Aspekte haben in einem Vergleich dieselbe Bedeutung wie in einem Geburtshoroskop, wo wir sie »die Architekten-Aspekte« nennen, denn die Kombination dieser beiden Planeten nimmt die Träume von Neptun auf und gibt ihr in Saturns Realität eine Gestalt.

Saturn / Pluto kann intensive Machtkämpfe bis hin zum Mißbrauch oder auch eine unglaublich enge Verbindung anzeigen, zielstrebig verfolgte Liebesbeziehungen ebenso wie gute Organisationsfähigkeiten in einer Geschäftsverbindung.

### Uranus

Uranus-Aspekte regen den anderen immer an – zum guten oder schlechten. Uranus-Kontakte sind elektrisierend, amüsant und angenehm erregend, aber nicht unbedingt dauerhaft. Ein enger Aspekt zu Venus, Mars, Mond oder AC kann plötzliche Anziehung und überwältigendes Verlangen anzeigen. Handelt es sich um ein Trigon oder Sextil und gibt es in den Horoskopen weitere Anzeichen für eine Übereinstimmung, dann kann dieses intensive Gefühl sich schließlich in Liebe verwandeln. Bei unharmonischen Aspekten mag die Verliebtheit noch drängender sein, wird aber nur selten Bestand haben. Uranus / Saturn-Verbindungen zwischen zwei Horoskopen sind so ähnlich wie Neptun / Saturn, weil auch hier Saturn-Motive die oftmals exzentrischen Uranus-Themen stabilisieren und sogar völlig verrückte Ideen in brauchbare Ergebnisse umwandeln können. Trigone, Sextile und Oppositionen sind leichter zu integrieren als Quadrate und Quinkunxe. Uranus, der Planet der Rebellion, im Aspekt zu Pluto intensiviert häufig die uranischen Bedürfnisse nach Freiheit oder exzentrischem Benehmen. Ob das akzeptabel und stimulierend ist oder schwierig – es verlangt die Fähigkeit, sich neuen Situationen anzupassen –, hängt von den Aspekten in den Geburtshoroskopen und von der Hausposition dieser Planeten ab.

### Neptun

Neptun weist entweder auf ekstatische Höhen oder auf große Täuschung hin. Seine Aspekte sind illusorisch, magnetisch, charismatisch und immer unwiderstehlich. Weil ihnen jeglicher Realismus fehlt, können sie sehr gefährlich sein. Selten entsprechen die Resultate den Erwartungen. Mit Neptun / Merkur sind Sie fähig, sich Ausflüchte und Rechtfertigungen für Ihren Partner auszudenken, oder, bei Spannungsaspekten, einander anzulügen. Mit Venus / Neptun schmeicheln Sie Ihrem Partner oder werden in romantische Verwicklungen hineingezogen, die Sie später bereuen. Andererseits könnten Sie sich gegenseitig zu großartiger künstlerischer Arbeit inspirieren.

Marlene Dietrich pflegte zu singen: »Männer umschwirr'n mich wie Motten das Licht, und wenn sie verbrennen, dafür kann ich nicht.« Das beschreibt genau Neptuns Macht, seinen Zauber und seine Gefahren.

Im 20. Jahrhundert ist Neptuns größter Abstand von Pluto ein Sextil. Ein solcher Generationsaspekt hat nur wenig Bedeutung, wenn man zwei Horoskope vergleicht. Alle Interpretationen sollten sich eher auf die Häuser und ihre Herrscher konzentrieren als auf den Sextilaspekt.

## Pluto

Wo Pluto mitspielt, kann der andere sich regenerieren oder neue Einsichten gewinnen. Ebenso oft kann Pluto aber auch eine Intensivierung einiger unerwünschter Wesenszüge offenbaren. Pluto ist intensiv, manchmal zwanghaft und sogar besessen in seiner Leidenschaft. Plutos Motive können eine Bindung vertiefen und alles intensivieren, was mit dieser Bindung in Berührung kommt. Deshalb müssen Pluto-Kontakte aufmerksam beobachtet werden. Die plutonische Verbindung ist beinahe so haltbar wie die saturnische, jedoch viel schwieriger zu meistern, weil Ihre Gefühle instinktiv sind und für das Bewußtsein schwer zu begreifen. Ein Quadrat zwischen dem Pluto des einen und dem Mars des anderen sollte möglichst vermieden werden. In einem instabilen Horoskop könnte dieser Aspekt auf ein gewisses Maß an Gewalt hinweisen, auf sexuelle Demütigung oder Herabsetzung – es sei denn, beide haben die Möglichkeit, diese Energien konstruktiv und sehr wettkampforientiert zu nutzen.

Alle Aspekte zwischen gleichen Planeten scheinen weniger bedeutsam zu sein als andere Faktoren. Sie deuten auf ein gewisses Maß an Harmonie hin oder auf eine natürliche Übereinstimmung, was in einer ansonsten herausfordernden Beziehung sehr angenehm sein kann. Indirekt sind Aspekte zwischen gleichen Planeten nur dann wichtig, wenn sie Sonne, Mond oder AC regieren.

Es empfiehlt sich auch, auf die Geschwindigkeit der Planeten zu achten. Weil der langsamere länger in jedem Bereich des Tierkreises steht, hat er am Ende die größere Bedeutung. Ihr Mars im Aspekt zum Jupiter eines anderen: Jupiter ist langsamer und wird mehr Einfluß haben. Mars in Verbindung zu Merkur: Mars ist langsamer und daher wichtiger für die Wechselbeziehung.

Vergessen Sie nicht das Wichtigste: Herausfordernde oder gespannte Aspekte sind für jede enge Beziehung notwendig, weil sie ihr Bedeutung geben. Trigone und Sextile sind zwar sehr angenehm, aber sie tragen kaum dazu bei, eine Beziehung dauerhaft oder aufregend zu gestalten.

Kapitel 10

# Aspektfiguren

Sicher verstehen Sie nun, wie wichtig die Aspekte zwischen zwei Horoskopen sind. Lassen Sie uns jetzt zu den entscheidenden Aspektfiguren kommen. Was geschieht, wenn sich ein einfaches Quadrat durch die Aspekte zu einem anderen Horoskop in ein T-Quadrat bzw. ein T-Quadrat sich in ein Großes Kreuz verwandelt und wenn ein Quinkunx oder Sextil des eines Horoskops zu einem Yod zwischen beiden Horoskopen wird?

Wir haben mit Tausenden von Horoskopen gearbeitet und dabei folgendes herausgefunden: Wenn zwischen zwei Horoskopen eine Aspektfigur entsteht, ganz besonders, wenn es sich um ein Großes Kreuz oder ein Yod handelt, ist die Beziehung viel verbindlicher oder stabiler. Sie ist nicht leichter, im Gegenteil, sie hält nur länger – oft »bis daß der Tod sie scheidet«...

Das Yod scheint anzuzeigen, daß das Paar sich einander anpassen muß, daß beide Partner ihre Gewohnheiten neu organisieren müssen, um zu einem »Modus Operandi« zu finden. Daraus folgt ein Geben und Nehmen, ein Respektieren der Werte des anderen und seiner Einstellungen. Dies führt oft zu einer dauerhaften Verbindung.

Füllt der Planet des eines Horoskops die fehlende Opposition im T-Quadrat eines anderen, so scheint es, als würde ein dunkler Fleck plötzlich beleuchtet werden. Ein neues Bewußtsein erhellt ein Gebiet, das man vorher noch nicht richtig verstehen konnte, das nun jedoch klarer hervortritt und bearbeitet werden kann. Dies kann eine sehr bindende Kombination sein, nicht nur in den Horoskopen von Liebenden, sondern auch unter Freunden, Familienmitgliedern oder Geschäftspartnern.

Auch die Entstehung anderer Aspektfiguren ist bedeutsam, aber nicht so entscheidend oder voraussagbar. Die Verschmelzung zweier Quadrate und / oder einer Opposition zu einem T-Quadrat kann Anregung oder Irritation anzeigen. In Horoskopen, die bereits schwierig oder sehr gespannt sind, kann dies auf mehr Streß hinweisen, als die beiden einzelnen Menschen zu bearbeiten gewillt sind. Andererseits kann der Anstoß oder die Herausforderung eines kombinierten T-Quadrats für ein eher leichtlebiges, unbeschwertes Paar genau das Richtige sein.

So merkwürdig es sich anhören mag: Ein Großes Trigon, das durch die Kombination zweier oder dreier Planeten beider Horoskope entsteht, ist die unwichtigste Aspektfigur in Zweierbeziehungen. Es kennzeichnet Harmonie und leichten Energiefluß (was überaus inspirierend sein kann), aber nicht unbedingt den Willen, Probleme, die man miteinander haben mag, zu bearbeiten. Das funkelnde Licht eines Großes Trigons kann sexuelle Anziehung hervorrufen, ist aber nicht notwendigerweise Indiz für eine gute oder stabile Ehe, wenn nicht noch einige andere Faktoren dafür sprechen.

Wie immer lernt es sich am leichtesten durch Beispiele. Also betrachten wir nun einige Aspektfiguren bei Paaren, die Sie inzwischen kennengelernt haben.

### T-Quadrat

Ingrid Bergmans Merkur auf 18° Jungfrau steht in Opposition zu Roberto Rossellinis Saturn auf 13° Fische und im Quadrat zu seinem Jupiter auf 11° Zwillinge, ebenso zu seinem Pluto auf 21° Zwillinge. Ingrid drückte sich gern präzise aus (Merkur, Planet der Kommunikation steht in Jungfrau in Würden, im Sextil zu Saturn), manchmal großartig (Opposition Jupiter) und immer einzigartig (Quinkunx zu Uranus). Die Opposition zu Saturn und das Quadrat zu Jupiter, die entstehen, wenn man ihr Horoskop mit dem von Rossellini verbindet, waren für sie kein großes Problem, weil Ingrid Merkur mit Saturn und Jupiter zu vereinigen wußte. Was schwierig gewesen sein muß, war die Intensität, die Pluto allen Unterhaltungen, Diskussionen und Streitigkeiten verlieh. Für Roberto war es wahrscheinlich noch schwerer, mit diesem T-Quadrat umzugehen, weil sein Radix-Merkur nur einen einzigen Aspekt hatte und Ingrids geistiges und verbales Verhalten ihn manchmal erdrückt haben mag.

Die zweite Aspektfigur ist sogar noch faszinierender, weil sie Robertos Sonne / Mond-Opposition auf 17° Stier und 16° Skorpion in ein T-Quadrat mit Ingrids Uranus auf 13° Wassermann verwandelt. Es ist nie einfach, mit einer Sonne / Mond-Opposition umzugehen. Als Rossellini gerade lernte, damit zu leben, kam Ingrid Bergman, um alles durchzuschütteln, was die Grundlage dieser Sonne / Mond-Opposition war. Bei ihr regiert Uranus das 7. Haus der Partnerschaften und ist in ein Yod mit Saturn und Merkur eingebunden, demjenigen Merkur, der das zuvor behandelte T-Quadrat bildet. In diesem Haushalt müssen die Funken geflogen sein. Aber sie hatten auch einige wunderbare Aspekte, die sie zueinander hinzogen...: ihre Sonne und Venus in Konjunktion mit seinem Uranus, ihr Mars in Konjunktion zu seinem Neptun, ihre Sonne im Trigon zu seinem Uranus.

Hätten sie diese Ehe länger erhalten können? Natürlich kann man alles tun, was man sich ernsthaft vornimmt und anstrebt. Haben sie sich ausreichend darum gekümmert, an der Beziehung zu arbeiten? Ja und nein. Er wurde ihren 7.-Haus-Bedürfnissen (Wassermann, Herrscher Uranus im 6. Haus in Wassermann) nicht wirklich gerecht. Er hat keine Planeten in Wassermann. Im 11. Haus steht nur der trügerische Neptun, aber sein Jungfrau-AC erfüllt teilweise ihre 6.-Haus-Bedürfnisse. Auch sie wird seinen wichtigsten Bedürfnissen nicht gerecht. Er hat einen Fische-DC. Der Herrscher Neptun ist in Krebs im 11. Haus. Ingrid hatte überhaupt keine Fische-Wesenszüge. Mit drei Planeten in Krebs war ihr die typische Krebs-Empfindsamkeit eigen.

Sicher machte Ingrid die Liebesaffäre mehr Spaß als die Realität der Ehe. Robertos Uranus fällt in ihr 5. Haus. Ihr erstes Kind, Robertino, wurde unehelich geboren, und danach bekamen sie Zwillinge – sicherlich keine Durchschnittsfamilie. Sein Saturn fällt in ihr 7. Haus. Als sich die Erregung und der Reiz der 5.-Haus-Romanze in die Verantwortlichkeiten des 7. Hauses verwandelte, verlor das Leben miteinander wahrscheinlich den spielerischen und amüsanten Aspekt.

Auch zwischen den Horoskopen von Ethel und Robert Kennedy ergeben sich zwei starke T-Quadrate (siehe Horoskope S. 173).

Seine Venus / MC / Jupiter-Konjunktion auf 15°, 19° und 20° Steinbock steht in Opposition zu seinem Pluto auf 14° Krebs. All dies wird von Ethels Jupiter / Sonne-Konjunktion auf 17° und 21° Widder im Quadrat aspektiert. Dies kann eine sehr anregende Aspektfigur sein, und das Quadrat von Pluto intensiviert sie noch. Sowohl Ethel als auch Bobby mit ihren Großen Trigonen in den

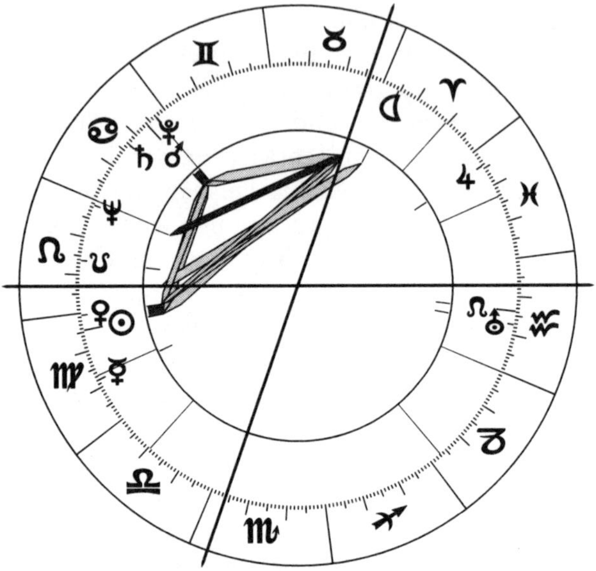

**Ingrid Bergman**

**Roberto Rosselini**

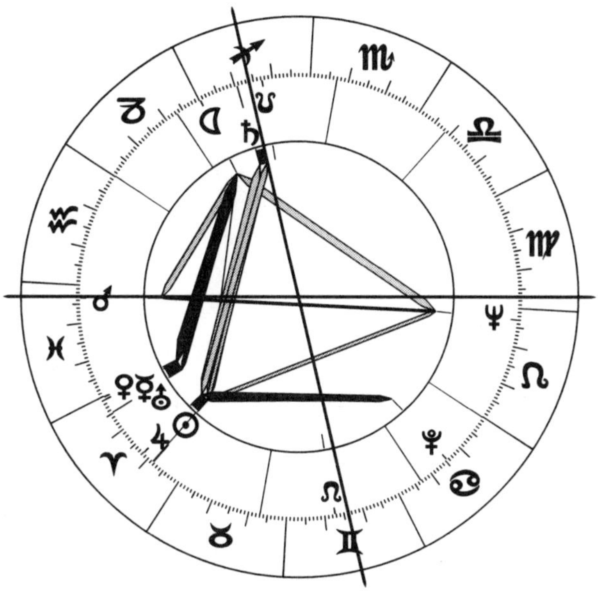

**Ethel Kennedy**

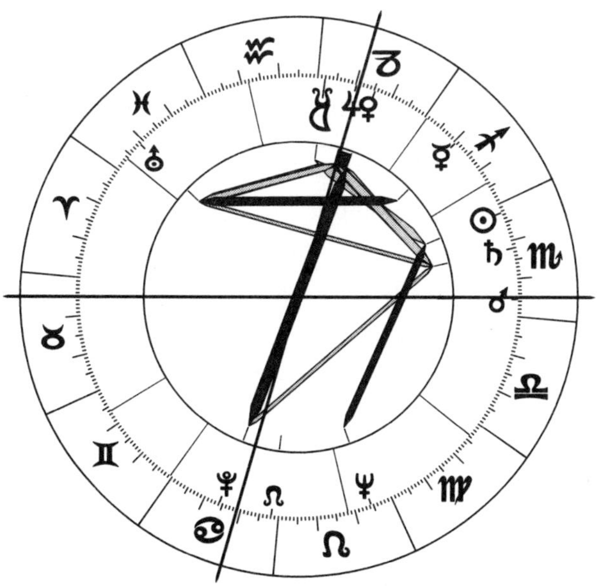

**Robert F. Kennedy**

Geburtshoroskopen konnten die Spannung und die Herausforderung eines T-Quadrats aushalten.

Etwas schwieriger zu handhaben ist Ethels Mars / AC-Konjunktion auf 2° Fische in Opposition zu ihrem Neptun auf 27° Löwe im Quadrat zu Bobbys Sonne auf 28° Skorpion. Mars (Feuer) in Opposition zu Neptun (Wasser) kann eine Menge Dampf entwickeln, bis man ein Ablaßventil dafür findet. Wenn Sie seine Sonne im 7. Haus diesem Siedekessel hinzufügen, kann die Suppe ins Brodeln kommen. Entweder ist es die reine sexuelle Anziehung oder aber es ergeben sich hochexplosive Situationen. Elf Kinder in siebzehn Jahren zu bekommen (Juli 1951 bis Dezember 1968), beschäftigte Ethels Mars am AC (Körper) derart, als daß sie sich um nichts anderes Gedanken machen konnte als darüber, diese Kinder aufzuziehen.

Ethels Mars / AC-Konjunktion fällt in Bobbys 11. Haus. Wir können annehmen, daß sie immer gute Freunde waren. Wir könnten uns fragen, ob er mit seinem Mars im 5. Haus (ihrer steht auch dort) Gewissensbisse hatte, wenn er seinen Liebeleien frönte, während seine »Freundin« Mutter war, oder ob er mit Neptuns Hilfe sich wunderbare Geschichten ausspinnen konnte und die Realität in diesem Bereich leugnete. Weil Robert Kennedy 1968 ermordet wurde, waren sie nur 18 Jahre verheiratet, und wir wissen nicht, ob diese Verbindung noch länger gehalten hätte. Ziehen wir allerdings alle Interaspekte in Betracht, besonders die zwischen ihren Sonnen und Merkuren, aber auch Venus / Mond, Mars / AC, Pluto / Saturn (und ihre religiösen Überzeugungen), dann bezweifeln wir, daß es jemals eine Trennung oder Scheidung gegeben hätte.

## Yod

Wenn ein T-Quadrat zwischen zwei Horoskopen Spannung anzeigt, dann bedeutet ein Yod im allgemeinen Entlastung. Entlastung von dem einfachen Quinkunx, den Sie so häufig um einer Opposition oder eines Quadrats willen ignoriert haben und das in Ihnen ein Schuldgefühl zurückläßt, wenn Sie nicht gehandelt haben. Wenn Sie derjenige mit dem Sextil sind, dann sind Sie vielleicht nicht besonders erfreut darüber, Ihrem Aspektsortiment einen Quinkunx hinzuzufügen, aber wenigstens wird es Ihnen beiden die Möglichkeit bieten, mit dem Quinkunx zu arbeiten und die erforderlichen Anpassungen (das wichtigste Schlüsselwort für diesen Aspekt) vorzunehmen.

Betty und Gerald Ford sind ein gutes Beispiel. Wenn man ihre Horoskope aufeinander bezieht, bilden sich vier Yod-Figuren. Zwei durch Bettys Sextile, zwei durch Gerrys Plazierungen. Diese sind insofern interessant, als daß ein Bereich, in dem Sie sich von Natur aus wohl und locker fühlen, plötzlich kompliziert wird, wenn noch jemand anders mit ins Spiel kommt. Sicherlich haben Sie das schon selbst erlebt.

Bei Betty steht Merkur als Herrscher ihres AC und MC in Sextil zu Pluto, der ihr 3. Haus der Kommunikation regiert. Obwohl sie sich immer eher indirekt ausdrückt, hat sie keine Probleme, zu sagen, was sie will oder zu sein, wer sie sein will. Gerald Ford, die Liebe ihres Lebens, hat seinen Mond im Quinkunx zu diesen beiden Planeten in ihrem Horoskop und formt dadurch ein Yod. Sein Mond fällt in ihr 4. Haus. Plötzlich mußte sie wie die Frau eines Kongreßabgeordneten handeln. Sie konnte ihren Haushalt nicht einfach weiterführen wie in Michigan. Auch der Junggeselle Gerald mußte sich in vieler Hinsicht anpassen. Sein Mond im 7. Haus hatte den Partner gefunden, den er immer suchte, vor dem er sich jedoch gehütet hatte (freiheitsliebender Schütze). Bettys Merkur fällt in sein 12. Haus der verborgenen, tiefgründigen Gefühle, und ihr Pluto trifft seinen Pluto im 2. Haus der Werte und des Geldes. Ganz offensichtlich mußte er mehr Geld verdienen, um für zwei statt nur für einen zu sorgen und auch seine Werte mit ihren abstimmen. Nun war es für ihn leichter, seinen Radix-Quinkunx zwischen Mond und Pluto zu bearbeiten, weil Bettys Merkur ein Sextil zu seinem Pluto bildet.

Das zweite Yod betrifft ebenfalls den Mond / Pluto-Quinkunx, aber diesmal wird Bettys Pluto der »Finger« des Yod, während Gerrys Uranus im Sextil zu seinem Mond steht und im Quinkunx zu Bettys Pluto. Gerrys eigener Pluto steht außerhalb des Orbis' für einen Quinkunx zu Uranus. Wir empfehlen einen knappen Orbis von 5° für diesen Aspekt. Dieses und auch das andere Yod ist für Gerry leichter als für Betty, denn nun gibt es einen weiteren unangenehmen Aspekt auf ihren im Radix sehr harmonisch gestellten Pluto. Sein Uranus fällt in ihr 5. Haus. Wie sie in ihrer Biographie erwähnt, war Gerry wegen der Verpflichtungen seines Berufes als Ehemann und Vater sehr oft abwesend.

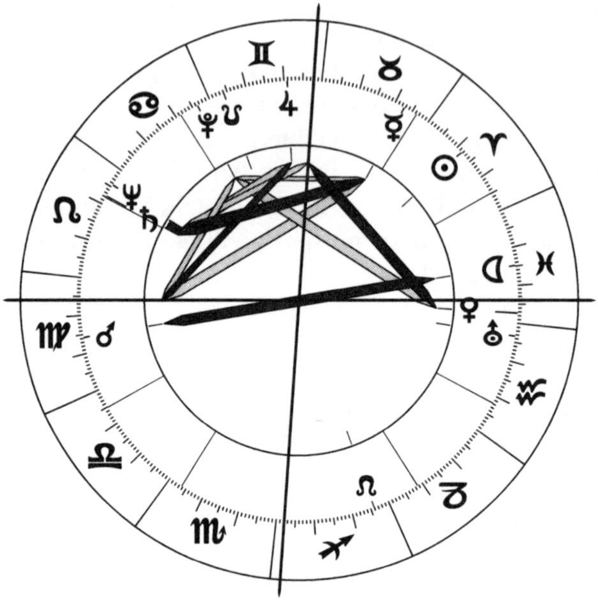

***Betty Ford***

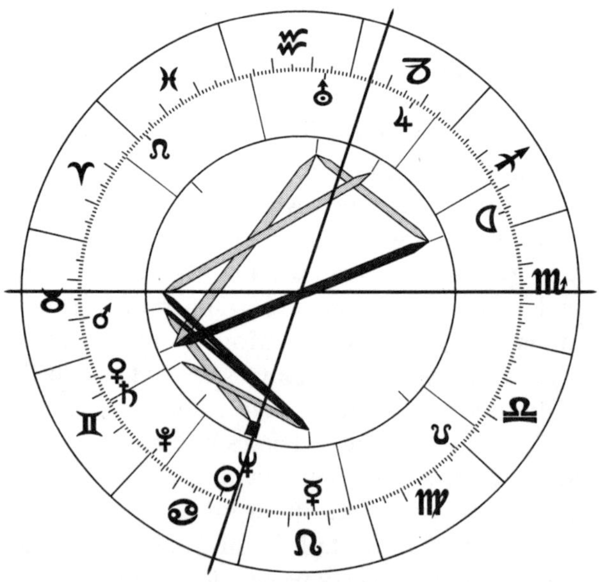

***Gerald Ford***

Ihr drittes Yod wird durch Bettys Jupiter, dem Herrscher ihres 4. Hauses im 10. im Sextil zu Saturn als Herrscher vom 5. im 11. Haus gebildet. Beide stehen im Quinkunx zu Gerrys Jupiter in Bettys 5. Haus. Das ist ziemlich viel Saturn-Energie im 5. Haus. Ihr erstes Kind wurde ungefähr anderthalb Jahre nach ihrer Heirat geboren. Wir können annehmen, daß die ursprüngliche Liebesaffäre sich zu einer Beziehung wandelte, in der Verantwortung für Kinder übernommen werden sollte, eine definitive Reorganisation des Lebensstiles, besonders für die Mutter. In Gerrys Horoskop fallen Bettys Jupiter und Saturn in sein 1. und 4. Haus, offensichtlich waren viele persönliche (1. Haus) und häusliche (4. Haus) Anpassungen nötig. Jupiter regiert sein 8. Haus, und eine Heirat bringt für einen Junggesellen fraglos einige sexuelle Veränderungen mit sich.

Das vierte Yod betrifft wieder Gerrys Jupiter im Quinkunx zu seinem Merkur im 4. Haus. Bettys Fische-Mond steht im Sextil zu Jupiter und bietet Gerry dadurch nicht nur die Möglichkeit, seinen eigenen Quinkunx herauszuarbeiten, sondern sie hilft ihm auch, seine Rolle im Kongreß besser zu verstehen, weil ihr Mond in sein 11. Haus der Gruppen fällt – und sie hilft ihm im Umgang mit den vielen politischen Gruppierungen, mit denen Ehefrauen von Kongreßabgeordneten zu tun haben. Bettys 7.-Haus-Mond regiert ihr 11. Haus und verstärkt dadurch, was wir in Gerrys Horoskop sehen.

Was bedeutet all dies? Sind die vier Yod-Figuren der Grund dafür, daß die Fords eine stabile Ehe führen, die viele Krisen übersteht? Oder ist es die Tatsache, daß er ihr T-Quadrat auffüllt, was wir später diskutieren werden? Oder vielleicht das Große Erd-Trigon, das ihre Horoskope miteinander bilden? Die Antwort muß unentschieden ausfallen: ja und nein. Nein, weil Astrologie nicht »macht, daß Sie etwas tun«. Ja, weil die Tendenzen, die durch ihr Zusammensein zutage treten, sie gezwungen haben mögen, eine Bestandsaufnahme zu machen, ihre Probleme auszusprechen oder Meinungsverschiedenheiten auszutragen und dann die nötigen Anpassungen vorzunehmen.

## Großes Trigon

Wir erwähnten bereits, daß die Großen Trigone, die sich als Interaspekte zwischen zwei Horoskopen ergeben, zwar wunderbar sind, jedoch weder ein Bewußtsein für die Bedürfnisse des anderen mit sich bringen, noch Langlebigkeit der Beziehung garantieren. Sie sind ein Zeichen für Harmonie in den Bereichen, über die sie herrschen oder wo sie stehen.

Ingrid Bergman und Roberto Rossellini (siehe Horoskope S. 172) mögen einander mit den T-Quadraten zwischen ihren Horoskopen herausgefordert haben, aber in den Bereichen ihrer beiden Trigone müssen sie viel Freude gehabt haben. Das Große Wasser-Trigon war für Roberto wahrscheinlich weniger wichtig als für Ingrid, denn er hat schon eins in seinem Radixhoroskop. Sein Mond auf 15° Skorpion steht im Trigon zu seinem Saturn auf 13° Fische und beide im Trigon zu seinem Neptun auf 8° Krebs. (Achtung: In Radixhoroskopen erweitern wir den Orbis etwas). Ingrid macht dieses Große Trigon mit ihrem Saturn auf 13° Krebs exakter. Saturn regiert ihr 5. Haus, Robertos Mond fällt in ihr 4. und sein Saturn in ihr 7., direkt an die Spitze zum 8. Haus. Das ist für sie ein sehr angenehmer Energiefluß, von der Verliebtheit (5. Haus) zur Ehe (7. Haus) und zum Sex (8. Haus).

Ihre Gefühle (dargestellt durch das Große Wasser-Trigon) mögen sie zusammengebracht haben, aber das praktische Wesen des Großen Erd-Trigons half ihnen bei ihrer gemeinsamen Arbeit. Ingrids Sonne im 1. Haus auf 4° Jungfrau regiert ihren Aszendenten und steht im Trigon zu ihrem MC auf 4° Stier; beide stehen im Trigon zu Robertos Uranus im 5. Haus auf 8° Steinbock, der sein 6. Haus der Arbeit regiert und in Ingrids 5. Haus fällt. Diesmal betrifft die Beteiligung des 5. Hauses sowohl ihrer beider Kreativität (5. Haus), ihre Arbeit (6. Haus), Karriere (MC) und Ingrids Fähigkeit, persönlich (AC) als Schauspielerin (Sonne / Löwe) zu glänzen.

Das Große Erd-Trigon der Fords schließt seinen AC auf 13° Stier ein und seinen Jupiter im 9. Haus auf 11° Steinbock, der sein 8. Haus regiert. Beide stehen im Trigon zu Bettys Mars auf 15° Jungfrau im 1. Haus, der ihr 8. Haus regiert und in sein 5. Haus fällt. Dadurch liegt für ihn eine Betonung auf dem 5. und 8. Haus, was häufig diesem »magnetischen Etwas« entspricht, das nötig ist, um eine Affäre zu beginnen. Bettys Mars im 1. Haus herrscht über ihr 8. Haus und steht im Trigon zu seinem Jupiter in ihrem 5. Haus. Dadurch ergibt sich hier dieselbe Betonung für das 5. und 8. Haus. Mit Gerrys Aszendenten, der in ihr 9. Haus fällt, und seinem Jupiter in seinem 9. Haus strebten wahrscheinlich beide nach denselben Idealen, Moralvorstellungen und religiösen Prinzipien, die für beide wichtig waren.

## Großes Kreuz

In den vielen Horoskopen, die wir untersucht und erforscht haben, taucht das Große Kreuz zwischen zwei Horoskopen wiederholt als schwieriges, aber irgendwie verbindendes Element auf. Wie schon erwähnt wird anscheinend durch das Füllen des leeren Raumes, der Opposition zum Planeten im Brennpunkt, eine Lücke gefüllt – ein Bereich der Verwirrung wird mit Bewußtsein und neuem Verständnis durchdrungen. Dies ist der positive Teil dieser Aspektfigur. Der spannungserzeugende und oft schwierige Faktor resultiert aus den beiden neuen Quadraten, die gebildet werden.

Sophia Lorens Biographie finden Sie in Kapitel 3. Wenn Sie ihr Horoskop mit dem ihres langjährigen Ehemannes Carlo Ponti in Beziehung setzen, entstehen zwei Große Kreuze (siehe Horoskope S. 180). Sophias T-Quadrat schließt Uranus ein, den Herrscher ihres 2. Hauses auf 0° Stier im 3. Haus (in Konjunktion zum IC); er steht in Opposition zu ihrem MC auf 0° Skorpion und auch zu ihrem Jupiter auf 25° Waage, der ihr 12. Haus regiert. Zu dieser Opposition steht Pluto im 7. Haus als Herrscher über 10. und 11. Haus auf 25° Krebs im Quadrat. Beruf, Ehe, Einkommen, ihre innere Stärke und Kommunikation sind betroffen. Diesem geschäftigen T-Quadrat fügt Ponti seine Venus auf 28° Steinbock in Konjunktion mit Uranus auf 1° Wassermann in ihrem 1. Haus hinzu. Mit Liebe und Zärtlichkeit kann er ihr und all ihren Bedürfnissen Erfüllung bringen. Er kann ihr in ganz besonderer (Uranus / Venus) Weise helfen, sich bewußt zu werden, worum es bei Pluto geht und wie sie ihre Karriere gestalten kann. Daß dieses Große Kreuz sein 1., 5., 7. und 11. Haus betrifft, ist äußerst hilfreich, denn es spiegelt seine Persona wider, die Liebe, die er schenkt, ebenso wie seine Ansprüche in Partnerschaften und seine

**Sophia Loren**

**Carlo Ponti**

Fähigkeit zu Freundschaften. Der Planet im Brennpunkt, Pluto, in Konjunktion zu Neptun in seinem 5. Haus, zeigt die Intensität und Dauerhaftigkeit ihrer gegenseitigen Liebe.

Auch Carlo hat ein T-Quadrat: Der Aszendent auf 27° Fische steht im Quadrat zu seiner MC / Jupiter-Konjunktion, in Opposition zu Pluto auf 29° Zwillinge im 4. Haus (Pluto regiert das 8., Jupiter das 9. und 10. Haus). Auch für ihn gilt es, die Themen Kontrolle (Pluto), Karriere (MC) und Geld des Partners (8. Haus) zu bearbeiten. Sophias Sonne auf 28° Jungfrau direkt auf Carlos Deszendenten verwandelt sein T-Quadrat in ein Großes Kreuz. Sie bringt ihre Ausstrahlung und ihre Herzlichkeit in sein Haus der Partnerschaft. Mit ihr fühlt er sich erfüllt und kann sich selbst besser verstehen. Diese beiden Aspektfiguren sind so ziemlich die stärksten Bande, die Sie sich überhaupt wünschen können.

Lassen Sie uns ein weiteres faszinierendes Horoskoppaar untersuchen. Faszinierend, weil auch dieses Paar die T-Quadrate des anderen auffüllt, doch während wir wissen, daß die Beziehung der Pontis seit 1950 besteht, wissen wir nicht, ob Prinz Charles und seine entzückende Diana es schaffen werden, ihre Schwierigkeiten zu lösen. In nicht allzu ferner Vergangenheit wäre eine Scheidung für ein königliches Paar überhaupt nicht in Frage gekommen.

Es gibt eine dynamische Verbindung zwischen fixen Graden, die Englands königliche Familie zusammenzuhalten scheint. Sowohl Charles als auch Di passen in dieses Muster. Sicher erinnern Sie sich noch an die grandiose Hochzeit 1981, als sie eine bezaubernde, unschuldige Kindergärtnerin war und er ein 33jähriger Junggeselle auf der Suche nach einer passenden Braut. Ihre Beziehung ist von der Boulevardpresse zur Genüge ausgebreitet worden: ...»untreu«... »gute Eltern«... »schlechte Eltern«... »Scheidung«... »Versöhnung«.

Welche astrologischen Faktoren symbolisieren ihre gegenseitige Anziehung? Di entspricht Charles' 7.-Haus-Bedürfnissen vollendet. Sein 7. Haus fällt in Wassermann, der Herrscher Uranus steht in Zwillinge und der Mond in Stier. Di's Mond steht in Wassermann im 3. Haus (Zwillinge). Ihr 7. Haus fällt in Zwillinge, und ihre Signatur (vorherrschende Qualitäten und Elemente) ist Stier. Charles erfüllt ihre Ansprüche nicht ganz so gut.

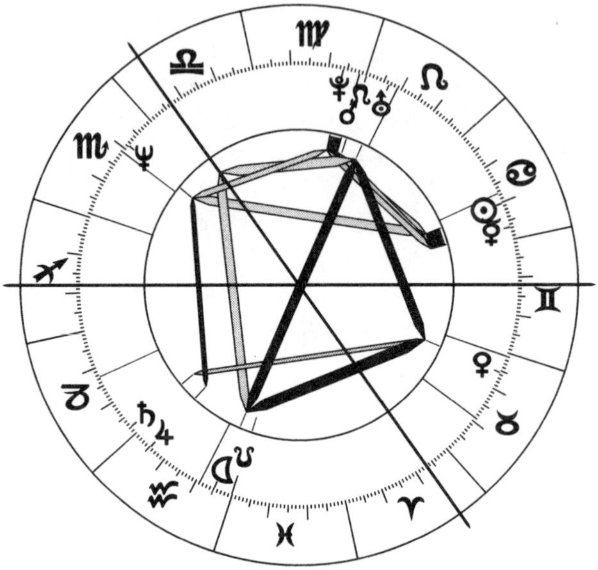

**Prinzessin Diana**

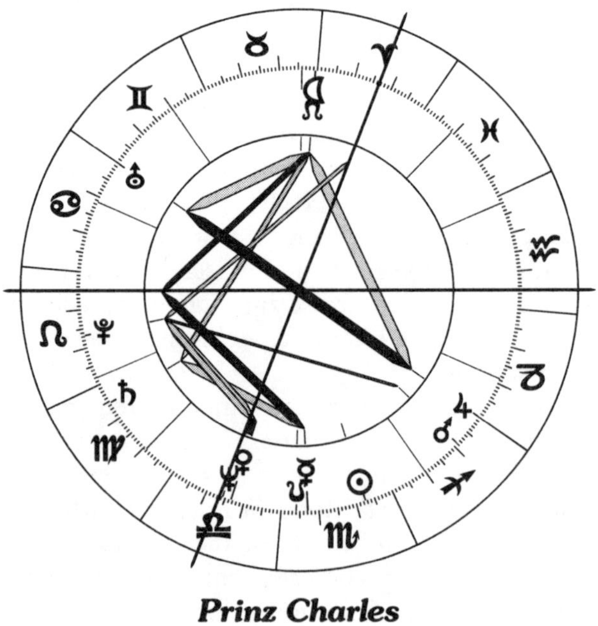

**Prinz Charles**

Ihr Zwillinge-DC wird von Merkur regiert, der in Krebs im 7. Haus steht – in Konjunktion mit ihrer Krebs-Sonne. Charles hat keine starken Zwillinge- oder Krebs-Plazierungen, obwohl seine Sonne und drei andere Planeten alle im 4. Haus (Krebs) stehen, eine wichtige gegenseitige Verbindung.

Beide haben eine Fülle an Planetenverbindungen, die ihre Romanze und Heirat erklären. Sein Mars steht in Konjunktion zu ihrem Aszendenten (sie findet ihn sexy) und im Trigon zu ihrem Uranus (er findet sie einzigartig). Sein Mond steht im Trigon zu ihrem Mars (ihre emotionalen Temperamente kommen gut miteinander aus). Sein Pluto befindet sich im Trigon zu ihrem Aszendenten (sie spürt seine Intensität). Ihre Merkure sind durch ein Trigon verbunden und heben ihre Fähigkeit hervor, einander zu verstehen. Sein Uranus (Herrscher von 7) steht in Konjunktion zu ihrem Merkur. Sie können miteinander reden, aber am besten auf unpersönlicher Ebene. Ihre vielen Saturn-Verbindungen zeigen, daß dies mehr als nur ein Spaß ist. Saturn-Aspekte stehen für Dauerhaftigkeit. Seine Sonne im Sextil zu ihrem Saturn und sein Saturn im Sextil zu ihrer Sonne / Merkur-Konjunktion zeigen, daß sie einander ernstnehmen. Sein Mond steht im Quadrat zu ihrem Saturn (durch sie fühlt er sich manchmal unzulänglich oder sogar alt). Sein Saturn steht in Konjunktion zu ihrem Pluto und Mars, im Sextil zu ihrem Neptun und im Quinkunx zu ihrem Jupiter. Er kann sie dabei unterstützen, ihre Energien zu konzentrieren und ihre Träume wahr zu machen. Er kann wesentlich dazu beitragen, daß sie sich selbst begegnet, und das mag sie wahrscheinlich nicht immer.

Charles hat in seinem Geburtshoroskop zwei Große Trigone, eines hauptsächlich in Erde und eines in Feuer. Di hat keines, aber zusammen haben sie ein Großes Luft-Trigon. Sein Uranus auf 29° Zwillinge fällt in Di's 7. Haus und bildet ein Trigon zu ihrem Mond auf 25° Wassermann und ihrem MC auf 23° Waage. Die Heirat brachte offenbar eine gewisse Leichtigkeit in ihren Lebensstil. Ihr Mond fällt in sein 7. Haus (sie brachte ihm ihre feminine Art als Ehefrau). Ihr MC fällt in sein 4. Haus (sie gab ihren Status, ihren guten Ruf als Jungfrau und ihre Herkunft aus einer angesehenen Familie in sein Zuhause).

Prinz Charles hat ein äußerst herausforderndes Horoskop. Was Sie sehen, ist überhaupt nicht das, was Sie kriegen. Sein Löwe-

AC wird von einer sehr privaten Sonne in Skorpion im 4. Haus regiert, die sich in Rezeption mit dem »Hier befehle ich«-Pluto im 1. Haus befindet. Sein AC ist eingebunden in ein störrisches, ihm in den Weg gestelltes T-Quadrat zu Merkur in Skorpion und Mond im 10. Haus in Stier. Dieser sehr gewundenen Aspektfigur, die sein 1., 3., 4., 10., 11., und 12. Haus betrifft, fügt Prinzessin Di ihren Horoskopherrscher, Jupiter, auf 5° Wassermann hinzu, um damit ein Großes Kreuz zu bilden.

Auch Di hat ein fixes T-Quadrat. Es enthält einen Mond in Wassermann im 3. Haus in Opposition zu seinem Herrscher Uranus in Löwe im 9. Haus. Beide stehen im Quadrat zu Venus im 5. Haus in Stier. Charles verwandelt es durch seine Skorpion-Sonne (seinen Horoskop-Herrscher), die in ihr 11. Haus fällt, in ein Großes Kreuz. Diese beiden Großen Kreuze sind wahrhaft lebendig, weil sie das Herz beider Partner beinhalten – Sonne, Mond, AC, Horoskopherrscher, Merkur und Venus.

Wird sich Charles noch klarer darüber werden, wer er wirklich ist (abgesehen vom Kronprinz), indem er sich eine Opposition zu seinem AC erwirbt? Will er das überhaupt? Möchte er den Überschwang, die Freude und Einmaligkeit spüren, die ihm Di's Jupiter bringen kann?

Ist Diana gewillt, sich das Gefühl tiefer Liebe und Zuneigung zu erlauben, zu dem ihre Venus in Stier im 5. Haus fähig ist, wenn sie zuläßt, daß Charles' Sonne diese Venus erweckt und sie dadurch ihre wahren Gefühle erkennt? Hier herrscht der *freie Wille* eines Menschen. Alles, was die Astrologie tun kann, ist es, auf die positiven Ausdrucksmöglichkeiten eines Menschen hinzuweisen, und dazu gehören auch Charles und Diana.

Kapitel 11

# Andere Schlüsselfaktoren

## Die Mondknoten in der Synastrie

Die Interpretation der Mondknoten hängt mehr als alles andere in der Astrologie von der persönlichen Weltanschauung jedes einzelnen ab. Wir sind der Auffassung, daß moralische, religiöse, spirituelle und sogar politische Überzeugungen sehr private Grundrechte sind. Daher haben wir in diesem Lehrbuch sorgsam darauf geachtet, die schmale Trennlinie zwischen Wissensvermittlung und Bekehrungseifer nicht zu überschreiten.

Unserem Verständnis nach ist der südliche Mondknoten derjenige Bereich, wo Sie Wissen, Ideen, Haltungen und Moralvorstellungen weitergeben, die bereits ein Teil von Ihnen sind und die auf Ihren Erinnerungen, Ihrer Kindheit – oder wenn Sie der esoterischen Sichtweise zuneigen – auf Ihren vergangenen Leben gründen. Im Gegensatz dazu symbolisiert der nördliche Knoten das neue Wissen, die neuen Ideen und Ideale, die Sie aufnehmen. Im gleichen Maß, in dem Sie zu neuen Einsichten kommen, gewinnen Sie auch an Selbstvertrauen. In dem Maße, in dem Ihr Selbstvertrauen wächst, nimmt Ihre innere Sicherheit zu, und Sie erreichen vielleicht die größtmögliche Erfüllung dessen, was Ihr Horoskop verspricht.

Je nach Ihrer Überzeugung können Sie die Mondknoten als einen der wichtigsten Indikatoren dafür ansehen, woher Sie kamen und wohin Sie gehen sollten. Sie mögen sie als Schlüssel zu Ihrer gesellschaftlichen Einstellung oder als einen Bereich des finanziellen Gewinns (Nordknoten) betrachten. Oder Sie finden sie relativ unwichtig.

Im *Lehrbuch der astrologischen Prognose* haben wir die Knoten kaum berücksichtigt, weil sie unserer Erfahrung nach bei Progressionen, Direktionen, Transiten oder in Solaren und Lunaren kaum eine Rolle spielen. Einzige Ausnahme scheint hier der Tod zu sein, der fast immer mit wichtigen Mondknotenaspekten einhergeht. Allerdings können Sie auch ein Horoskop mit vielen Mondknotenaspekten vor sich haben, ohne daß dieser Mensch in dieser Zeit stirbt.

Bei der Synastrie scheinen die Mondknoten äußerst wichtig zu sein. Einige Leute sehen in ihnen den Zement, der die Beziehung zusammenhält. Andere betrachten sie als die geheimnisvolle Zutat, die sie überhaupt zusammenbrachte. Diejenigen, die an Reinkarnation und Karma glauben, halten sie für die Schlüssel zu jenem besonderen Etwas, das uns hilft, unseren Daseinszweck in Vergangenheit, Gegenwart und Zukunft zu bearbeiten.

Welcher Interpretation auch immer Sie anhängen mögen, es gibt etwas, das auf alle Mondknoten-Horoskopvergleiche zuzutreffen scheint: Wenn der Nordknoten eines anderen Menschen einen Ihrer Planeten oder eine Achse aspektiert, scheint dies eine positive Erfahrung zu sein, so als ob er Ihnen seine Kraft und positiven Schwingungen gibt. Mit dem Südknoten in ähnlichem Aspekt haben Sie häufig das Gefühl, als fiele es Ihnen leicht, dem anderen etwas zu geben, oder Sie haben – je nach Stellung und Aspekten – das Gefühl, als sei der andere wie ein Schwamm, der alles von Ihnen aufsaugt.

Johannes Brahms' Südknoten stand exakt mit Clara Schumanns Mond in Konjunktion und 4° von ihrem AC entfernt. Dadurch bestätigt sich die Vermutung, daß sie ihn inspirierte und wahrscheinlich der Grund dafür war, daß er niemals heiratete.

Zwischen den Horoskopen von Joanne Woodward und Paul Newman gibt es starke Mondknoten-Kontakte. Sein Südknoten steht in Konjunktion zu ihrem Merkur und Mars und zeigt an, daß sie möglicherweise die Tonangebende in der Beziehung ist. Ihr Südknoten steht an seinem MC, durch ihn hatte sie die Chance, ihre Talente zu zeigen und ihre eigene Karriere zu fördern.

Umgekehrt steht bei Ernest Hemingway der Nordknoten am MC von Mary Welsh: Er verschaffte ihr die Möglichkeit, durch all seinen Ruhm bekannter zu werden. Die Hemingways haben noch eine weitere, interessantere Mondknoten-Verbindung: Ihr Nordknoten (und Neptun) stehen in Konjunktion mit seiner Venus, was ihm das Gefühl gab, begehrt und geliebt zu werden, während Marys Südknoten auf Ernests Mond ihn emotional ausgetrocknet haben könnte.

Sogar die tragischsten Persönlichkeiten und die größten Übeltäter fühlen sich zueinander hingezogen und verspüren den Drang, zusammenzubleiben. So war es bei Adolf Hitler und Eva Braun, deren Nordknoten nicht nur in Konjunktion mit seiner Sonne und seinem Merkur stand, sondern auch noch an seinem DC, was ihm wahrscheinlich half, sich mit sich selbst und seinem Denken wohler zu fühlen, wenn sie anwesend war.

Die Rossellinis, Ingrid und Roberto, haben entgegengesetzte Mondknoten-Achsen. Ihr Nordknoten auf 17° Wassermann steht in Konjunktion zu seinem Südknoten auf 16° Wassermann. Wir haben die Erfahrung gemacht, daß dies zwar gegenseitige Anziehungskraft bedeutet, aber nicht unbedingt etwas, das eine Beziehung dauerhaft macht.

## Weitere Aspektfiguren im Horoskopvergleich

Weniger wichtig, aber doch aufschlußreich ist es, auf weitere Aspektfiguren zwischen Ihrem Horoskop und dem eines anderen Menschen zu achten. Besonders interessant sind Aspektfiguren, die dadurch entstehen. Von den hier in Betracht gezogenen neun bekannten Figuren (Schüssel, Eimer, Bündel, Fächer, Lokomotive, Schaukel, Spritzer, Dreifuß und Schubkarre) sind die, auf die es ankommt, die engen, gefüllten, wie zum Beispiel das Bündel, bei dem alle Planeten innerhalb eines Trigons stehen, oder die Schüssel, bei der sie nicht mehr als sechs Häuser besetzen dürfen. Bei diesen Figuren ist es wichtig, zu beachten, wo das neue Ventil liegt, oder, wenn sich eine neue Figur ergibt, welche Planeten daran beteiligt sind.

Charles Lindbergh hat in seinem Geburtshoroskop einen Fächer. Acht seiner Planeten stehen im 1., 2. und 3. Haus. Pluto und Neptun in weiter Konjunktion bilden im 7. Haus den Griff des Fächers. Anne Morrow Lindbergh hat in ihrem Radixhoroskop eine Schaukel, mit zwei Planeten vom 4. und 6. Haus in Opposition zu den anderen acht Planeten im 10. und 11. Haus.

Legt man beide Horoskope übereinander, dann bilden sie immer noch eine Schaukel, vielleicht nur etwas weiter. Bei Anne ist jetzt im 5. und 9. Haus mehr los. Die größte Veränderung aber ergibt sich in Charles' Horoskop, wo der Fächer, der jede Aktion durch Neptun und Pluto filterte, nun lernen muß, sich dem Hinauf und

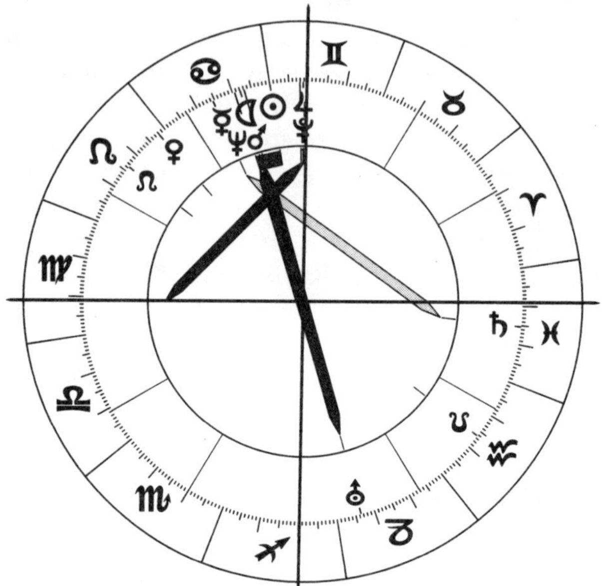

**Anne Morrow Lindbergh**

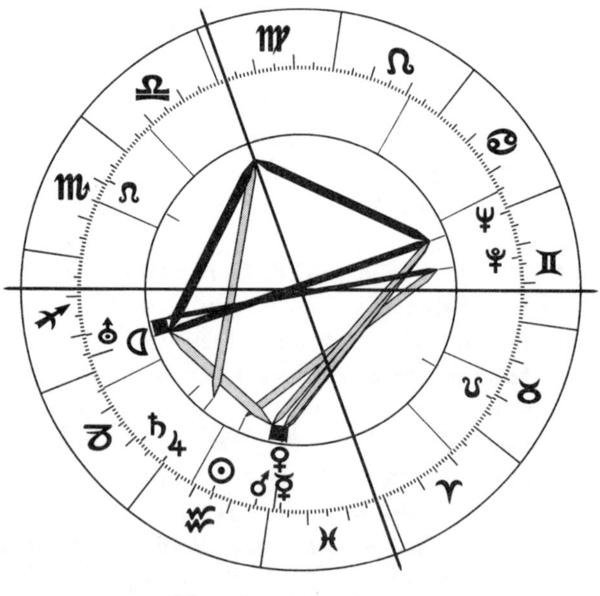

**Charles Lindbergh**

Hinab, dem Vorwärts und Rückwärts der Schaukel anzupassen. Der Einzelgänger, der »Lindy« unseres Wissens nach gewesen sein soll, hatte es nicht leicht, sich auf eine Ehe einzustellen.

Wenn ein Bündel oder eine Schüssel zu einer Lokomotive wird, ergibt sich eine neue Bedeutung. Bei einem unserer Klienten und seiner Frau ist dies der Fall. Ihr Uranus wird im kombinierten Horoskop zur Dampfmaschine der Lokomotive. Es war faszinierend, zu beobachten, wie dieser ziemlich konservative Herr mit der Zeit immer entspannter wurde. Mit Uranus als Anführer wichen seine grauen Flanellanzüge bald sportlichen Jacken. Die kühlen einfarbigen Krawatten wurden gegen Streifen und Rauten ausgetauscht. Nach einem Jahr war aus der Glattrasur ein Bart geworden. Und die Ferien auf Hawaii wurden durch Abstecher nach Bora Bora und Abenteuer im Himalaja und Sri Lanka ersetzt.

Sehr oft kann sich zwischen zwei Horoskopen ein Eimer ergeben. In diesem Fall wird der »Henkel« oder der Einzelplanet zum kritischen Planeten. Sein Zeichen und seine Hausposition kann der Schlüssel zur Beziehung werden. Recht häufig ergibt die Verbindung zwischen zwei Horoskopen eine Spritzer-Figur. Das hat unserer Erfahrung nach nur wenig Bedeutung.

## Homosexualität in der Synastrie

Im *Lehrbuch der astrologischen Prognose* schreiben wir auf Seite 85 ff. über Homosexualität und die angeblich damit zusammenhängenden »Signaturen«. Diese sind nicht zuverlässig und sollten daher sehr skeptisch betrachtet werden. Wir führen nun einige Beispiele an, wie manche psychologischen Probleme zur Bevorzugung des eigenen Geschlechts führen können, daß aber keines davon Homosexualität zwingend nahelegt. Sie können genausogut anders zum Ausdruck kommen, so zum Beispiel durch sexuelle Komplexe, erotische Exzesse, Kindesmißbrauch, Angst vor der Elternrolle, den Rückzug von jeglichen Beziehungen – um nur einige zu nennen.

Nun scheint es, daß wir noch einen Schritt weiter gehen können. Laut einigen neueren wissenschaftlichen Untersuchungen, hauptsächlich vom Biologen Simon LeVay vom Salk Institute, könnte Homosexualität ihren Ursprung in den biologischen Voraussetzungen haben (*Newsweek* vom 9. September 1991). Es scheint so, als sei ein winziger Bereich des Gehirns homosexueller Männer weniger als halb so groß wie bei heterosexuellen Männern. Obwohl diese Studie zunächst noch als Voruntersuchung zu betrachten ist, (LeVay untersuchte lediglich 41 Proben) fand er heraus, daß ein Bündel von Neuronen im Hypothalamus bei heterosexuellen Männern beinahe dreimal so groß war wie bei homosexuellen Männern oder heterosexuellen Frauen.

Diese Studie paßt zu den immer häufiger auftauchenden Theorien, daß sexuelle Orientierung ebensosehr durch die Natur wie durch die Erziehung bestimmt wird. 1978 wurden an männlichen Primaten Experimente durchgeführt, bei denen man herausfand, daß Läsionen, also krankhafte Veränderungen im Hypothalamus, den Sexualtrieb der Affen vital bleiben ließen, sie aber ihr Interesse an Weibchen verloren. An der Universität von Kalifornien, Los Angeles, entdeckte der Neuro-Endokrinologe Roger Gorski, daß männliche Ratten früh im Leben viel Testosteron brauchen. Wenn sie es nicht bekommen, werden sie das typische Verhalten weiblicher Ratten zeigen. Injiziert man diesen Männchen das fehlende Testosteron, können sie ihre Männlichkeit zurückerhalten, jedoch nur innerhalb der ersten fünf Lebenstage.

Die meisten Experten scheinen derzeit der Ansicht zu sein, daß sexuelle Vorlieben ebenso biologische wie psychologische Gründe haben. Sie erklären, daß biologische Veränderungen das ganze Leben hindurch auftreten können und zwar als Ergebnis von Erfahrungen.

Und was hat all dies mit der Astrologie zu tun? Wir sind wieder an der gleichen Stelle, an der wir vor einigen Jahren schrieben: Sie können aus dem Horoskop heraus keine sexuellen Vorlieben erkennen. Stellen Sie keine Vermutungen an, sondern fragen Sie Ihre Klienten!

Eines ist sicher: Astrologisch zeigt sich sexuelle Anziehung sowohl bei homosexuellen als auch bei heterosexuellen Beziehungen. Wir haben eine ziemlich große homosexuelle Klientel, und wir haben herausgefunden, daß alle beschriebenen Methoden und Beziehungsformen in diesen Horoskopen funktionieren, von vorübergehender Verliebtheit bis hin zu dauerhaften Beziehungen.

Kapitel 12

# Verschiedene Beziehungsformen

Bis jetzt haben wir hauptsächlich Beispiele für Liebesbeziehungen und Eltern / Kind-Beziehungen gegeben, um Bedürfnisse und Anziehungskräfte zu beschreiben. Wir haben anhand von Paarhoroskopen u. a. Aspektfiguren, Aspekte und die Bedeutung dessen, was fehlt, illustriert. Nun möchten wir gern noch einige andere Beziehungsformen untersuchen, um zu zeigen, wie Sie die Horoskope von Freunden oder Geschäftspartnern miteinander in Verbindung bringen können; wie die Beziehung zwischen Großeltern und Enkeln funktioniert, zwischen Mutter und Sohn, Vater und Tochter und umgekehrt.

## Geschäftspartner / Arbeitskollegen

Vergleicht man die Horoskope von Leuten, die miteinander arbeiten, dann empfiehlt es sich, das 6. Haus zu betrachten, um festzustellen, ob ihre Gewohnheiten und Arbeitsvorstellungen zueinander passen. Das Film-Tanzpaar Ginger Rogers und Fred Astaire eroberte die Welt mit komplizierten Schrittfolgen und faszinierendem Talent im Sturm. Sie beherrschten alles – vom Carioca bis zum Piccolino. Sie hatten eine sehr stabile und dauerhafte Arbeitsbeziehung, in der es Presseberichten und Biographien zufolge niemals zu einer Romanze zwischen ihnen kam.

Weder Fred noch Ginger konnten vorhersehen, daß sie mit ihrem ersten Film *Flying Down to Rio* einen solchen Hit landen würden, der eine Durchschnittskomödiantin und einen nicht übermäßig gutaussehenden Schauspieler in seinen Dreißigern zum berühmtesten und elegantesten Tanzpaar machen würde, das jemals auf der Leinwand zu sehen war.

Bei Astaire fällt die Spitze des 6. Hauses in Stier. Die Herrscherin Venus steht in Widder im 4. Haus, was auf die Hingabe zur Perfektion (Stier im 6.) und den Drang nach Abenteuern und neuen Projekten im Arbeitsbereich (Venus in Widder) hindeutet.

Mit Sonne und Mond im 6. Haus war befriedigende Arbeit ein Muß. Er legte alles hinein, nicht nur als Schauspieler, sondern sehr häufig auch als Choreograph.

Bei Rogers herrschen Pluto und Mars über ihr 6. Haus in Skorpion. Pluto steht in Zwillinge in ihrem 1. Haus, Mars ist im 11. Haus in Stier. Diese Plazierungen zeigen an, daß sie mit Methode und Ordnung vorgeht (Mars in Stier), daß sie persönlich an Arbeitsgewohnheiten interessiert, aufgeweckt und wendig in der Bewegung (Pluto in Zwillinge) und darüber hinaus fähig ist, mit ihrer guten Gesundheit und ihrer Mobilität Geld zu verdienen (Mars im 11. Haus – Geld aus der Karriere). Daraus können Sie die Ähnlichkeiten ersehen, die zwischen ihren Arbeitsgewohnheiten und ihrem Verhalten bestehen.

Vergleicht man andere Faktoren zwischen ihnen, dann fällt auf, daß seine Sonne im 6. Haus in Stier ein Sextil zu ihrem Mond im 10. Haus in Fische bildet. Seine Stier-Sonne steht auch im Sextil zu ihrer Krebs-Sonne, die sich in ihrem 2. Haus (Stier) befindet – eine Zeichen / Haus-Verwandtschaft. Einer der Gründe, warum ihre Beziehung so lange hielt (10 Filme zwischen 1933 bis 1950), ist das Vorhandensein starker Saturn-Aspekte zwischen beiden Horoskopen. Ihr Saturn (Form und Disziplin) im 12. Haus (Tanzen) steht in Konjunktion mit seiner Sonne, während sein Saturn am AC ein exaktes Quinkunx zu ihrer Sonne bildet und in Opposition zu ihrem Pluto steht. Zweifellos mußte sie einige Anpassungen in der Beziehung vornehmen, vielleicht, indem sie noch disziplinierter arbeitete.

Pluto am AC weist auf ein Kontrollbedürfnis hin, während das Trigon von Jupiter in Skorpion im 5. Haus nicht nur ihre kreativen Fähigkeiten, sondern auch ihre sexy Erscheinung anzeigt. Astaire andererseits, mit Saturn im 1. Haus, repräsentiert Eleganz und Förmlichkeit. Da der Altersunterschied zwischen ihnen 12 Jahre betrug, hatten sie eine Jupiter / Jupiter-Konjunktion. Sein Jupiter regiert seinen AC, ihrer ihren DC, daher waren es in vieler Hinsicht die Gegensätze, die einander anzogen.

Zwischen den Horoskopen von Fred und Ginger gibt es 41 Aspekte (wenn man einen Orbis von 5° benutzt), 6 davon sind exakt. 23 Aspekte sind Trigone, Sextile und harmonische Konjunktionen, 18 sind Quadrate, Oppositionen und herausfordernde Konjunktionen. Da Quinkunxe als fließende und als herausfor-

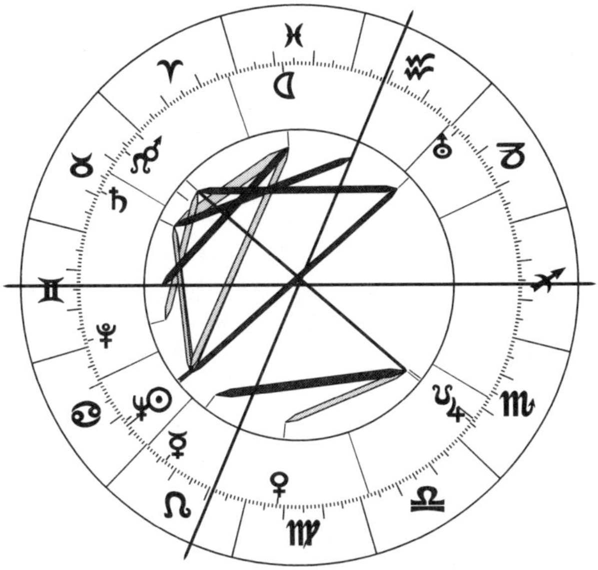

***Ginger Rogers***

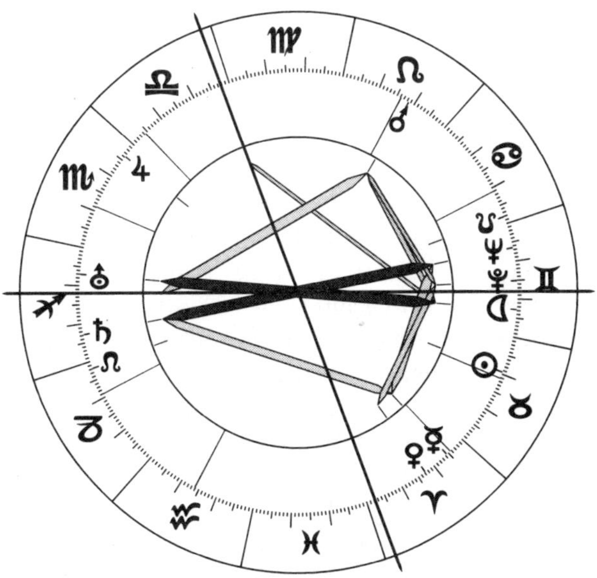

***Fred Astaire***

dernde Aspekte gelten, werden sie doppelt gezählt. Der Effekt eines Quinkunxaspekts in einem Horoskopvergleich ist, als hätten Sie ein Steinchen im Schuh – es verlangt Aufmerksamkeit, weil es unbequem ist (die Herausforderung). Wenn Sie Ihren Schuh ausziehen und das Steinchen entfernen, haben Sie das Gefühl, Sie könnten wieder meilenweit laufen (die Harmonie).

Obwohl unserer Ansicht nach Spannungsaspekte notwendig sind, damit eine Beziehung stark und anregend ist, so ist es doch besser, mehr harmonische als schwierige Aspekte zu haben. Wenn es ein Drittel mehr gespannte Aspekte gibt als harmonische, bestehen meist zu viele Widersprüche, als daß sich die Beziehung jemals wirklich vertiefen könnte. Unter Astaires und Rogers' Aspekten war 6 gradgenau. Im Horoskopvergleich erfordern solche exakten Aspekte sorgfältige Aufmerksamkeit, ähnlich wie im Geburtshoroskop, weil ihre Bedeutung so groß und die Dynamik, die sie beschreiben, so offensichtlich ist.

Zwischen Astaires und Rogers' Horoskopen entstehen keine neuen Aspektfiguren, aber sein Jupiter in Konjunktion mit ihrem gleicht ihr Jupiter / Mars / Merkur-T-Quadrat aus. Er zapft ihre große Energie an, und – besonders wichtig – dies versorgt ihn mit den Quadraten, die ihm im Geburtshoroskop fehlen. Er spornte sie bei ihrer Arbeit (sein Pluto in exakter Konjunktion mit ihrem Aszendenten) zu großen Anstrengungen an, und sie tat ihm ebenfalls diesen Gefallen (ihr MC in exakter Konjunktion mit seiner Sonne). Das Tanzen, das sie ins Rampenlicht brachte, wird von der starken 12. Haus / Neptun / Fische-Betonung symbolisiert. Er hat Neptun in einem Eckhaus, in Konjunktion zu ihrer Sonne; Pluto, der Herrscher seines 12. Hauses steht an seinem DC. Ihre Venus steht in einem Eckhaus und regiert ihr 12. Haus, wo sich auch Saturn befindet. Ihr Mond steht in Fische im 10. Haus.

Als Rogers und Astaire ihre Arbeitsgemeinschaft auflösten und (erfolgreich) ihre eigenen Wege gingen, erzählte Ginger dem Journalisten einer englischen Zeitschrift: »Ich liebe Fred sehr, und das meine ich in der herzlichsten, wärmsten Art. Ich empfinde künstlerisch große Zuneigung für ihn. Ich glaube, daß die Erfahrung mit Fred eine göttliche Fügung war. Sie brachte mir Glück. Und ich glaube nicht, daß das einseitig war. Wir hatten unsere Meinungsverschiedenheiten – welche künstlerische Verbindung hat die nicht? – aber sie waren unwichtig.«

Einige Journalisten schrieben damals, daß Ginger fürchterlich wettkampforientiert sei, während man Fred für einen Perfektionisten hielt. Er erkannte ihre perfektionistische Ader (Pluto im 6. Haus, Saturn im Sextil zu Sonne) und beschrieb sie als »das am härtesten arbeitende Mädchen, das ich jemals kennengelernt habe.« Zusammen hatten sie alles. Katherine Hepburn sagte einmal über die beiden: »Durch sie bekam er Sex und sie durch ihn Klasse.«

## Mutter / Sohn-Beziehung

Die französische Malerin Suzanne Valadon erfreute sich einer erfolgreichen Karriere als Akrobatin und Künstlermodell. Ermutigt durch einige Künstler, für die sie Modell stand und zu denen auch Toulouse-Lautrec, Renoir und Degas gehörten, begann sie zu zeichnen und zu malen. Ihr Stil war sehr geradlinig und sachlich, und sie malte hauptsächlich Akte. Valadon wurde mit 18 schwanger. Ihr Sohn Maurice Utrillo wurde später von seinem Vater, einem Schriftsteller gleichen Namens, adoptiert. Seine Eltern heirateten jedoch nie. Als Utrillo erwachsen war, entwickelte er ein ernsthaftes Alkoholproblem. Seine Mutter versuchte, ihn dadurch vom Alkohol wegzubringen, daß sie ihm das Malen beibrachte. Indem er diese therapeutische Ablenkung zwischen den Sanatoriumsaufenthalten weiterführte, wurde er sogar erfolgreicher als Suzanne. Am bekanntesten sind seine Bilder von Kathedralen, Dörfern und Pariser Straßenszenen. Seine Bilder von Montmartre trugen zur eigentlichen Entdeckung und zum Ruhm dieses Bezirks bei. Abgesehen von seinen Zechgelagen, verlief sein Leben nach außen hin ohne Zwischenfälle – lange Aufenthalte in Paris wurden nur von kurzen Ausflügen in die Provinz unterbrochen, wo er auf Motivsuche ging.

Beim Vergleich der beiden Horoskope von Mutter und Kind müssen Sie sich das 5. Haus im Horoskop der Mutter ansehen, um beschreiben zu können, was sie für ihr Kind empfindet und wie sie sich ihm gegenüber verhält. Wenn Sie die Mutter im Horoskop eines Kindes suchen, dann beginnen Sie mit dem 4. Haus und dem Mond. Beachten Sie alle anderen Hinweise, die wir bereits gegeben haben: Ähnlichkeiten, Interaspekte, jede Horoskopfigur, die entsteht und auch, in welche Häuser die Planeten des einen im Horoskop des anderen fallen. Valadon ist eine doppelte Waage mit Mond in Skorpion im 2. Haus. Ihr 5. Haus wird von Uranus regiert, der im 10. Haus am MC steht. Das deutet bereits darauf hin, daß ihr Kind einmalig war und möglicherweise sehr berühmt. Uranus als Herrscher des 5. Hauses kann ein uneheliches Kind anzeigen, bezeichnet außerdem aber auch jemanden, der ungewöhnlich oder irgendwie anders ist. Uranus bildet ein Quadrat zu ihrer Sonne und ihrem Aszendenten, offenbar brachte er ihr Leben in Bewegung und zwang sie, schnell erwachsen zu werden. Aber mit Saturn im Trigon zu Uranus nahm sie ihre Verantwortung ernst und tat ihr Bestes für ihn.

Ihre fürsorglichen Fähigkeiten waren sehr ausgeprägt. Der Mond in Skorpion bildet ein Trigon zu Uranus und steht in Konjunktion mit Saturn, der ihr 4. Haus der Pflege und Förderung regiert. Dieser Aspekt zeigt auch ihr Verantwortungsgefühl für ihr Kind.

Utrillo ist ein Steinbock mit Stier-AC und Schütze-Mond. Der Mond regiert sein 4. Haus (Mutter) und auch sein 3. (Lernen). Es überrascht nicht, daß zwischen Mutter und Kind ein sehr enges Band bestand und daß sie fähig war, ihm ihr Handwerk mit solchen erstaunlichen Ergebnissen beizubringen. Sein Mond im 7. Haus steht in Opposition zu Saturn und Pluto im 1. Haus, im Sextil zu seiner Venus im 10., zu Uranus im 6. und im Trigon zu Jupiter im 4. Haus. Seine Liebe und Bewunderung für seine Mutter war grenzenlos und ihre Beteiligung an seinem Werdegang wird durch diese Aspekte bestätigt. Er sah seine Mutter als philosophisch und unabhängig (Jupiter im 4. und Mond in Schütze), als jemanden, von dem er lernen und auf den er sich verlassen konnte. Die Tatsache, daß Utrillo nach außen hin ein ruhiges Leben führte, wird durch die Betonung von Planeten im Element Erde angezeigt. Diese Dominanz spiegelt auch seine greifbaren und konkreten Themen in der Malerei wider. Steinbock steht am MC, und Merkur, Herrscher seines 2. und 6. Hauses, steht in Steinbock in seinem 10. Haus. Er hat ein Großes Erd-Trigon zwischen seinem 6. Haus, das beschreibt, wie er die Arbeit (Uranus) ausführt, seinem 10. Haus, das die gesellschaftliche Achtung und den Ruhm (Venus) anzeigt, und dem 1. Haus der Selbstdarstellung (Pluto).

Mutter und Sohn haben beide Saturn im 1. Haus. Sie hat eine Waage-Sonne und einen Waage-AC, er hat den Mond im 7. Haus.

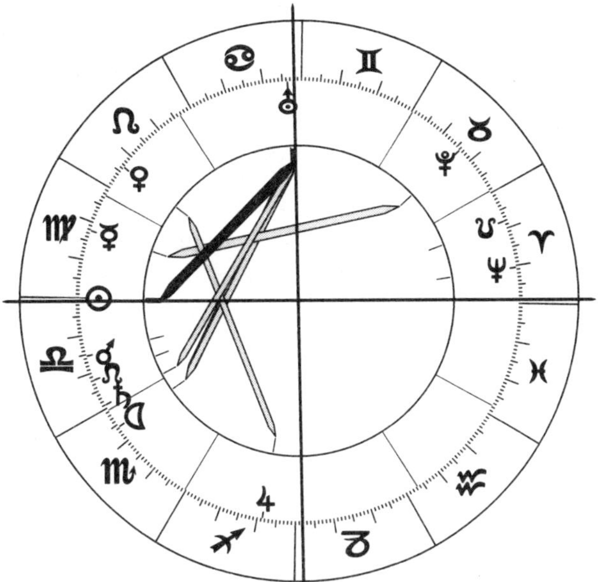

**Susanne Valadon**

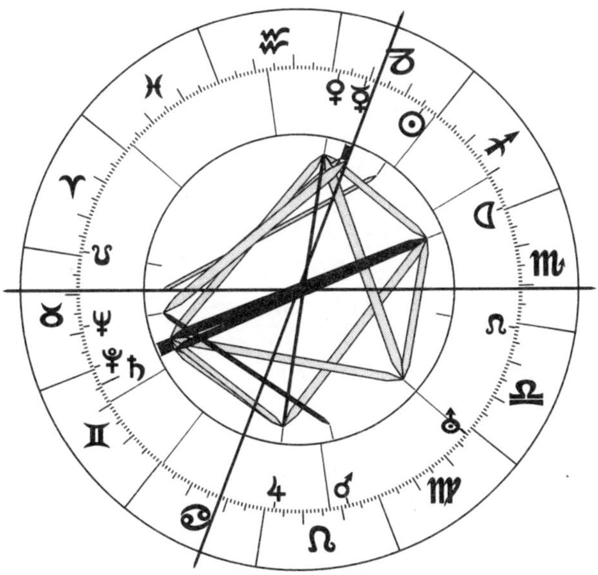

**Maurice Utrillo**

Beide haben Mond / Pluto-Oppositionen, obwohl ihre etwas weit ist. Diese Ähnlichkeit offenbart gegenseitige Übereinstimmung, gemeinsame Vorlieben und Abneigungen und ein naturgegebenes Verständnis füreinander. Seine Sonne, sein Merkur und seine Venus in Steinbock fallen alle in ihr 4. Haus. Seine Steinbock-Sonne in ihrem 4. Haus füllt ihr Sonne / AC / Neptun / Uranus-T-Quadrat, verwandelt es in ein Großes Kreuz und erfüllt so ihre 4.-Haus-Bedürfnisse. Ist es ein Wunder, daß er den größten Teil seines Lebens mit ihr lebte? Ihre Sonne und ihr AC in seinem 6. Haus intensivieren das Talent und das Arbeitsgebiet, das sie miteinander teilten.

### Vater / Tochter-Beziehung

Die Fans der Blues-Rock-Sängerin Bonnie Raitt wissen vielleicht gar nicht, daß ihr Vater John Raitt ein berühmter ehemaliger Broadway-Star war, der in vielen Musicals auftrat, wie zum Beispiel in *Oklahoma*. Er hat auch den Charakter von Billy Bigelow in *Carousel* geschaffen. Obwohl er meistens auf Tournee war, während Bonnie aufwuchs, bestand dennoch eine solide Vater / Tochter-Beziehung.

Vergleicht man ihre Horoskope miteinander, ergeben sich folgende Ähnlichkeiten: Bei ihm steht der Mond im 7. Haus, bei ihr die Sonne. Ihr AC-Herrscher ist im 9. Haus wie bei ihm. Sie hat ein Großes Erd-Trigon zwischen Venus im 9. Haus, ihrem Stier-AC und Mars im 5. Haus. Johns Venus steht mit ihrer Venus in Konjunktion und verstärkt diese Aspektfigur, was auf Übereinstimmung und gutes Einvernehmen schließen läßt. Er hat ein T-Quadrat zwischen seiner Sonne / Merkur-Konjunktion im 9. in Opposition zu Saturn im 3., alle im Quadrat zu Jupiter im 11. Haus. Bonnies Jupiter steht mit seinen 9.-Haus-Planeten in Konjunktion und potenziert diese Horoskopfigur.

Ihr 10. Haus (Vater) wird von Saturn im 5. regiert; ihre Sonne in Skorpion im 7. bildet ein Sextil zu Saturn und zum MC. Pluto im Quadrat zu ihrer Sonne führt zu einem T-Quadrat, wenn wir Johns Uranus im 10. Haus, der auch in ihr 10. Haus fällt, hinzufügen. Saturn steht im Quadrat zu Mond und im Trigon zum MC. Es ist klar, daß ihr Vater sehr sichtbar ist, nicht nur für sie persönlich, sondern auch öffentlich. Die Beziehung zwischen ih-

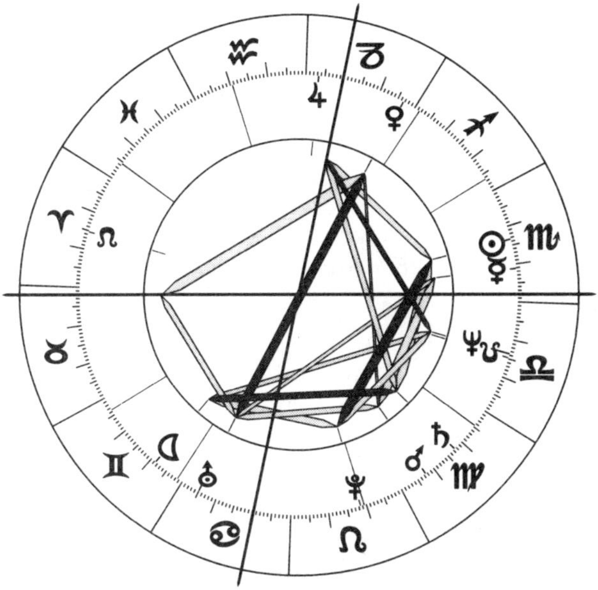

***Bonnie Raitt***

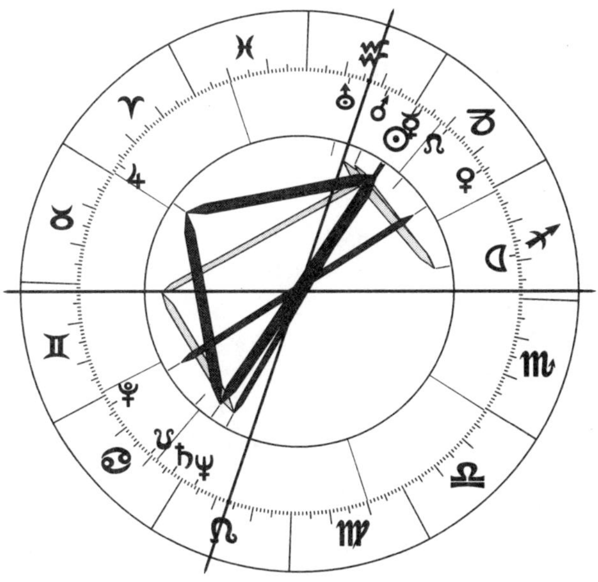

***John Raitt***

ren Eltern mag ihr unsicher erschienen sein, als sie heranwuchs (Mond Quadrat Saturn). Ihre Eltern ließen sich dann scheiden. Obwohl er zunächst jemand anderen heiratete, gingen ihre Eltern schließlich noch einmal eine Ehe miteinander ein. Das Sextil zwischen Sonne und Saturn deutet Respekt und Bewunderung für ihren Vater an. Sie erklärte, daß sie und ihre beiden Brüder fanden, daß ihr Vater »flexibel« sei und »immer Verständnis für seine Kinder und ihre Pläne« habe. Mit Saturn im 5. Haus als Herrscher über ihren MC überrascht es nicht, daß sie in seine Fußstapfen trat.

Welche Beziehung hat John Raitt zu seiner Tochter? Merkur regiert sein 5. Haus der Kinder und ist in einem T-Quadrat gefangen, obwohl er auch im Trigon zu seinem AC steht. In gewisser Hinsicht sieht er sie wahrscheinlich als eine Erweiterung seiner selbst an. Merkur steht in Konjunktion mit seiner Sonne, und obwohl sie vielleicht ein paar Meinungsverschiedenheiten haben, fühlt er sich ihr persönlich sehr nahe. Die Opposition zu Saturn zeigt die Verantwortung, die er für seine Tochter empfindet und auch das fehlende Verständnis für ihre Musikrichtung zu Beginn ihrer Karriere. Als sie damit Erfolg hatte, war er aber doch stolz auf sie. Merkur im Quadrat zu Jupiter zeigt, daß seine Quäker-Grundsätze (nicht rauchen, nicht trinken) wegen ihrer Alkoholprobleme vielleicht bis an seine Grenzen beansprucht wurden. Nach ihrem Entzug wurde ihre Beziehung aber enger als je zuvor.

## Großeltern / Enkel-Beziehung

Wenn Sie die Beziehung zwischen Großeltern und Enkeln untersuchen, stellen Sie zuerst fest, welches Haus welchen Großelternteil im Horoskop des Kindes darstellt. Richten Sie sich nach dem Prinzip der abgeleiteten Häuser in Kapitel 5. Als Beispiele werden wir sowohl einen Großvater mütterlicherseits als auch einen Großvater väterlicherseits nehmen. Im Horoskop der Großeltern wird das Enkelkind durch das 9. Haus (das 5. vom 5. Haus der Kinder) repräsentiert.

Alex Richard Eisenhower ist der Sohn von Julie Nixon und David Eisenhower. Sein Großvater mütterlicherseits ist Ex-Präsident Richard Nixon. Sein Großvater väterlicherseits ist John Eisenhower, Sohn von Präsident Dwight Eisenhower. Betrachten wir Alex' Horoskop, dann wird sein Großvater mütterlicherseits im 1. Haus (10. vom 4.) beschrieben, sein Großvater väterlicherseits im 7. Haus (10. vom 10.).

Mit Venus am AC liegt es auf der Hand, daß sein Großvater Nixon ihn ein wenig verwöhnte, aber von ihm auch Disziplin erwartete (Venus in Jungfrau). Alex hat einen Löwe-AC. Seine Waage-Sonne steht im Quadrat zu Nixons Steinbock-Sonne. Während sie also gut miteinander auskommen werden, solange Alex ein Kind ist, mögen sie später vielleicht nicht immer übereinstimmen. Doch Nixons Sonne fällt in Alex' 5. Haus, also empfinden sie viel Liebe füreinander. Alex' Sonne steht im 2. Haus, daraus kann man schließen, daß sein Großvater Nixon seine Werte und seinen Selbstwert maßgeblich beeinflußt hat.

Alex' Sonne bildet ein Trigon zum Mond seines Großvaters. Sein Uranus in Opposition zum MC wird durch Nixons Mond zum T-Quadrat, während sein Pluto im Trigon zu Alex' Mond steht. Venus regiert Nixons 9. Haus, das Haus der Enkelkinder. Sie befindet sich in Fische in seinem 6. Haus im Quadrat zu Saturn. Deshalb ist es ziemlich unwahrscheinlich, daß er Wert darauf legt, dem Jungen Disziplin beizubringen. Venus im Sextil zu Merkur, Mars und Jupiter und im Trigon zu Pluto zeigt an, daß er für seine Enkelkinder tiefe Zuneigung empfindet und im Privatleben zuhause (4. Haus) die Möglichkeit hat, sich mit ihnen auszutauschen. Alex hat keine Oppositionen zwischen Planeten, aber sein Großvater bringt seinen Saturn in Opposition zu Alex' Mars / Uranus-Konjunktion, was zwar nicht einfach sein, aber dazu beitragen dürfte, sich über seine Ziele und Wünsche klarzuwerden.

Alex' Sonne in Waage regiert sein 1. Haus (Großvater mütterlicherseits), und als echte Waage wird er sich bemühen, mit beinahe jedem auszukommen, es sei denn, man versucht, ihn zu kontrollieren (Sonne Konjunktion Pluto). Venus im 1. Haus ist charmant, und dieser Charme wird natürlich in den Beziehungen zu den älteren Familienmitgliedern eine große Rolle spielen. Mit Venus in einem weiten Quadrat zu Mars wird er gewiß für seine Überzeugungen eintreten, doch mit Mars im 4. Haus im Sextil zu Jupiter und Saturn hat er Respekt für alle Familienmitglieder, besonders für die älteren. Er hat eine Bündelfigur im Horoskop, die nur vier Häuser besetzt. Großvater Nixons Planeten füllen fünf

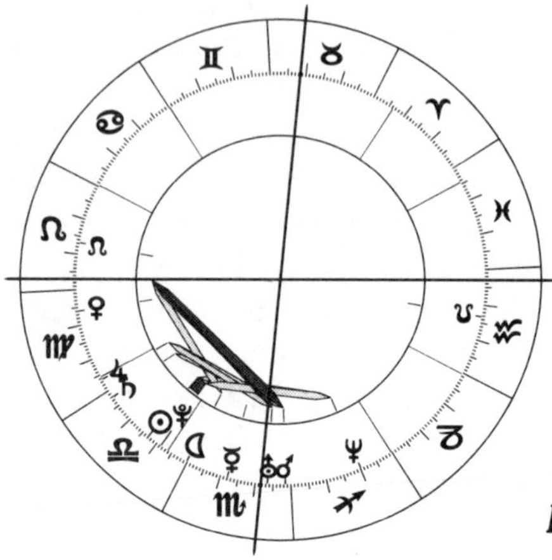

**Alex Eisenhower**

**Richard Nixon**

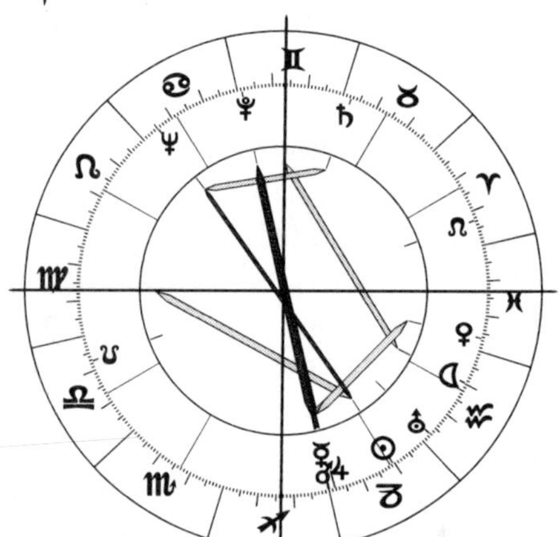

**John Eisenhower**

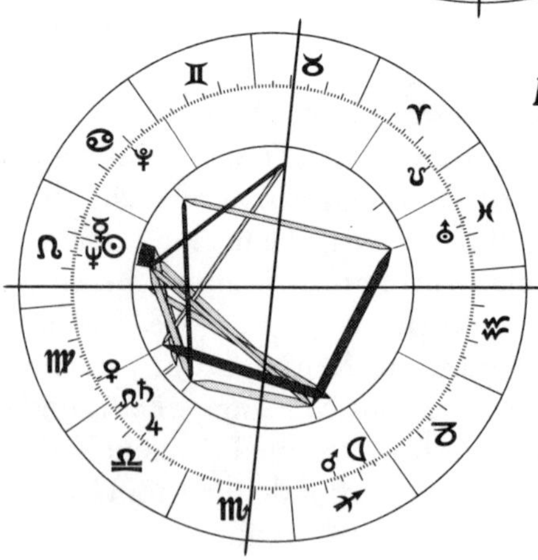

seiner leeren Häuser. Das läßt darauf schließen, daß Großvater Nixon es vermag, Alex' Perspektive zu erweitern. Zusammen ergibt sich zwischen ihren Planeten ein Großes Erd-Trigon von Nixons Aszendent über seine Sonne zu Alex' MC. Das spricht dafür, daß die Beziehung zwischen beiden entspannt ist und daß sein Großvater seine beruflichen Pläne beeinflussen könnte.

Wie sieht es mit Alex' Beziehung zu seinem Großvater väterlicherseits, John Eisenhower, aus? Sie haben die gleichen Horoskopachsen. Das bedeutet, daß grundsätzlich Übereinstimmung und Wohlgefühl zwischen ihnen bestehen. Sie machen ähnliche Erfahrungen. Alex kann von Johns Wissen profitieren, wenn sie sich über Ansichten und Erwartungen austauschen. Sie müssen sich sein 7. Haus ansehen, um herauszufinden, wie er diesen Großvater sieht und was er von ihm erwartet. Er hat einen Wassermann-DC, Uranus steht im 4. Haus in Konjunktion zu Mars, im Sextil zu Jupiter, in Opposition zum MC und im Quadrat zum AC.

Offensichtlich ist John Eisenhower nicht der nachsichtige Großvater, als den ihn das 1. Haus beschreibt. Alex' Beziehung zu ihm liegt wahrscheinlich auf einer freundschaftlichen (Wassermann), doch vorsichtigen (Uranus mit Spannungsaspekten in Skorpion) Ebene. Er fühlt sich zuhause mit ihm (4. Haus), ist sich aber nicht immer sicher, was er zu erwarten hat.

Großvater Eisenhower hat einen Löwe-AC mit Sonne im 12. Haus. Also hält er sich mit seinen Gefühlen zurück. Aber seine Sonne steht im Trigon zu Mars, dem Herrscher seines 9. Hauses der Enkelkinder. Mars steht in Schütze im 4. Haus. Es ist klar, daß sein erster Enkelsohn sein Augapfel ist. Mars im Trigon zu Neptun sagt aus, daß er gewillt ist, über Fehler hinwegzusehen. Alex und sein Großvater haben ein Großes Wasser-Trigon, das von Alex' Merkur über Johns Uranus und Pluto verläuft und darstellt, wie empfänglich sie füreinander sind. Bei Großen Wasser-Trigonen zwischen Horoskopen können die Stimmungen und Reaktionen des anderen oft intuitiv erfaßt werden.

Die Verbindungen zwischen ihren Horoskopen sind sehr vielfältig. Beide haben einen Löwe-Aszendenten, Mars im 4. Haus, MC in Stier und Saturn und Jupiter im 2. Haus. Alex' Sonne steht in Konjunktion mit Johns Jupiter (er kann von ihm lernen). Sein Jupiter befindet sich in Konjunktion zu Johns Venus und sein Neptun in Konjunktion zum Mond seines Großvaters. Alex könnte John beruflich nacheifern, weil beider MC-Herrscher in Jungfrau im 1. Haus stehen. Ihre Merkure im Quadrat zueinander – das bedeutet anregende Unterhaltungen und Diskussionen.

### Synastrieaspekte progressiver Planeten

Fühlten Sie sich schon einmal auf den ersten Blick sehr stark zu jemandem hingezogen, und ging es dem anderen genauso? Dies kann bei einem Liebhaber, einem Freund oder einer Geschäftsbekanntschaft geschehen. Zuerst ist die Beziehung sehr intensiv. Dann kühlt sie ab, und ungefähr ein Jahr später geht jeder von Ihnen wieder seiner eigenen Wege. Was Sie beide für ewige Liebe, Freundschaft oder was auch immer gehalten haben, hat sich verflüchtigt.

Dieses Phänomen ist häufig das Ergebnis von Progressionen, Direktionen oder Transiten der äußeren Planeten. Es kann eine wunderbare Möglichkeit sein, eine Beziehung zu beginnen, wenn es einige Aspekte zwischen den Geburtshoroskopen gibt, aber manchmal sind beide wirklich überhaupt nicht miteinander vereinbar. Sie fühlen sich jedoch zum anderen hingezogen, ohne etwas im Horoskopvergleich zu finden, das die Intensität Ihrer Gefühle füreinander erklären könnte? Stellen Sie fest, ob durch Progression oder Sonnenbogendirektionen Ihre Sonne, Mars, Venus oder Uranus beim anderen mit AC, Sonne, Mond, Venus oder Mars in Kontakt kommen. Gibt es einen Aspekt oder entstehen sogar mehrere starke Verbindungen (Konjunktion, Opposition oder Quadrat), dann haben diese wahrscheinlich das Feuerwerk entzündet.

Auch der progressive Mond kommt als Auslöser infrage, aber er kontaktiert einen anderen Planeten höchstens für einen Monat oder sechs Wochen – lange genug für eine heiße Romanze, ganz besonders, wenn er mit Uranus, Mars oder Venus des anderen in Berührung kommt.

Die Wirkung des progressiven oder dirigierten Planeten kann ein bis anderthalb Jahre anhalten. Wenn Ihr progressiver Mond zu dieser Zeit auch auf Planeten im Horoskop des anderen Menschen trifft, können Sie eine sehr faszinierende, aber vergängliche Episode erleben.

Eine Studentin brachte einmal den Horoskopvergleich zwischen ihr und ihrem Mann mit, weil sie überlegten, sich scheiden zu lassen. Es wurde schnell klar, daß ihre Horoskope kaum miteinander vereinbar waren. Jemand fragte, was sie in erster Linie zueinander hingezogen hatte. Sie antwortete: »Es war Liebe auf den ersten Blick. Er faszinierte mich mehr als jeder andere Mann, den ich vorher kennengelernt hatte. Bei unserer zweiten Verabredung verlobten wir uns. Sechs Wochen, nachdem wir uns kennengelernt hatten, heirateten wir.« Als sie von der Klasse weiter befragt wurde, stellte sich heraus, daß die Ehe anderthalb Jahre lang das pure Glück gewesen war, ehe plötzlich alles in sich zusammenstürzte. Er lernte eine andere Frau kennen und sie einen anderen Mann. Sie konnten sich nicht miteinander verständigen, und beide hatten das Gefühl, daß es vorbei war. Aus finanziellen Gründen hielten sie noch drei weitere Jahre aus, und deshalb brachte sie auch die Horoskope mit in den Kurs. Können wir sehen, was passierte?

Zwischen den Geburtshoroskopen gibt es kaum Verbindungen: überhaupt keine Saturn-Aspekte, keine Sonne / Mond-Verwandtschaft, keinen Venus / Mars-Aspekt. Die Herrscher ihres 2. Hauses stehen im Trigon zueinander. Nach langen Diskussionen schlug ein Student vor, daß wir uns die Progressionen für das Jahr der Heirat ansehen sollten. Ihre Sonne und ihr Mond stehen im Geburtshoroskop in Konjunktion auf 5° und 6° Skorpion. Seine Sonne steht auf 0° Schütze. Im November, als sie sich trafen, war sie 24 Jahre alt, und ihr mit dem Sonnenbogen dirigierter Mond war gerade in Konjunktion zu seiner Sonne gelaufen, ein Jahr später folgte ihre Sonne. Sein Geburts-Mars steht in Waage. In dem Jahr, in dem sie sich trafen, war er in der Progression bis zur Konjunktion mit ihrer Skorpion-Sonne fortgeschritten. Gibt es irgendeinen Zweifel darüber, daß es hauptsächlich um körperliche Anziehung ging? Es gibt keine starken Merkur-Aspekte, weder zwischen den Geburtshoroskopen noch durch Progression, doch der progressive Mond der beiden bewegte sich jeweils durch das 8. Haus des anderen.

Bei beiden ist im Geburtshoroskop die Achse 2 / 8 stark besetzt. Sie hatten sowohl aus finanziellen als auch aus sexuellen Gründen versucht, die Ehe fortzusetzen. Nachdem sie die Horoskope untersucht hatte und ihr durch die Diskussion mit dem Kurs klargeworden war, wie herausfordernd ihre Beziehung war, überredete sie ihn, mit ihr zu einer Beratung zu gehen. Sie hielten ihre Ehe noch weitere zwei Jahre aufrecht und ließen sich nach Auseinandersetzungen über die finanziellen Grundlagen schließlich scheiden. Jeder heiratete wieder. Sie hatten keine Kinder gehabt.

Dieses Beispiel ist nicht dazu gedacht, jemanden von einer Ehe abzubringen oder zu entmutigen, wenn es herausfordernde und gespannte Aspekte zwischen den Horoskopen gibt. Unsere Absicht ist es, darauf hinzuweisen, daß Sie nicht den Fehler machen sollten, jegliche Anziehung, die durch vorübergehende Aspekte zustande kommt, ernstzunehmen. Sind die Voraussetzungen, die wir für dauerhafte Beziehungen genannt haben, nicht erfüllt, so ist Vorsicht angebracht.

Noch eine Bemerkung zu kurzlebigen Freundschaften. Hier gilt das gleiche Prinzip. Wenn eine Beziehung lediglich mit Progressionen und Transiten parallel läuft, dann sollten Sie den Augenblick genießen. Wenn dann die Anziehungskraft nachläßt, verbeißen Sie sich nicht in die Beziehung, sondern lassen Sie sie los.

Denken Sie daran: Sie können herausfinden, wie Sie sich auf jemanden beziehen, wenn Sie dem System der abgeleiteten Häuser in Kapitel 5 folgen. Beispielsweise finden Sie Tanten und Onkel väterlicherseits in Ihrem 12. Haus (3. vom 10.), und deren Kinder, d. h. Ihre Cousins und Cousinen, im 5. vom 12., also dem 4. Haus. Wenn Sie dieses System einige Male benutzt haben, wird es immer leichter gehen. Stellen Sie sicher, daß Sie im richtigen Haus zu zählen beginnen, d. h. um im oben genannten Beispiel Ihre Cousins und Cousinen zu finden, nehmen Sie das 12. als 1. Haus und fangen Sie von dort aus zu zählen an.

Viel Spaß beim Leute-Suchen!

Teil 3

# Das Composit

Kapitel 13

# Die Berechnung

Die Erstellung von Composit-Horoskopen ist eine noch relativ neue Technik. Kurz nach dem Ersten Weltkrieg wurde sie von Dr. Walter Koch, von dem auch die *Koch-Häusertabellen* stammen, zum erstenmal erfolgreich ausprobiert. In den sechziger Jahren breitete sich ihre Anwendung wie ein Steppenbrand aus – wie bei jeder Idee, deren Zeit gekommen ist. Inzwischen wird die Berechnung und Deutung von Composit-Horoskopen in der ganzen Welt gelehrt.

Composite basieren auf Halbsummenpunkten. Viele Astrologen halten Halbsummen bei der Interpretation von Geburtshoroskopen für sehr wichtig. Denjenigen, die damit nicht vertraut sind, empfehlen wir Reinhold Ebertins hervorragendes Buch *Kombination der Gestirneinflüsse*, in dem dieses Thema im Detail behandelt wird, und auch Michael Munkasey's Buch *Midpoints*.

## Berechnungsanleitung für Composite

Um Halbsummenpunkte zu ermitteln, brauchen Sie einfach nur zu addieren und dann durch 2 zu teilen. Zum Beispiel:

Ihre Sonne steht auf 8° 04′ Waage und die Sonne des Partners auf 13° 48′ Skorpion.

  6 Zeichen 08° 04′
\+ 7 Zeichen 13° 48′
____________________
13 Zeichen 21° 52′ : 2 = 6 Zeichen (1 Zeichen oder 30 Grad im Sinn)
51° 52′ : 2 = 25° (1 Grad oder 60 Minuten im Sinn)
112′ : 2 = 56′ oder 25° 56′ Waage

Bei der Berechnung von Halbsummen für Composite nehmen Sie immer die kürzere Strecke zwischen den beiden betreffenden Tierkreiszeichen. Es ist ganz klar, daß der Mittelpunkt zwischen einem frühen Waage-Grad und Skorpion am Ende von Waage liegen muß. Aber hier ist ein anderes Beispiel:

Ihr Mond steht auf 4° 16′ Fische und der Mond des Partners auf 20° 24′ Stier. Wenn Sie die Methode einfach so anwenden wie eben, wird das Ergebnis Waage sein, doch der korrekte Mittelpunkt liegt in Widder.

  11 Zeichen 04° 16′
+ 01 Zeichen 20° 24′

12 Zeichen 24° 40′ : 2 = 6 Zeichen 12° 20′ Waage

Wenn Sie sich ein Horoskop ansehen, werden Sie merken, daß die kürzere Strecke zwischen Fische und Stier gegenüber von Waage liegt – in Widder.

Im Composit werden zwei Horoskope zu einem verbunden. Die sicherste Methode, die Häuserspitzen des kombinierten Horoskops zu berechnen, ist es, mit dem MC anzufangen. Denken Sie logisch. Wenn die Halbsumme zwischen den MCs zweier Horoskope in Zwillinge liegt, muß die Spitze des 11. Hauses natürlich in Krebs fallen oder in Löwe, falls ein Zeichen eingeschlossen ist. Sie sollte nicht in Steinbock oder Wassermann fallen, auch wenn das der nächste Halbsummenpunkt ist. Anders ausgedrückt: Nehmen Sie den MC als Richtlinie für den Rest der Häuserspitzen.

Wenn Sie die Häuser berechnet haben, berechnen Sie die Planeten, indem Sie mit der Sonne beginnen, dann Merkur und Venus. Denken Sie daran, daß Merkur in einem Geburtshoroskop nicht weiter als 28° und Venus nicht mehr als 46° von der Sonne entfernt sein kann. Auch hier müssen Sie eher folgerichtig denken und sich vom Tierkreiszeichen der Sonne leiten lassen, als nur auf die kürzeste Halbsumme fixiert zu sein. Danach berechnen Sie die restlichen sieben Planeten und die Knoten.

Es gibt noch eine Alternativ-Methode für die Berechnung der Häuserspitzen. Robert Hand berechnet die Halbsumme beider MCs wie oben beschrieben, benutzt dann die geographische Breite desjenigen Ortes, an dem die Beziehung von den Partnern gelebt wird und entnimmt den Rest der Häuserspitzen der Häusertabelle, genau wie Sie es bei der Berechnung eines Geburtshoroskopes tun. Wir halten nicht viel von dieser Methode, weil sie nur bei Partnern anwendbar ist, die am selben Ort leben. Geschäftspartner könnten von unterschiedlichen Orten aus zusammenarbeiten – welchen Breitengrad würden Sie dann wählen? Wir empfehlen jedoch Robert Hand's exzellentes Buch *Planeten im Composit* zum Lernen.

Wenn Sie die Composit-Planeten in den Horoskopkreis eingezeichnet haben, entsteht ein Bild der Beziehung, egal, ob es dabei um eine verbindliche Beziehung, eine Ehe, eine Geschäftspartnerschaft oder um die Beziehung zwischen zwei Familienmitgliedern geht. Es ist eine ausgezeichnete Methode, um die Verträglichkeit von zwei, drei oder zehn Menschen, die eine Einheit bilden, zu untersuchen.

So seltsam es scheinen mag, aber Composite funktionieren auch für Gruppen: für eine komplette Familie, eine Firma oder jede andere Kombination von Individuen. Achten Sie darauf, daß Sie die Werte, die Sie bei der Berechnung erhalten, immer durch die Anzahl der berücksichtigten Horoskope teilen. Bei 5 Partnern addieren Sie also alle 5 Horoskope und teilen die Summe dann auch durch 5.

Einige Studenten fragen, ob das künstliche Ergebnis von Halbsummen zwischen zwei oder mehr Horoskopen wirklich dabei hilft, zu klären, welche Beziehung Menschen zueinander haben. Die Antwort lautet nachdrücklich: *»Ja!«* Wir würden nicht einmal im Traum daran denken, jemanden im Hinblick auf eine Beziehung zu beraten, besonders bei einer Verpflichtung oder bei einer Ehe, ohne ein Composit zu berechnen. Aus Erfahrung wissen wir, daß sich jemand in einer bestimmten Beziehung mit jemand anderem ganz anders verhält als er es mit sich allein als Individuum tut.

Sicherlich haben Sie schon einmal beobachten können, wie ein Ehepaar auf einer Party sich verhält, wenn beide zusammen an einem Tisch sitzen und wie sie sich im Gegensatz dazu benehmen, wenn jeder von ihnen sich an einem anderen Tisch aufhält. Im ersten Fall spielen sie ihre Rolle in der Beziehung, einer gibt vielleicht den Ton an, während der andere sich zurücknimmt, einer erzählt die Witze, der andere stöhnt darüber, daß er sich diesen Witz jede Woche anhören muß, oder er lacht am lautesten darüber, um Unterstützung zu demonstrieren. Wenn beide an verschiedenen Tischen sitzen, kann jeder ganz er selbst sein. Genau darum geht es bei Composit-Horoskopen – um die neue Persönlichkeit, die Sie in der Beziehung zu jemand anderem entwickeln.

Das gilt natürlich auch für eine Familie. Während man innerhalb der Familie eine bestimmte Rolle spielt – als Vater, Mutter, Sohn oder Tochter – kann man außerhalb der Familie sein, wer man wirklich ist. Die Deutung eines Composits läuft so ähnlich ab wie die Deutung eines Geburtshoroskops, außer daß es sich eben um den Zusammenschluß von zwei (oder mehr) Personen handelt. Deshalb müssen Sie etwas gesunden Menschenverstand in Ihrer Deutung anwenden. Das 6. Haus der Gesundheit z. B. zeigt nicht die körperliche Gesundheit des einen oder anderen, sondern die Gesundheit der Beziehung ebenso wie Pflichten, Gewohnheiten und weitere 6.-Haus-Bedürfnisse.

Bevor Sie ein Composit interpretieren können, müssen Sie wissen, wie Sie es berechnen. Wenn Sie einen Computer besitzen, der Composite berechnet: Prima! Aber vergewissern Sie sich, daß er das System benutzt, welches mit der Berechnung der nächsten Halbsumme zwischen den beiden MCs für den Composit-MC arbeitet, und daß er auch die Halbsummen für jede weitere Häuserspitze so errechnet anstatt sie einfach der Häusertabelle zu entnehmen. Vergewissern Sie sich auch, daß, wenn z. B. die Sonne in Stier steht, sich Merkur und Venus innerhalb von 28 bzw. 46° befinden sollten. Einige Computerprogramme verdrehen die Positionen dieser Planeten.

## Berechnungsbeispiel

Zum leichteren Verständnis berechnen wir nun das Composit für Ernest und Mary Welsh Hemingway.

1. Addieren Sie die beiden MCs:

| | | |
|---|---|---|
| | | 8 Zeichen 24° 16′ Mary |
| | + | 2 Zeichen 03° 22′ Ernest |
| Teilen Sie durch 2: | | 10 Zeichen 27° 38′ |
| | | 5 Zeichen 13° 49′ = 13° 49′ Jungfrau, |

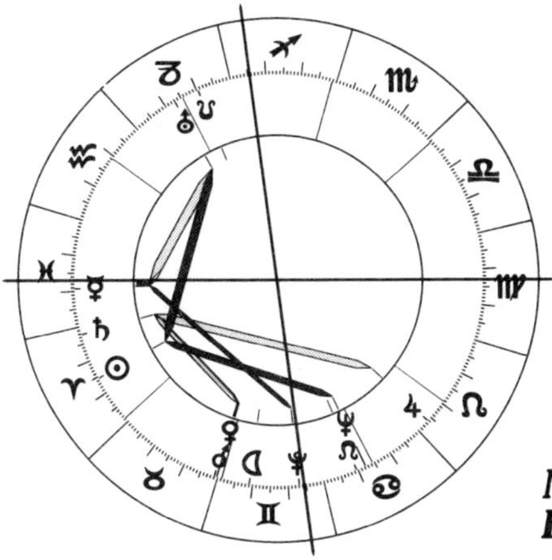

***Mary Welsh Hemingway***

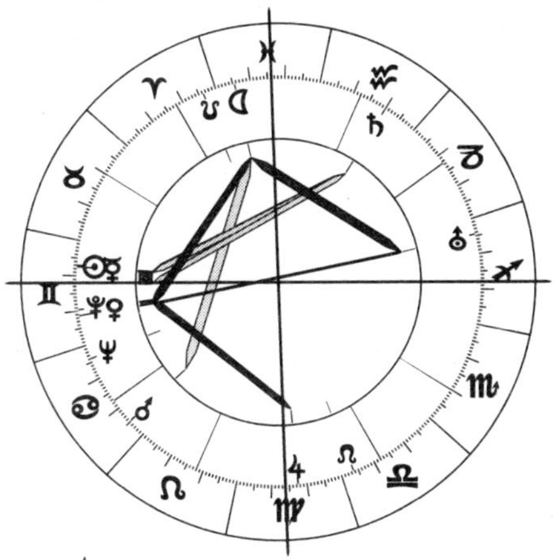

***Composit Ernest & Mary***

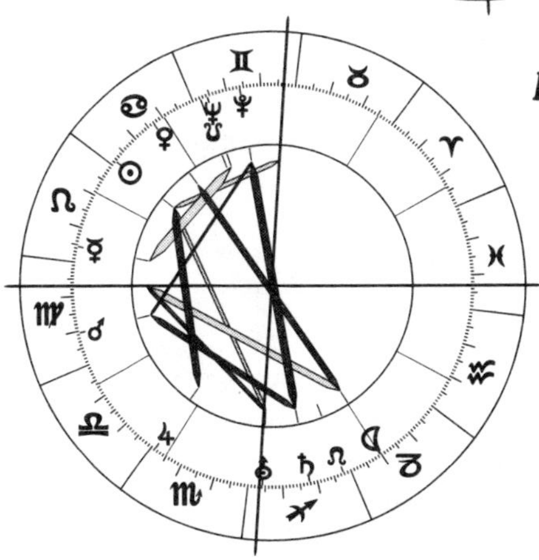

***Ernest Hemingway***

aber die nächste Halbsumme zwischen 24° Schütze und 3° Zwillinge ist nicht Jungfrau, sondern Fische. Deshalb fällt der Composit-MC auf 13° 49′ Fische.

2. Addieren Sie die beiden 11.-Häuserspitzen:

| | |
|---|---|
| | 9 Zeichen 14° 14′ Mary |
| | + 3 Zeichen 09° 40′ Ernest |
| Teilen Sie durch 2: | 12 Zeichen 23° 54′ |
| | 6 Zeichen 11° 57′ = 11° 57′ Waage |

Wenn der MC in Fische fällt, kann die Spitze des 11. Hauses ganz sicher nur in Widder stehen, nicht in Waage. Die Spitze des 11. Hauses ist also 11° 57′ Widder.

3. Verfahren Sie bei der Berechnung der nächsten 4 Häuser genauso, bis Sie das Horoskop komplett berechnet haben.

4. Jetzt die beiden Sonnen:

| | |
|---|---|
| | 0 Zeichen 15° 16′ Mary |
| | + 3 Zeichen 28° 32′ Ernest |
| Teilen Sie durch 2: | 3 Zeichen 43° 48′ |
| | 1 Zeichen 36° 54′ |
| | oder 2 Zeichen 06° 54′ |

6° 54′ Zwillinge ist die nächste Halbsumme zwischen ihrer Widder- und seiner Krebs-Sonne. Machen Sie sich keine Sorgen wegen ungerader Minuten – Sie können sie auf- oder abrunden, ganz wie Sie wollen.

5. Addieren Sie die beiden Merkure:

| | |
|---|---|
| | 11 Zeichen 19° 11′ Mary |
| | + 4 Zeichen 25° 30′ Ernest |
| Teilen Sie durch 2: | 15 Zeichen 44° 41′ |
| | 7 Zeichen 37° 20′ |
| | oder 8 Zeichen 07° 20′ = 7° Schütze 20′. |

Die nächste Halbsumme zwischen Fische und Löwe ist Zwillinge, deshalb steht der Composit-Merkur auf 7° 20′ Zwillinge.

Aber auch wenn die nächste Halbsumme wirklich in Schütze wäre, könnte bei einer Zwillinge-Sonne Merkur nicht in Opposition zu ihr stehen, er muß sich also in Zwillinge befinden.

6. Verfahren Sie mit Venus genauso und ebenso logisch wie bei Merkur.

7. Nun addieren Sie die beiden Monde:

| | | |
|---|---|---|
| | 2 Zeichen 08° 53′ | Mary |
| | + 9 Zeichen 09° 56′ | Ernest |
| Teilen Sie durch 2: | 11 Zeichen 17° 109′ | |
| | oder 5 Zeichen 24° 24′ | |

Die nächste Halbsumme zwischen Steinbock und Zwillinge liegt in Fische, deshalb steht der Composit-Mond auf 24° 24′ Fische.

8. Verfahren Sie bei den verbleibenden Planeten und den Mondknoten genauso, und vergleichen Sie Ihre Berechnung mit dem Composit der Hemingways in diesem Buch.

9. Nachdem Sie das Composit interpretiert haben, können Sie zur weiteren Vertiefung die Radix-Planeten von Ernest und Mary Hemingway außen um das Composit einzeichnen. Dies wird Ihnen zeigen, welche Wechselwirkungen zwischen dem Composit und den beiden Einzelpersonen ablaufen.

Kapitel 14

# Compositháuser

Wenn Sie die Einheit zweier Individuen im Composit beschreiben, müssen Sie Schlüsselbegriffe finden, die auf zwei Personen anwendbar sind, nicht nur auf eine. Untersuchen Sie beispielsweise die Sonne, dann sollten Sie nicht über das Herz, den oberen Rücken oder die Milz sprechen – alles anatomische Entsprechungen – wenn es astrologisch um die Sonne geht. Sie sollten solche Begriffe wie Identitätsgefühl, den Wunsch nach Anerkennung, männliches Prinzip, Autorität oder Titel benutzen. Sind Ihnen die theoretischen Grundlagen erst einmal geläufig, werden Sie keinerlei Schwierigkeiten mehr haben. Deshalb folgen nun einige nützliche Interpretationen der Compositháuser und -planeten.

## 1. Haus

Das 1. Haus des Composits zeigt die innere Verfassung Ihrer Partnerschaft und auch, wie Sie sich als Paar der Welt präsentieren. Wie immer verändern Planeten im 1. Haus die Beschreibung, wie das Paar als Einheit die Beziehung sieht und empfindet. Denken Sie daran, daß dieses Horoskop zwei individuelle Horoskope vereinigt und ein neues Wesen entstehen läßt, nämlich das der beiden (oder drei, oder mehr) Personen, die als eine handeln.
Am wichtigsten ist das Aszendenten-Zeichen und dessen Herrscher. Je nachdem, wo dieser Planet steht und welche Aspekte er hat, gibt Ihnen das zusätzliche Hinweise darauf, was die beiden zusammengebracht hat. Wenn es z. B. Steinbock ist, wird das Paar die Beziehung höchstwahrscheinlich sehr ernst nehmen und sich vielleicht dem Beruf oder gesellschaftlichen Aktivitäten widmen. Ganz sicher spürt es dabei den Drang, Erfolg oder Anerkennung zu erringen. Weil Steinbock das natürliche Zeichen des 10. Hauses ist, treffen 10.-Haus- und auch Steinbock-Stichworte zu. Steht Saturn im 4. Haus, dann sind Heim, Familie, Grund-

eigentum und der Aufbau einer festen Grundlage von großer Bedeutung für ihr Zugehörigkeitsgefühl.
Im Composit von Benito Mussolini und seiner Ehefrau Rachele fällt der Aszendent in Schütze. Jupiter steht im 5. Haus.

Offenbar waren Religion, eine ähnliche Lebensphilosophie, Liebe und Kinder die wichtigsten Themen ihrer Gemeinschaft. Jupiter bildet keine Aspekte, was darauf schließen läßt, daß sie ihr Leben nach ihren eigenen Gesetzen gestalteten. Ungeachtet vieler Schwierigkeiten hielt ihre Ehe ein ganzes Leben lang. Mit Jupiters Plazierung im 5. Haus in Widder scheint das romantische Element gelinde gesagt sehr feurig gewesen zu sein.

## 2. Haus

Das 2. Haus zeigt Ihre gemeinsamen Werte, Ihr Vermögen, Ihre Einstellung zum Geld und wie Sie vermutlich mit diesem Geld umgehen werden. Zusammen mit dem 4. Haus gibt es auch Auskunft über Ihre Sicherheitsbedürfnisse. Wenn Mars diesen Bereich des Composits regiert und mit Spannungsaspekten im 8. Haus steht, dann sollten Sie sehr vorsichtig miteinander darüber diskutieren, wer von Ihnen die Finanzen verwaltet. Vielleicht aber könnte in diesem Bereich ein Außenstehender klärend dazu beitragen, wie Sie über Anschaffungen und Sparmaßnahmen gemeinsam Entscheidungen treffen können. Sogar, wenn Mars nur Trigone und Sextile bildet, könnten Sie beide zu nachsichtig miteinander sein, und Ihre Ausgaben könnten überhand nehmen. Natürlich hängt das auch von anderen Faktoren im Horoskop ab.

Bei Martin Luther und Coretta King fällt die Spitze des 2. Compositḣauses in Löwe. Die Sonne befindet sich im 8. Haus in Fische und Neptun in Löwe im 2. Haus.

Durch diese Positionen werden ihre starken religiösen Werte sehr klar widergespiegelt. Neptun steht im Trigon zu Venus im 10. Haus. Die Sonne in Konjunktion mit Mond und Merkur bildet ein Quadrat zu Saturn im 5. Haus. Ernsthaft und hingebungsvoll zogen sie eine große Gefolgschaft an, weil die Werte, die sie vertraten, in der Öffentlichkeit Anklang fanden. Ihre patriotische (Neumond) Haltung wurde von vielen als bahnbrechend bewundert und begeistert aufgenommen. Neptun im 2. Haus wird in

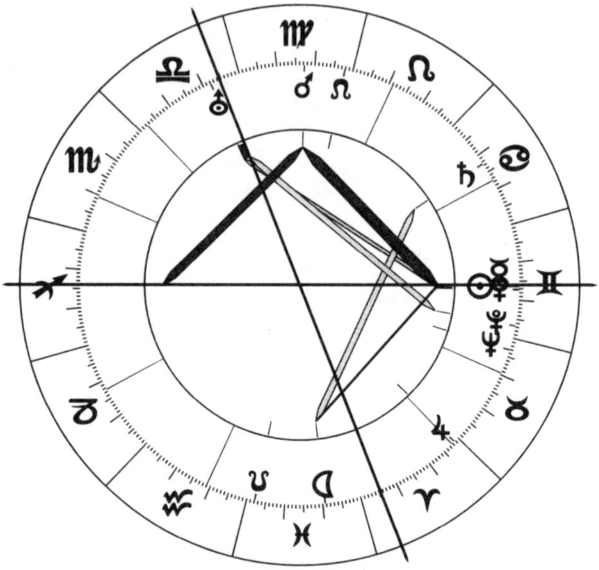

***Composit Benito & Rachele Mussolini***

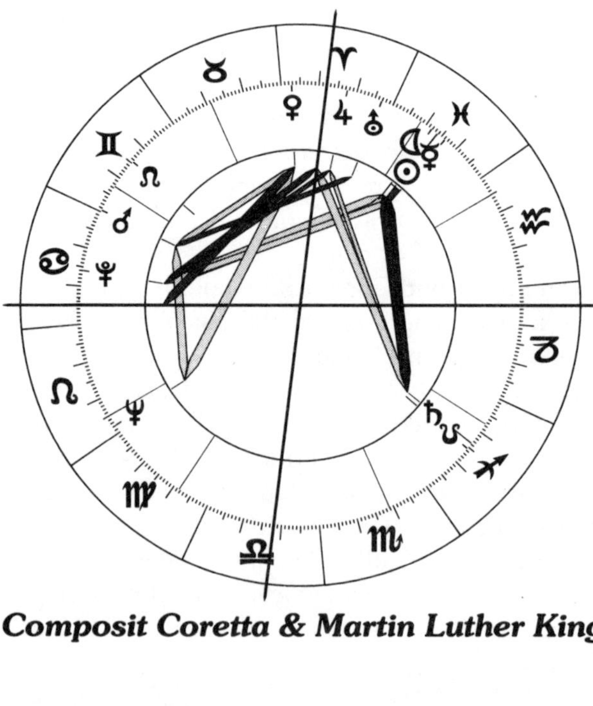

***Composit Coretta & Martin Luther King***

Geburtshoroskopen und auch im Composit oft mit »undichten Taschen« gleichgesetzt, weil wegen des übergroßen Idealismus und der unrealistischen finanziellen Einstellungen das Geld einfach so zerrinnt.

## 3. Haus

Dieses Haus hat mit der Kommunikation und der unmittelbaren Umgebung zu tun. Es ist als solches ein Barometer dafür, wie Sie sich sowohl im Alltag als auch in Gesprächen aufeinander beziehen. Es kann Ihre alltägliche Beziehung beschreiben: Ob Sie und Ihr Partner ähnliche Ansichten über die Vorgänge in der Welt haben und ob Sie Verständnis füreinander aufbringen. Es gibt auch Hinweise auf Ihre Familienbeziehungen und wie Sie beide dazu stehen. Steht Mars im 3. Haus, dann ist anzunehmen, daß viel Energie in nachbarschaftliche Aktivitäten und auch in die Kommunikation untereinander fließt.

Bei den Brüdern Vincent und Theodor van Gogh fällt die Spitze des 3. Hauses in Krebs. Wir können uns vorstellen, daß sich mit dem Mond im 5. Haus ihre Unterhaltungen zum großen Teil um Kreativität drehten.

Es ist sich jedoch fraglich, ob sie sich immer verstanden, denn der Mond steht im Quinkunx zu Merkur, Uranus und Neptun und in Opposition zu ihrem Mars.

Bei Ted Turner und Jane Fonda fällt die Spitze des 3. Hauses in Fische. Der Herrscher Neptun steht im 9. Haus in Konjunktion mit Mond und im Quadrat zu Mars. Im dritten Haus befindet sich Saturn. Offensichtlich sind die Themen ihrer Gespräche weit gefächert: Philosophie und Reisen, Religion und Politik. Mit Saturn im 3. Haus vertreten sie wahrscheinlich sehr ernsthafte Ansichten, mit Neptun als Herrscher über dieses Haus können sie aber auch sehr phantasievoll sein. Das Quadrat von Neptun zu Mars läßt auf große Auseinandersetzungen und eventuell auf regelrechte Wortgefechte schließen. Sie verfügen über eindrucksvolle kommunikative Fähigkeiten. Wir bezweifeln, daß ihnen jemals die Diskussionsthemen ausgehen werden.

## 4. Haus

Es ist ganz klar, daß das 4. Haus etwas über Ihr Heim und Ihre Umgebung aussagt und über die Einrichtung Ihrer gemeinsamen Wohnung. Noch wichtiger aber ist, daß es die Wurzeln Ihrer Beziehung anzeigt und wie sie enden wird. Mit Löwe in diesem Haus werden Sie zweifellos eine große Familie und ein großes Haus haben wollen, mit viel Licht, Lachen und Freude. Waage in diesem Haus deutet an, daß gesellschaftliche Aktivitäten in Ihrem Heim eine Rolle spielen und daß es der Ort für Parties und Feiern sein kann. Wieder hängt natürlich viel von den Zeichenherrschern ab, von der Sonne im ersten Fall und von Venus im zweiten.

Bei Königin Elizabeth und Prinz Philip liegt diese Häuserspitze in Stier. Sonne und Merkur in Stier stehen für ein prächtiges Heim.

Venus steht in Widder in ihrem 3. Haus, also spielen Gespräche und Diskussionen eine wichtige Rolle. Gelegentlich gibt es Verstimmungen in Alltagsangelegenheiten (Venus im Quadrat zu Pluto im 6. Haus) oder über Reisen und philosophische Themen (Venus regiert auch das 9. Haus). Venus im Trigon zu Neptun im 7. Haus bedeutet, daß sie für andere ein wunderschönes Bild abgeben. Sie können sehen, daß ihr Heim das Herz ihrer Beziehung bildet (Sonne im 4. Haus). Ihre philosophischen Meinungsverschiedenheiten werden noch durch die Opposition zwischen Sonne und Jupiter verstärkt und auch von Merkurs Quinkunx zu Saturn im 9. Haus. Stier im 4. Haus ist ein starkes Anzeichen für Stabilität und verspricht eine sichere und dauerhafte Beziehung. Auch Merkur in Stier im 4. Haus im Trigon zum Aszendenten – ihr gegenseitiges Verständnis und die Art, gemeinsame Positionen zu vertreten – deutet darauf hin.

## 5. Haus

Abgesehen davon, daß Sie im 5. Haus etwas über die Kinder der Beziehung erfahren können, zeigt es auch die Dinge, an denen Sie gemeinsam Spaß haben und wie Sie kreativ werden. Es zeigt Ihr Vergnügen aneinander und Ihre romantischen Gefühle füreinander. Handelt es sich um das Composit eines Ehepaares, kön-

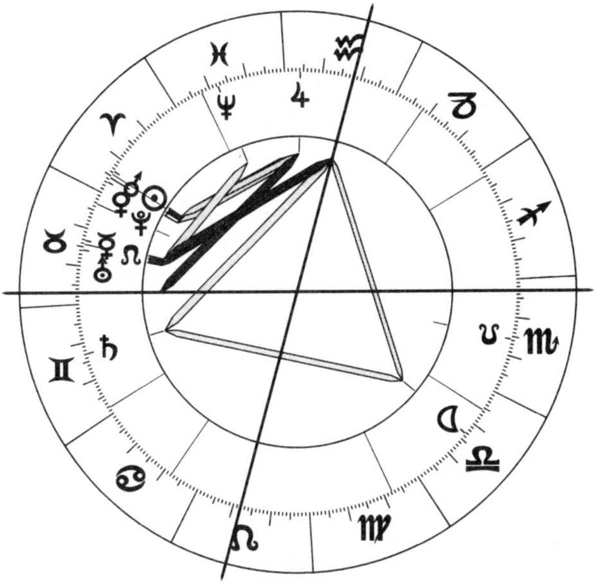

**Composit Theodor & Vincent van Gogh**

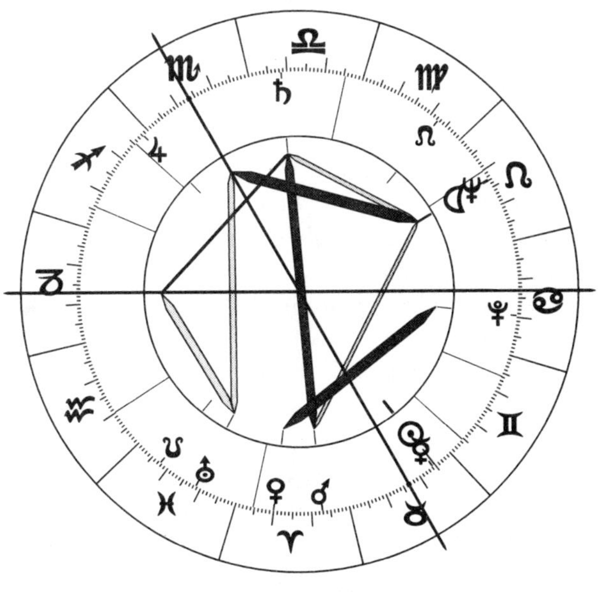

**Composit Königin Elizabeth II & Prinz Philip**

nen Aspekte (durch Sonnenbogen-Direktion) zum Herrscher des 5. Hauses oder Planeten im 5. Haus zeitliche Hinweise auf die Geburt von Kindern geben. Im Composit von Jimmy und Rosalynn Carter weist das 5. Haus bereits auf Berühmtheit hin, denn Jupiter und Mond befinden sich dort, und es wird von Uranus regiert.

Rosalynn und Jimmy heirateten 1946. 1947 wurde Jack geboren, als Neptun im Quinkunx zum Herrscher des 5. Hauses stand. Der Composit-Jupiter bildete, durch Sonnenbogen-Direktion weiterbewegt, ebenfalls einen Quinkunx – zu Venus. 1950 wurde ihr zweiter Sohn, Chip, geboren, als Uranus sich innerhalb des Orbis' einer Opposition zum Aszendenten befand, eines Quadrats zum MC und eines Quinkunx' zu Merkur. Als 1952 ihr dritter Sohn, Jeff, auf die Welt kam, bildete Jupiter einen Quinkunx zu Pluto. Offensichtlich erforderte jede Geburt Anpassungen und Neuorganisationen innerhalb der Partnerschaft. Nach den drei Jungen fand Rosalynn, daß die Familie groß genug sei, aber 13 Jahre nach Jeffs Geburt bekamen sie noch Amy, die Tochter, die Jimmy sich immer gewünscht hatte. Zu dieser Zeit stand Uranus, der Herrscher des 5. Hauses, im Quadrat zu Pluto im 10. Haus (ihr Status änderte sich), und der 5.-Haus-Mond stand in Opposition zu Merkur. Wahrscheinlich war es für die 40jährige Rosalynn keine leichte Schwangerschaft.

Unserer Erfahrung nach ist es eine sehr erfolgreiche Methode, die Direktionen mit dem Zeitpunkt der Eheschließung starten zu lassen. Wenn es sich nicht um das Composit eines Ehepaares handelt, dann beginnen Sie jegliche Direktionen mit bedeutenden Ereignissen, die ungefähr zur Zeit des Beziehungsbeginns stattfanden. Wir möchten auch darauf hinweisen, daß Transite zum Composit sehr aufschlußreich für die weitere Entwicklung der Partnerschaft sein können.

Jupiter als Herrscher des 5. Hauses (oder darin) läßt darauf schließen, daß Sie sich dazu entschließen, eine große Familie zu haben. Fällt diese Häuserspitze dagegen in Steinbock, dann wird oft die Verantwortung für anderer Leute Kinder übernommen. Einer unserer Klientinnen und ihrem Ehemann mit dieser Position und Saturn im 5. Haus in Opposition zu Mond in Krebs im 11. Haus gehört eine Vorschule, die sie sehr erfolgreich führen.

**Composit Jimmy & Rosalynn Carter**

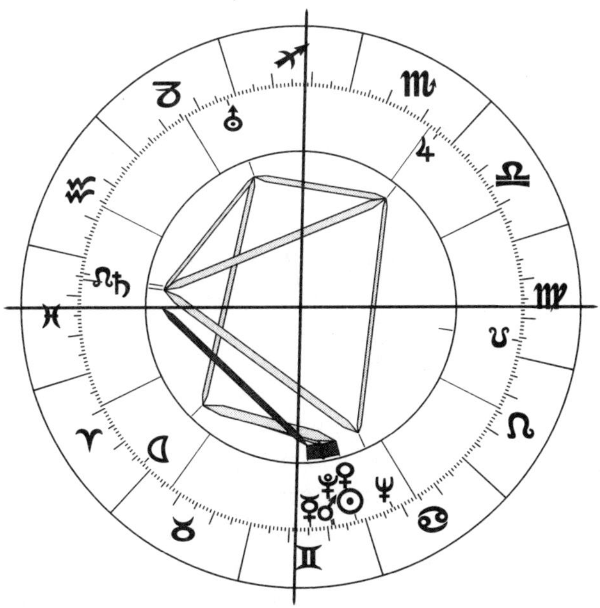

**Composit Fred Astaire & Ginger Rogers**

Bei einem betonten 5. Haus könnten Sie beide sehr kreativ oder sehr sportlich sein. Oder Sie gehen gerne Risiken ein, zum Beispiel, indem Sie Geld bei einem Pferderennen verwetten.

## 6. Haus

Eine Betonung des 6. Hauses ist ideal für ein Paar, das zusammen arbeitet. Dieser Bereich des Composits gibt aber auch Aufschluß über Ihre Gewohnheiten und was in der Beziehung abläuft, wenn es darum geht, wer die Kappe auf die Zahnpastatube schraubt und wer nicht, wer kocht und wer saubermacht. Das Zeichen an der Häuserspitze liefert den Schlüssel zu einem tieferen Verständnis. Ist es ein veränderliches Zeichen (Zwillinge, Schütze oder Fische), dann werden Sie sich häufig die Hausarbeit teilen. Stier oder Skorpion deuten Bedächtigkeit oder Heftigkeit im Alltag an. Das kann gelegentlich zu Auseinandersetzungen führen, aber höchstwahrscheinlich stimmen Sie beide darin überein, daß Organisation sehr wichtig ist. Jungfrau weist auf Kritik im Alltag oder die Fähigkeit, notwendige Feinarbeiten zu erledigen, hin. Luftzeichen (Zwillinge, Waage, Wassermann) verbringen oft viel Zeit damit, ihre Alltagsroutine zu diskutieren – wer an der Reihe ist, Briefe zu beantworten (Zwillinge), gesellschaftliche Anlässe (Waage) oder Gruppenaktivitäten (Wassermann) zu organisieren. Mit dem 6. Haus in Steinbock geht es darum, Probleme zu lösen, die mit dem Thema Kontrolle zu tun haben, besonders jene, die mit Geschäftsangelegenheiten verbunden sind. Ein 6. Haus in Krebs zeigt ähnliche Probleme, aber hier eher im Bereich des Heims. Mit dieser Häuserspitze in Widder oder Löwe oder mit Mars im 6. Haus könnten Sie sich über solche Themen streiten. Mit Schütze an dieser Stelle könnten Sie sich solange vor häuslichen Pflichten drücken, bis Sie beide die Ärmel hochkrempeln und einander helfen müssen. Einige Astrologen sind der Ansicht, daß dieser Bereich auch etwas über die Gesundheit der Beziehung aussagt, aber wir finden, daß das zu weit geht.

Im Composit von Ginger Rogers und Fred Astaire steht die Sonne im 4. Haus, und sie regiert das 6. Haus.

Sie hatten Spaß daran, mit ihren verblüffenden Choreographien ein bißchen voreinander anzugeben und fühlten sich miteinander wahrscheinlich fast immer zuhause. Ihre Sonne ist in ein mächtiges Stellium mit Merkur, Mars, Pluto und Venus in Zwillinge eingebunden. Kein Wunder, daß sie sich miteinander so elegant und anmutig bewegten. Im 6. Haus befindet sich auch der Südknoten, weshalb ihnen die Zusammenarbeit sehr leicht fiel.

Jeff und Beau Bridges, die zusammen so gut in *The Fabulous Baker Boys* spielten, haben Jupiter im 6. Haus. Der Herrscher von 6, Neptun, steht im 12. Haus der Filme und des Schauspiels. Bei den Brownings hingegen stehen Sonne, Merkur und Mars im 6. Haus.

## 7. Haus

Dieses Haus gibt darüber Auskunft, wie Sie als Paar von Freunden, Verwandten und anderen gesehen werden. Es zeigt, welches Bild Sie für die Welt abgeben (zusammen mit dem 10. Haus) oder welche Funktion Sie als Paar haben. Das Zeichen an der Häuserspitze gibt Hinweise, wie Sie sich nach außen hin verhalten. Auch die alltägliche Wirkung Ihrer Beziehung ist diesem Haus zu entnehmen. Mit *Widder* im 7. Haus sehen andere Sie als durchsetzungsfähiges Paar. Sie sind bereit, sich den Herausforderungen der Welt zu stellen. *Stier* kommt als sehr stabiles, produktives Duo daher, das Details Aufmerksamkeit widmet und wohlhabend erscheinen mag. Mit *Zwillinge* im 7. Haus sehen andere Sie als sehr unterschiedliche Individuen, bei denen sich jeder manchmal innerhalb der Beziehung in verschiedene Richtungen bewegt.

Mit *Krebs* an dieser Häuserspitze könnte die Umwelt Sie als sehr hingebungsvoll und auf die Familie konzentriert erleben. Häufig stehen Paare damit in der Öffentlichkeit. Vielleicht sind Sie als Paar politisch engagiert. Joanne Woodward und Paul Newman haben Krebs im 7. Haus. Beide stehen im Licht der Öffentlichkeit, nicht nur im künstlerischen Bereich, sondern auch durch die Prozesse, die sie unterstützt und durch seine Unternehmen. Pluto, der Planet, der beschreibt, wie sie sich unterbewußt brauchen, steht im 7. Haus – es handelt sich also um eine sehr intensive Verbindung. Auch im Composit von Ted Turner und Jane Fonda fällt das 7. Haus in Krebs. Diese beiden sind ebenfalls sehr sichtbar – sie sitzen bei Baseballspielen anfeuernd im Publikum, reisen zusammen in der ganzen Welt umher und sorgen so dafür, daß Fotos von ihnen in der Boulevardpresse erscheinen.

Im Composit von Claretta Petacci und Benito Mussolini fällt die Spitze des 7. Hauses in Löwe. Ihre Beziehung war zweifellos lebendig, aufregend und voller Flair. Wenigstens sahen andere sie so.

Mit *Löwe* an dieser Häuserspitze strahlen Sie Wärme und Führungsqualitäten aus. Andere folgen Ihrer gesellschaftlichen oder geschäftlichen Führung. Das hängt natürlich davon ab, wo Ihre Sonne steht. (Alle vorstehenden Beschreibungen sind davon abhängig, wo der Zeichenherrscher steht.) Bei *Jungfrau* sieht Sie Ihre Umgebung als organisiertes, gewissenhaftes, sogar analytisches Paar. Gemeinsam legen Sie großen Wert auf Details und sind ein wenig zurückhaltend, bescheiden und gesetzt, es sei denn, der Herrscher Merkur befindet sich in Wassermann, Löwe oder Schütze.

Fällt die Spitze des 7. Hauses in *Waage*, dann weist dies darauf hin, daß Sie ein geselliges Paar sind und bei anderen Ausgeglichenheit schätzen. Sie möchten den Status Quo erhalten. Andererseits könnten Sie aber auch sehr streitsüchtig erscheinen, immer in Alarmbereitschaft, um eine Diskussion oder einen Streit beginnen zu können, oder in extremen Fällen sogar einen Krieg. Das Composit von General George Patton und Feldmarschall Erwin Rommel (Horoskopdaten im Anhang), Gegner im Zweiten Weltkrieg, zeigt die taktische Waage im 7. Haus mit der Herrscherin Venus im 9. Haus in Konjunktion zu Jupiter im Quadrat zu Mars im 6. und zum Mond im 12. Haus. Das zeigt sehr gut, wie ihre Beziehung sich der Öffentlichkeit darstellte: kriegerisch, detailgenau (Mars in Jungfrau), weitreichend (Venus in Schütze), idealistisch (Jupiter in Schütze) und manipulierend (Mond im 12. Haus). Beide Generäle betrachteten Krieg eher als strategisches Spiel (Uranus im 7. Haus) denn als blutige Schlacht. Diese Gegenspieler im Krieg, die sich zwar respektierten, waren doch in einer unhaltbaren, feindlichen Beziehung eingesperrt.

Fällt die Spitze des 7. Hauses in Ihrem Composit in *Skorpion*, dann wirken Sie auf andere reserviert und sehr zurückgezogen. Manchmal haben Sie zusammen eine starke sexuelle Ausstrahlung. In Ihrer Beziehung lebt eine Leidenschaft, die andere von Zeit zu Zeit überwältigt. Wenn sie Sie dann kennenlernen, finden sie vielleicht, daß Sie doch nicht ganz so überwältigend sind, wie Sie selbst unumstößlich meinen. Zu unseren Klienten zählen zwei

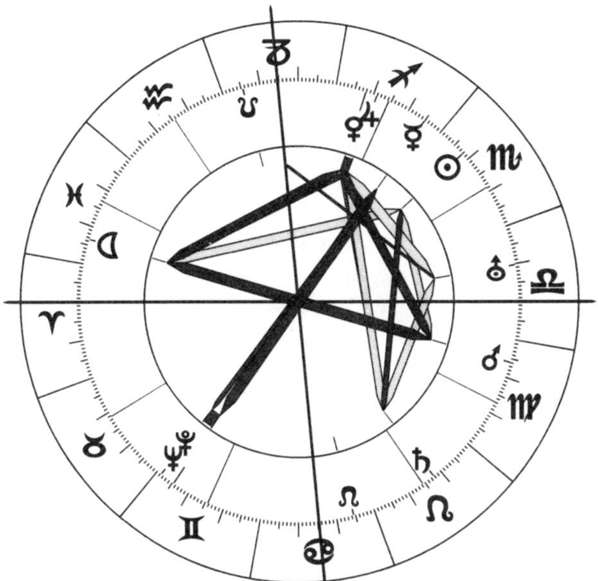

**Composit George Patton & E. Rommel**

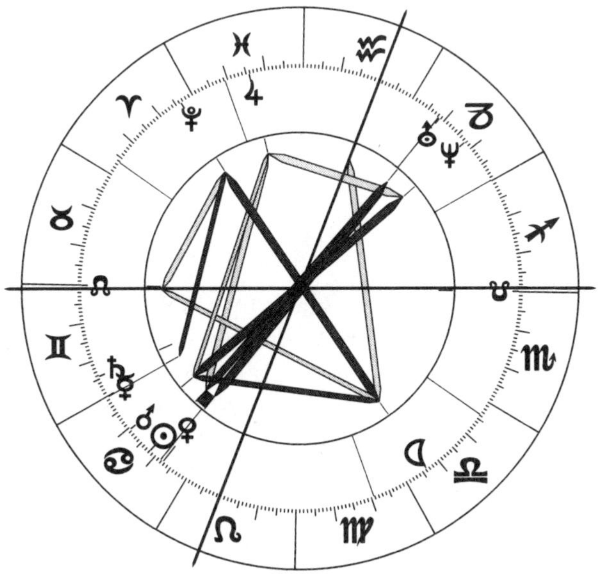

**Composit J. Brahms & C. Schuhmann**

Geschäftspartner, die als Grundstücksmakler sehr erfolgreich sind. Sie arbeiten als Team, das große Geschäfte vorbereitet und abwickelt. Ihr Aufstieg auf diesem Gebiet war kometenhaft. Wir schreiben das in ihrem Composit ihrem Stier-Aszendenten, Skorpion-DC und Venus, Mars und Jupiter in Konjunktion im 10. Haus in Wassermann zu. Obwohl sie beim ersten Treffen einschüchternd wirken können, sind sie doch auch sehr charmant und dermaßen innovativ und sich ihrer selbst so sicher, daß ihre Käufer und Verkäufer mehr als gewillt sind, ihrem Urteil zu vertrauen.

Fällt das 7. Haus im Composit in *Schütze*, dann halten andere Leute Sie beide für großzügig, philosophisch und neuen Ideen gegenüber aufgeschlossen. Sie sind freundlich und optimistisch. Es macht Spaß, in Ihrer Gesellschaft zu sein. Daher werden Sie von anderen meistens auf den ersten Blick akzeptiert. *Steinbock* im 7. Haus mag als verantwortliches, nüchternes und zuverlässiges Paar eingeschätzt werden. Wegen der Sicherheit und des Erfolgs, den Sie ausstrahlen, fühlen sich die Leute zu Ihnen hingezogen. Mit *Wassermann* an der Spitze des 7. Hauses fühlen sich andere von Ihnen angezogen, weil Sie immer bereit sind, Neues auszuprobieren, ungewöhnliche Vorstellungen aufzunehmen und Gruppen zu organisieren. In Ihnen wohnt eine natürliche Freundlichkeit für alle Menschen, mit denen Sie in Kontakt kommen. Mit *Fische* an dieser Stelle erscheinen Sie den einen sympathisch, sanft und leicht beeinflußbar und den anderen verwirrt, einfühlsam und ungenau. Alles hängt davon ab, wo sich Neptun im Composit befindet.

## 8. Haus

Abgesehen davon, daß das 8. Haus für Ihre gemeinsame Sexualität, Ihre Bedürfnisse und Ihre Gewohnheiten steht, zeigt es auch die Art der gegenseitigen Unterstützung an. In diesem Haus liegen auch Situationen und Umstände verborgen, über die Sie miteinander schwer reden können. Auch dieses Haus sagt etwas über Ihre Finanzen aus. Ihr gemeinsamer Besitz und die finanziellen Angelegenheiten außerhalb der Beziehung zeigen sich in diesem Haus ebenso wie im 2. Haus. Das 8. Haus weist auch auf mögliche Transformation durch den anderen hin, aber achten Sie darauf, daß Sie diese Facette nicht überbetonen. Echte Veränderungen brauchen ihre Zeit und werden daher in kurzzeitigen Verbindungen keine Rolle spielen.

Bei Clara Schumann und Johannes Brahms fiel die Spitze des 8. Hauses in Steinbock. In diesem Haus standen auch Uranus und Neptun in Steinbock.

Der Herrscher Saturn stand in den intellektuellen *Zwillingen* im 1. Haus im Quinkunx zu ihrem Uranus im 8. Haus. Sie hatten wirklich eine romantische, vergeistigte (Neptun), ungewöhnliche (Uranus), und doch praktische und nüchterne (Steinbock) Verbindung – eine, die sehr persönlich (Herrscher im 1. Haus) war und voller Probleme steckte, die es zu überwinden galt (Saturn Quinkunx Uranus).

Cher und Sonny Bono's 8. Haus im Composit ist sehr betont: Sonne, Merkur und Nordknoten stehen hier in Widder. Offenbar brachte ihnen ihr gemeinsames Talent ebensoviel Geld wie Anerkennung ein. Ihr Humor war oft leicht skorpionisch (8. Haus) getönt.

Mit *Stier* im 8. Haus finden Sie beide Gefallen an Behaglichkeit, Berührungen, Schulterklopfen und Umarmungen. All dies macht einen großen Teil Ihrer Liebesbezeugungen aus. *Jungfrau* und *Steinbock* entwickeln eine überraschend derbe Haltung zum Sex, aber der Tastsinn ist nicht ganz so ausgeprägt wie bei Stier. *Jungfrau* ist häufig mehr an Details und Hygiene orientiert, während *Steinbock* ziemlich lüstern sein kann, mit einer ganz genauen Vorstellung davon, wann und wo man sich gütlich tut. Der verwegene *Wassermann* liebt Experimente, die andere exzentrisch finden, während *Fische* eine romantische, oft träumerische Haltung zu Sex hat. Auch *Waage* wünscht sich Romantik und möchte eine schöne Atmosphäre schaffen. *Krebs* läßt darauf schließen, daß Sie beide sich gegenseitig nähren, während *Löwe* sexuell einen gewissen Hang zur Dramatik hat. *Widder* oder *Schütze* zeigen, daß jeder Partner Raum für seine Unabhängigkeit braucht, während *Skorpion* das sexuelle Begehren vergrößert.

## 9. Haus

Das 9. Haus veranschaulicht nicht nur Ihre religiösen und kulturellen Ansichten, sondern auch Ihre Moralvorstellungen und mögliche Reisen. Außerdem gibt es Hinweise auf angeheiratete Ver-

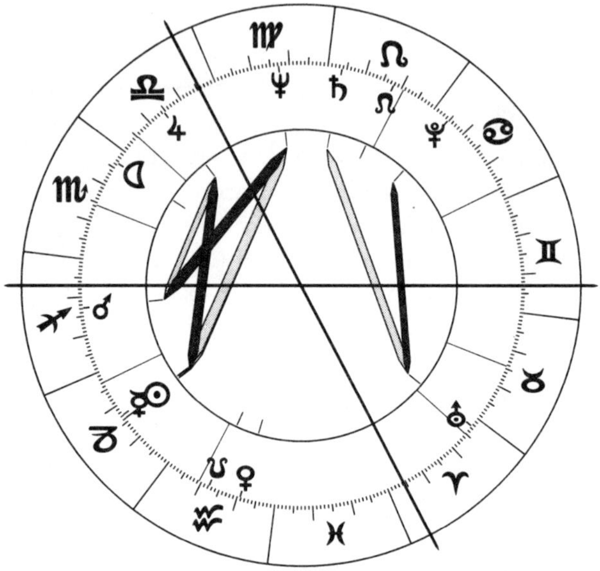

**Composit M. Thatcher & John Major**

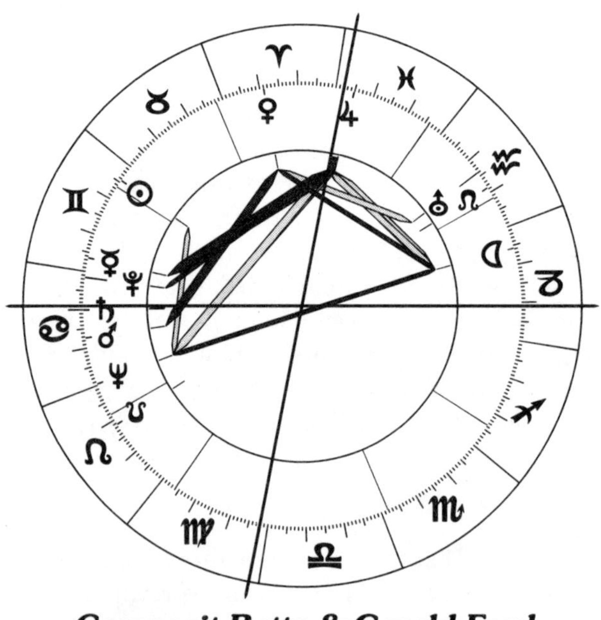

**Composit Betty & Gerald Ford**

wandte beider Seiten und welche Beziehungen Sie zu ihnen haben. Gemeinsame Bildungsinteressen spielen häufig eine große Rolle. Empfängliche (Wasser und Erde) Zeichen in diesem Haus lassen auf harmonische Aktionen schließen. Feuerzeichen können in diesem Bereich einigen Streit mit sich bringen. Luftzeichen zeigen natürlich großen Austausch über alle 9.-Haus-Themen an. Wieder einmal verändert sich die Bedeutung je nach Stellung des Zeichenherrschers und je nachdem, welche Planeten sich noch in diesem Haus befinden.

Großbritanniens Ex-Premierministerin Margaret Thatcher (Horoskopdaten im Anhang) und der gegenwärtige Premierminister John Major (Horoskopdaten im Anhang), ihr ehemaliger Schützling, haben ein sehr interessantes Composit.

Der kreative Neptun, der solide Saturn und der Nordknoten besetzen das 9. Haus, und die Herrscherin Sonne befindet sich im 2. Haus. Saturn und Sonne stehen in Rezeption, was darauf hinweist, daß sie die gleichen Ansichten und Vorstellungen über Werte (2. Haus) und politische Moralvorstellungen (9. Haus) haben. Neptun steht in Jungfrau eingeschlossen im 9. Haus und regiert Fische, die im 3. Haus eingeschlossen sind. Er steht im Quadrat zu Mars im 1. Haus und im Trigon zu Sonne und Merkur im 2. Haus. Obwohl sie also nicht immer übereinstimmen, sind sie bei wichtigen Angelegenheiten doch einer Meinung und können ihre Überzeugungen leicht zum Ausdruck bringen. (Achtung: John Majors Geburtszeit ist nicht exakt. Die Planeten im Composit sind daher korrekt, doch die Häuserspitzen sind etwas unsicher. Der Mond könnte sich noch um ungefähr 1° verschieben.)

Wenn Mars Ihr 9. Haus im Composit regiert, dann könnte es sein, daß Ihnen der Stoff zum Diskutieren und Streiten nie ausgeht. Obwohl Sie vielleicht über die Themen dieses Hauses nicht immer einer Meinung sind, können Sie eine sehr anregende Beziehung führen. Mit Waage in diesem Haus wollen Sie Frieden um jeden Preis und diskutieren womöglich nur über Themen, über die Sie sich einig sind.

## 10. Haus

Das 10. Haus repräsentiert den gemeinsamen Status und öffentliche Anerkennung. Es zeigt aber auch potentielle Erfolge und das

Prestige der Verbindung. Mit Sonne in diesem Haus wird Ihr Potential lediglich von Zweifeln an den gemeinsamen Fähigkeiten begrenzt. Die Aspekte der Sonne und das Haus, über das sie herrscht, zeigen die Wege auf, wo und wie Sie beide erfolgreich sein können.

In unserem (Joan McEvers und Marion Marchs) Composit fällt die Spitze des 10. Hauses in Skorpion. Mars steht im 3. Haus der Kommunikation und Pluto im 6. Haus. Wir sind beide sowohl Lehrerinnen als auch Autorinnen und halten viele Vorträge. Zu sagen, daß wir alles in unsere Arbeit legen, wäre noch milde ausgedrückt. Die Tatsache, daß wir mit unserer Arbeit erfolgreich sind, beweist, daß dazu nicht unbedingt Planeten im 10. Haus stehen müssen. Doch Pluto, der in ein T-Quadrat (in Opposition zum AC und im Quadrat zum Mond) eingebunden ist, läßt leicht erkennen, welch eine lockende und herausfordernde Aufgabe harte Arbeit für uns bedeutet.

Bei Gerald und Betty Ford steht Venus im Composit im 10. Haus. Sie waren in der Öffentlichkeit sehr beliebt, obwohl Venus sogar herausfordernde Aspekte bildet. Betty gefiel das Rampenlicht wahrscheinlich nicht so sehr wie ihrem Ehemann, aber sie unterstützte ihn und gab ihr Bestes.

Für die beiden war es recht einfach, Anerkennung zu finden. Neptun steht im Trigon zum MC, den er regiert und zu Jupiter, und er steht im Sextil zu Sonne.

Mit Saturn als Herrscher des 10. Hauses sind Sie höchstwahrscheinlich ziemlich ehrgeizig und wollen unbedingt, daß die Partnerschaft erfolgreich ist. Jupiter in diesem Haus oder als dessen Herrscher im Composit läßt auf Erfolg in Geschäftsunternehmen schließen, was natürlich auch von anderen Faktoren im Horoskop abhängt.

## 11. Haus

In diesem Haus erfahren Sie etwas über die Freundschaft, die Sie sowohl miteinander als auch mit gemeinsamen Freunden verbindet. Darüber hinaus gibt es Hinweise auf gemeinsame Ziele, auf Hoffnungen und Wünsche für die Zukunft der Beziehung. Es kann Ihr Engagement in Gruppen beschreiben und ganz allgemein Ihr gesellschaftliches Leben. Bis zu einem gewissen Grad umreißt es auch die Umstände, die außerhalb Ihrer Kontrolle liegen. Bitte verstehen Sie das richtig: Das 11. Haus ist das uranische Haus. Es spiegelt daher Unerwartetes eher in Form von äußeren Ereignissen als durch Ihre eigenen Handlungen wider.

Weil es sowohl das Haus der Bündnisse als auch das Haus der Freundschaften ist, werden wir es anhand einer »unheiligen Allianz« untersuchen: der von Adolf Hitler und Benito Mussolini.

In ihrem Composit wird das 11. Haus von Merkur regiert. Er befindet sich im 8. Haus in Zwillinge in Konjunktion zu Venus und Sonne und im Quadrat zu Mond in Fische im 5. Haus. Daß ihre sogenannte Freundschaft in Tod und Zerstörung enden würde, ist selbstverständlich. Uranus im 11. Haus regiert das 4. Haus (Ende der Beziehung) und steht im Quadrat zu Saturn im 9., ein klarer Hinweis darauf, daß sie nicht die gleiche Weltanschauung vertraten und daß die Verbindung zum Scheitern verurteilt war. Die Herrscher ihres Skorpion-Aszendenten, Mars und Pluto, stehen in Konjunktion im 7. Haus des Krieges und der offenen Feinde. Beide befinden sich auch in Konjunktion zum trügerischen Neptun. Sie waren nicht nur kriegerisch und gewissenlos, sondern auch skrupellos und hinterlistig. Die Sextile von Merkur, Venus und Sonne zum MC und die Trigone zu Jupiter brachten sie möglicherweise zu der Überzeugung, daß sie die ganze Welt erobern könnten, aber wenn man ihr Composit betrachtet, sieht man schnell, wie sie sich selbst betrogen (Neptun im Quadrat zum MC).

Wenn in Ihrem eigenen Composit die Spitze des 11. Hauses in *Zwillinge* fällt, dann haben Sie zweifellos einen sehr kommunikativen, ungezwungenen Freundeskreis. Mit *Krebs* an dieser Stelle hängen Ihre gemeinsamen Hoffnungen und Wünsche mit Heim und Familie zusammen, während *Skorpion* darauf hinweist, daß Ihre Beziehungen zu anderen sehr heftig und leidenschaftlich sind. Mit *Löwe*, *Widder* oder *Schütze* an dieser Häuserspitze oder Sonne, Mars oder Jupiter in diesem Haus interessieren Sie sich beide vielleicht für Sport. *Schütze* zeigt auch Reisen mit gemeinsamen Freunden an oder daß diese Reisen zumindest langfristig angestrebt werden. Mit *Stier* und auch *Jungfrau* können Sie bei der Auswahl Ihrer Freunde ziemlich anspruchsvoll sein. Steht Saturn im 11. Haus oder fällt diese Häuserspitze in *Steinbock,* dann bevorzugen Sie einen engen Freundeskreis. Mit *Waage* können

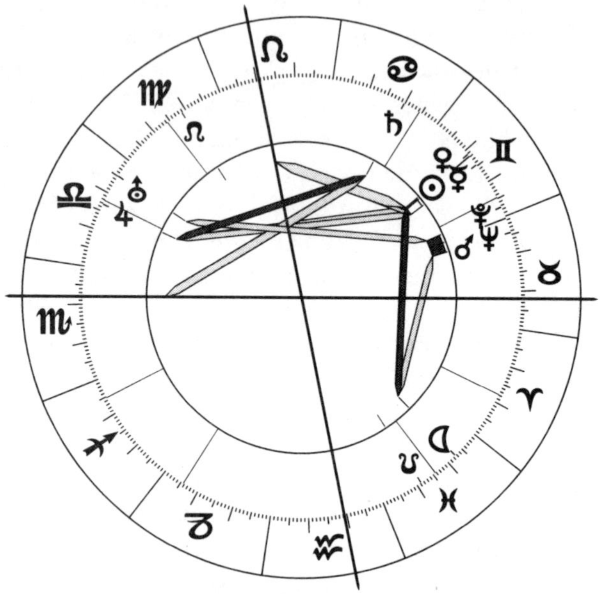

**Composit Hitler & Mussolini**

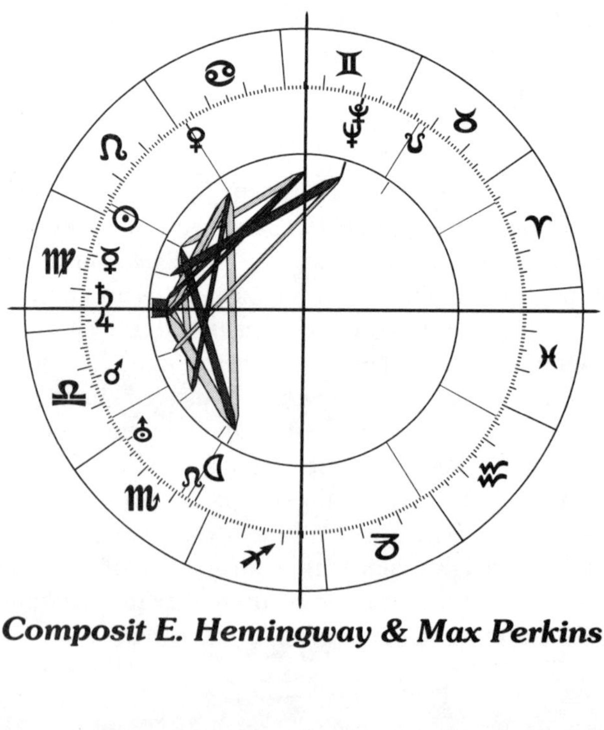

**Composit E. Hemingway & Max Perkins**

sich beide Partner sehr in sozialen Diensten engagieren oder Gruppen organisieren. Mit *Fische* im 11. Haus könnten Sie sich in der Wohlfahrt engagieren oder Pflegekinder bei sich aufnehmen. Fällt die Spitze des 11. Hauses in *Wassermann*, dann schließen Sie sich Individualisten oder Exzentrikern an.

## 12. Haus

Das 12. Haus ist wahrscheinlich dasjenige Haus, das am schwierigsten zu interpretieren ist. Es deckt einen großen Bereich ab. Es regiert alle Arten von Begrenzungen, Leid und unbewußten Sehnsüchten, aber es birgt auch die Quelle Ihrer größten Stärke, wenn es positiv genutzt wird. Im Composit kann es eine heimliche Beziehung anzeigen, wenn es stark betont ist. Ebenso oft aber entwirft es das Bild einer stabilen, geachteten, fundierten Verbindung, in der Sie beide sich verstehen und unterstützen. Es kann auch anzeigen, was Sie beide privat in Ihren vier Wänden tun.

Ernest Hemingway schrieb viele Romane, die Anerkennung und eine große Leserschaft fanden. Er hätte dies nicht ohne die Anleitung, den Rat und die gelegentliche finanzielle Hilfe des Herausgebers Max Perkins (Horoskopdaten im Anhang) tun können.

Ernest erlebte die Abenteuer und teilte sie Max mit, der nur sehr selten sein Büro in New York verließ. Die Sonne steht im 12. Haus und regiert es auch. Merkur und Saturn befinden sich ebenfalls dort. So können wir die vielen Facetten dieser sehr tragfähigen Beziehung erkennen. Es ist leicht zu verstehen, daß jeder immer für den anderen da war. Merkur regiert das 10. Haus – beide wurden durch ihre Beziehung sehr berühmt. Saturn regiert das 5. Haus – die Grundlage ihrer Partnerschaft war Kreativität, praktisch und pragmatisch, aber deshalb nicht weniger kreativ. Der Mond regiert ihr 11. Haus und steht im 3. in exaktem Sextil zum AC – ihnen ging niemals der Gesprächsstoff aus. Er steht auch im Sextil zu Saturn in Jungfrau und verstärkt die Kritik, die Max an Ernests Arbeit übte. Das Trigon zu Venus im 11. Haus bekräftigte die freundschaftlichen Bande.

In einer Vorlesung für Studenten im Rahmen eines Aufbaukurses über Buchverlage an der Universität von New York befragte Professor Kenneth McCormick Perkins über Hemingway. Perkins erzählte, daß Hemingway am Anfang seiner Karriere Unterstützung brauchte – und auch viel später noch, »denn er schrieb genauso verwegen und unverschämt wie er lebte.« Er glaubte, daß Hemingways Schreiben genau jene Tugend seiner Helden widerspiegelte, die er mit »Unter Druck zum Erfolg« umschrieb. Seiner Aussage nach neigte Hemingway dazu, seinen Perfektionismus zu übertreiben. »Er erzählte mir einmal, daß er Teile von *A Farewell to Arms* 50 Mal geschrieben hatte«, sagte Perkins. »Bevor ein Autor die natürliche Qualität seiner Werke zerstört, muß der Verleger einschreiten. Aber kein bißchen eher.«

Mit Sonne und Venus im 12. Haus und Merkur als Herrscher in Konjunktion zur Spitze des 12. Hauses, jedoch vom 11. Haus aus, verfügen die Carters (siehe Horoskop S. 223) über viele verborgene Stärken. Zusammen können sie Berge versetzen und, am allerbesten, mit Sonne im Sextil zu Pluto und Saturn macht ihnen das auch noch Spaß. Merkur im Quadrat zu Mars symbolisiert zusätzliche Energie, mit der sie manche Herausforderung bestanden.

Kapitel 15

# Planeten im Composit

## Sonne

Die Sonne stellt einerseits die Basis der Beziehung dar und hat andererseits die gewohnten astrologischen Bedeutungen. Sie steht für das Identitätsgefühl, zeigt aber auch an, wie und wo beide Partner sich hervortun wollen. In geringerem Ausmaß beschreibt die Sonne in einer heterosexuellen Beziehung die grundsätzliche Persönlichkeit des Mannes oder sein Betätigungsfeld. (Mars hat eine ähnliche Bedeutung). Einige Astrologen sind der Ansicht, daß für eine Ehe eine Composit-Sonne im 1., 5., 7., 8. oder 11. Haus am günstigsten ist. Dies trifft zu, wenn der Rest des Horoskops dies noch verstärkt, doch wir haben festgestellt, daß sich auch die Sonne im 2. Haus (gemeinsame Werte) oder im 6. Haus (gemeinsame Arbeit) bewährt hat.

Im Composit von Joanne Woodward und Paul Newman steht Sonne in Konjunktion mit Mond im 2. Haus in Wassermann. Auch Venus befindet sich dort. Das sagt uns, daß ihre Ehe eine wirkliche Partnerschaft ist, eine, in der Werte, Einkommen und Liebe miteinander geteilt werden. Mit Sonne, Mond und Venus im selben Haus in Wassermann scheint es ein natürliches Einvernehmen zwischen Joanne und Paul zu geben, zwischen dem Weiblichen und dem Männlichen im Horoskop. Beide Lichter stehen in Opposition zu Neptun, was darauf hindeutet, daß beide ihre Verbindung idealisieren und sie vielleicht nicht immer ganz klar erkennen können.

Bei Prinz Charles und Prinzessin Diana steht die Composit-Sonne im 5. Haus.

Wie wir schon erwähnten, müssen wir erst noch abwarten, ob die Ehe Bestand hat, aber eine 5.-Haus-Sonne würde eine Verbindung anzeigen, die auf Liebe gründet und die vielleicht auch den Wunsch hegt, durch die Kinder Anerkennung zu finden. Es scheint so, als seien viele Anpassungen nötig, damit ihre Liebe überleben kann. Darauf deutet das Yod hin, das sich im Composit zwischen Saturn und Sonne zum Aszendenten ergibt. Eine Eimer-Figur mit dem gefühlvollen Fische-Mond im 12. Haus als Henkel bedarf noch weiterer Anpassungen. Sie werden sich auch auf ihre exakte (auf 5 Bogenminuten genaue) Mars / Neptun-Konjunktion in Waage im 7. Haus konzentrieren müssen. Dieser Aspekt steht für eine Menge Dampf (Mars' Feuer und Neptuns Wasser), der schließlich explodieren wird, falls sie kein Ventil dafür finden. Er kann aber auch alle Arten nebulöser (Neptun) Handlungen (Mars) andeuten.

Weil die Sonne darüber hinaus auch das Verhalten des Mannes oder sein Betätigungsfeld charakterisiert, beschreibt eine Sonne in Jungfrau im 5. Haus im Trigon zu Jupiter und MC und im Sextil zu Saturn einen peinlich genauen, analytischen, wählerischen, nachdenklichen, disziplinierten und kreativen Mann, der darauf bedacht ist, alles richtig zu machen. Der Quinkunx zum Aszendenten bedeutet, daß Charles und Diana sich nicht wirklich darum kümmern, was andere von ihnen denken. Wenn sie aber einfach so sind wie sie sind, müssen sie die Art verändern, wie sie bei anderen ankommen, damit sie von der Öffentlichkeit akzeptiert werden.

Im Composit der Entertainer Cher und Sonny Bono steht die Sonne erhöht in Widder, und Mars steht in einem Eckhaus. Beide Stellungen weisen darauf hin, daß er in der Beziehung dominant war. Cher bewunderte bereitwillig Sonny's Art, den »Laden zu schmeißen«, und entdeckte ihre eigenen Fähigkeiten und Stärken erst nach der Scheidung von ihm.

## Mond

Der Mond symbolisiert Ihren emotionalen Ausdruck, Ihre Alltagsgewohnheiten, Ihre unbewußten Beweggründe und subjektiven Empfindlichkeiten. Im Composit veranschaulichen seine Stellung in Zeichen und Haus und seine Aspekte, was Sie füreinander empfinden. Er beschreibt die Instinkte, Stimmungsschwankungen und die reflexhaften Verhaltensweisen innerhalb der Beziehung. Im Composit einer heterosexuellen Beziehung kann man anhand des Mondes auch etwas über die Frau aussagen – über ihren Charakter, ihre Persönlichkeit und ihre Interessen. Auch

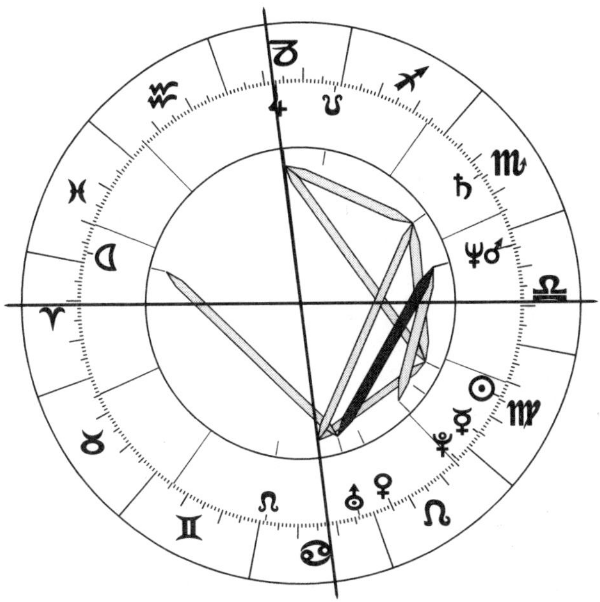

**Composit Prinzessin Diana & Prinz Charles**

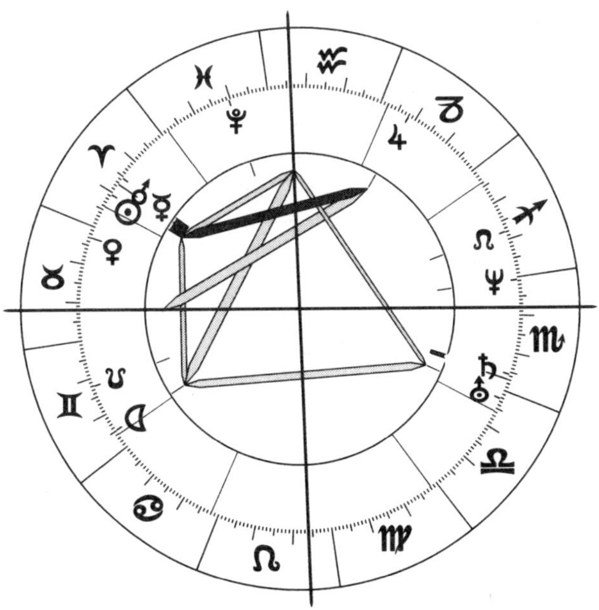

**Composit George Sand & Frederic Chopin**

Venus gibt hier Auskunft, wenn auch etwas abgeschwächter. Der Composit-Mond von George Sand und Frederic Chopin steht in Zwillinge im 1. Haus. Ein Zwillinge-Mond beschreibt vorzüglich die Tatsache, daß Sand Schriftstellerin war – unabhängig (1. Haus), ungewöhnlich (Trigon zu Uranus) und erfolgreich (Trigon zum MC). Mond im 1. Haus weist gewöhnlich auf eine gefühlvolle Beziehung hin, in der diese Gefühle dicht an der Oberfläche liegen und damit für alle sichtbar sind. Mit dem Mond in dieser Position kontrolliert häufig die Frau die Beziehung, und bei Sand und Chopin war das der Fall. Sie war älter, erfahrener und besser dazu in der Lage, beider Angelegenheiten zu regeln. Mit dem Mond als Teil eines Großen Luft-Trigons hielten sowohl Sand als auch Chopin ihre Liebe und ihre Freiheit in Ehren. Das Sextil zwischen Mond und Sonne offenbart oft eine wunderbare Verträglichkeit und Freundschaft zwischen zwei Partnern. Der Quinkunx zu Jupiter im 8. Haus läßt auf eine heftige Liebesaffäre schließen, die in der Öffentlichkeit Stirnrunzeln hervorrief. Sie mußten sich anpassen, falls sie von anderen Unterstützung erhalten wollten.

Ein Mond im 5. Haus ist sehr vorteilhaft für jede enge Beziehung oder Liebesbeziehung, weil das Paar mit seinen Gefühlen in Kontakt kommt, wenn es sich an der Gegenwart des anderen erfreut oder Spaß miteinander hat. So war es bei Benito Mussolini und Claretta Petacci. Die tiefen Gefühle eines 5.-Haus-Mondes können auch sehr wichtig dafür sein, um einander im kreativen Bereich zu fördern, wie es Auguste Rodin mit Camille Claudel und Clara Schumann mit Johannes Brahms taten.

Der Composit-Mond der Rossellinis, Ingrid und Roberto, stand im 6. Haus, was häufig darauf hinweist, daß sich Menschen während oder durch ihre Arbeit zueinander hingezogen fühlen. Ihr Mond steht herausfordernd ohne rechtes Ventil und im Quadrat zu Jupiter. Wahrscheinlich neigten sie dazu, von ihren gemeinsamen Anstrengungen mehr zu erwarten als jedem von ihnen zu schaffen möglich war.

Unser (Joan McEvers' und Marion Marchs) Waage-Mond im 9. Haus ist perfekt für unsere gemeinsame Arbeit, weil er gemeinsame Lebensanschauungen, Vorstellungen und Bestrebungen zum Ausdruck bringt. Unsere Fühlnatur genießt es, miteinander und voneinander zu lernen. Die Stellung des Mondes innerhalb eines T-Quadrats fordert uns nicht nur dazu heraus, zu lernen, sondern das Gelernte auch weiterzugeben, indem wir andere lehren. Saturn in diesem Haus liefert die nötige Disziplin, um unsere astrologischen Denkmodelle anderen mitzuteilen.

## Merkur

Im Composit läßt sich anhand der Position von Merkur, der in der Astrologie die linke Gehirnhälfte und das Denken symbolisiert, bestimmen, was die Beziehung intellektuell für Sie bedeutet. Er zeigt auch, wie Sie miteinander kommunizieren und welche Einstellungen Sie vertreten. Weil Merkur die Fähigkeit regiert, zu denken und Schlußfolgerungen zu ziehen, macht es viel aus, in welchem Zeichen und Haus er steht, denn dementsprechend sehen und analysieren Sie als Paar die Ereignisse in Ihrem Leben.

Sophia Loren und Carlo Ponti mit ihrem Composit-Merkur in Skorpion verstehen sich gut, denn er wird von Sonne und Venus im 9. Haus der gemeinsamen Träume, Hoffnungen, Überzeugungen und Einstellungen flankiert. Mit dem Skorpion eigenen Forscherdrang scheinen sie fähig zu sein, Probleme aufzuspüren, ehe sie sich zu Hindernissen für die Partnerschaft auswachsen, ganz besonders, weil Merkur in ein intuitives Großes Wasser-Trigon mit Uranus und Pluto eingebunden ist.

Jimmy und Rosalynn Carters Composit-Merkur befindet sich in der nüchternen Jungfrau im 11. Haus der Freundschaften, was dieser hervorragenden Ehe einen realistischen Ton gibt. Ihre Verbindung scheint viel Stärke aus der Unterstützung zu beziehen, die sie sich gegenseitig geben und auch aus dem Respekt, den sie füreinander haben.

Der Composit-Merkur in Stier im 4. Haus ist zweifellos ein Zeichen für die Stabilität von Königin Elizabeths und Prinz Philips Ehe, die durch die Konjunktion zur Stier-Sonne im 4. Haus und durch das Trigon zum Aszendenten noch unterstützt wird. Ihre Fähigkeit, geduldig miteinander zu reden, sich auf den gesunden Menschenverstand, die praktische und konservative Lebenseinstellung des anderen zu verlassen, würde für jede andere Beziehung ebenfalls sehr wohltuend sein.

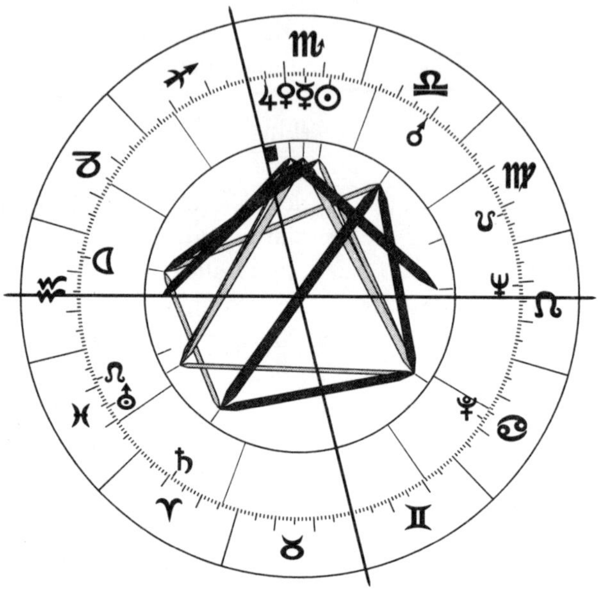

**Composit Sophia Loren & Carlo Ponti**

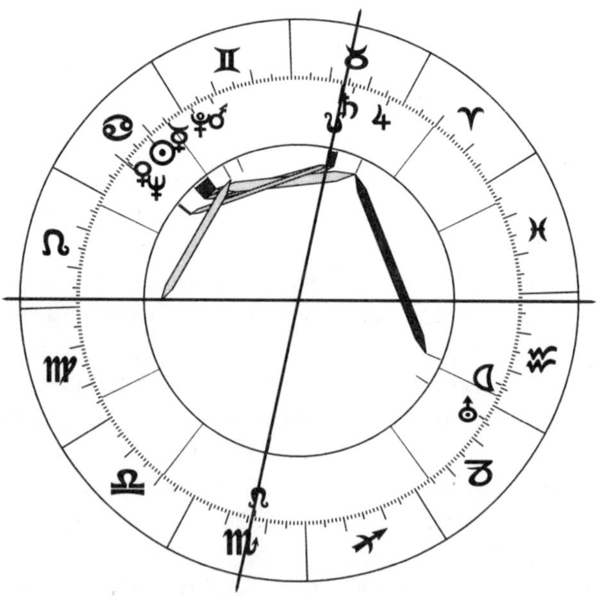

**Composit Ingrid Bergman & Roberto Rosselini**

## Venus

Egal, ob Sie ein Geburtshoroskop oder ein Composit interpretieren, eine Progression oder einen Transit, Venus ist immer der Planet der Liebe. Sie weist auf Ihre Zärtlichkeit, Ihre Vorstellungen von Romantik und in geringerem Maße auf Ihre Sexualität hin, besonders wenn Sie eine Frau sind. Anhand der Composit-Venus kann auch die Frau in der Beziehung beschrieben werden, weil diese noch vertieft, was Sie bei der Interpretation des Mondes herausgefunden haben.

Bei Ingrid Bergman und Roberto Rossellini steht die Composit-Venus in Krebs in exakter Konjunktion zu Neptun.

Dies hilft uns sicherlich, die magnetische Anziehungskraft und blinde Liebe, die sie füreinander empfanden, zu verstehen. Diese Liebe war so stark, daß Ingrid ihre Tochter, ihren Ehemann und die vielversprechende Filmkarriere in Amerika zurückließ und nach Italien zog, um mit Rossellini zusammensein zu können.

## Mars

Bei Mars geht es immer um Energie und Initiative. Er stellt Ihre sexuelle Antriebskraft dar. Ein Mars mit gespannten Aspekten kann auf Bereiche hinweisen, auf denen Sie sich gegenseitig einschüchtern oder wo Sie viele körperliche Aktivitäten entfalten. (In den Unterlagen über unsere Klienten haben wir ein Composit mit Mars in Jungfrau im 3. Haus im Quadrat zu einer Sonne / Merkur-Konjunktion in Schütze. Beide Partner nehmen an Marathonläufen teil.) Im Composit enthüllt Mars in geringerem Maße auch weitere Details über den Charakter und die Wesenszüge des Mannes. Durch den feurigen Enthusiasmus, der von Mars symbolisiert wird, kann sich eine Beziehung aus dem Nichts zu einer amüsanten und bedeutungsvollen Verbindung verändern. Doch das marsische Prinzip der Aggression kann Sie ebenso zum Kämpfen oder Streiten bringen, was – je nachdem, wie der Rest des Horoskops aussieht – anregend oder zerstörerisch sein kann.

Auguste Rodins und Camille Claudels Composit-Mars steht in Krebs im 8. Haus der Sexualität. Sowohl Rodin als auch Claudel waren sehr heftige und leidenschaftliche Menschen. Mars steht

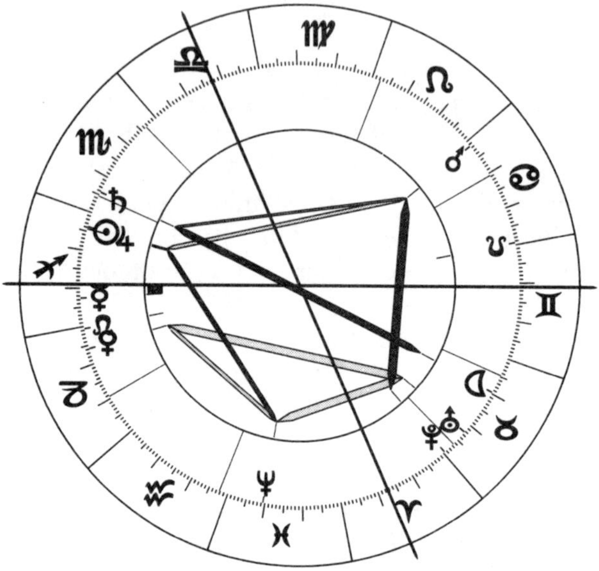

***Composit Camille Claudel & Auguste Rodin***

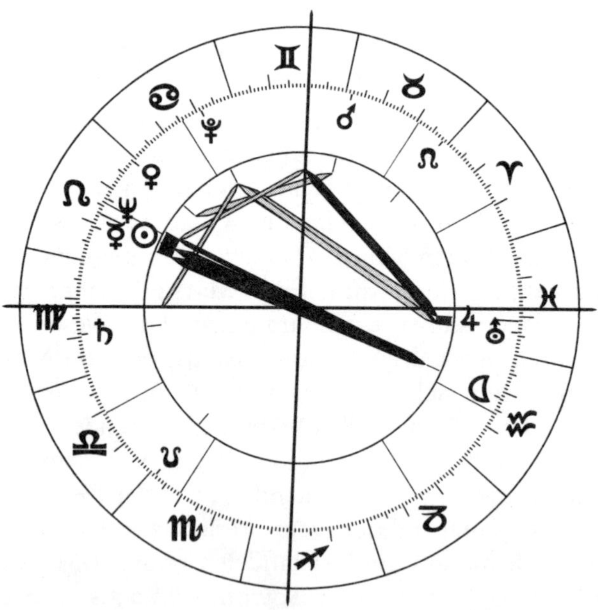

***Composit Marilyn Monroe & Arthur Miller***

im Quadrat zu Pluto und deutet einen Machtkampf an, der bei Claudel zur Besessenheit geriet.

Marilyn Monroe heiratete Arthur Miller (Horoskopdaten im Anhang), weil sie vermutlich von seinem Intellekt beeindruckt war und weil sie hoffte, daß ihr eigener scharfer Verstand durch seine Nähe und durch seine Bereitschaft, sein Wissen mit ihr zu teilen, angeregt werden würde. Mit Saturn in Jungfrau im 1. Haus spiegelt ihr Composit diesen Wunsch, voneinander zu lernen, wider. Mit Mars im sinnlichen Stier im Sextil zu Venus im 11. Haus jedoch zeigt es besonders ihre sexuellen Leidenschaften und die gegenseitige Anziehung.

Im Composit der Lindberghs steht der MC zwischen Sonne und Mars. Charles war der sichtbarere und in vieler Hinsicht der dominantere Teil dieses Paares. Da der Mond zwar im 12. Haus, aber in Krebs in Würden steht, kam Anne in dieser Beziehung aber auch nicht zu kurz.

## Jupiter

Wo auch immer Jupiter im Composit stehen mag – dort finden Sie das Potential für Wachstum und Stärkung Ihrer gegenseitigen Verbundenheit. Ein starker Jupiter zeigt, daß unabhängig davon, wie die Beziehung ausgehen mag, Sie beide etwas hinzugewonnen haben. Jupiters Position in den Häusern und seine Aspekte geben Auskunft darüber, wie Sie sich gegenseitig unterstützen.

Ernest Hemingway und sein Verleger, Herausgeber und Freund, Max Perkins, haben Jupiter in Jungfrau im 1. Haus des Composits, was ihre Beziehung sehr gut beschreibt: die kritische gegenseitige Analyse, die sorgfältig getroffene Auswahl aus Hemingways Manuskripten, die dann von Perkins herausgegeben wurden. Jupiter steht im Sextil zu Mond (Herrscher des 11. Hauses der Freundschaft) und zu Venus (Herrscherin des 2. Hauses des wohlverdienten Einkommens). Beide profitierten immens von ihrem Zusammenschluß, sowohl persönlich als auch finanziell.

## Saturn

Im Composit spielt Saturn eine bedeutende Rolle, weil er die Stabilität Ihrer Beziehung bestimmt. Natürlich kann er auch auf Bereiche hinweisen, in denen Sie sich miteinander oder gegenüber Außenstehenden unzulänglich oder unsicher fühlen. Wo Sie Saturn begegnen, werden Sie mit der Realität der Situation konfrontiert, was für manche leicht zu akzeptieren und für andere kaum zu bewältigen ist.

Im Composit von Johannes Brahms und Clara Schumann mag Saturn im 1. Haus die Tatsache symbolisiert haben, daß das Leben mit sieben Kindern und die Erinnerung an den verstorbenen geliebten Ehemann leicht die romantischen Gefühle zerstört haben könnte, die sie füreinander hegten.

Saturn in Schütze im 5. Haus bedeutete für Coretta und Martin Luther King vielleicht, daß ihre Liebe (5. Haus), ihre gemeinsame Lebensphilosophie und ihre Ideale (Schütze) ausreichten, um die Welt (Trigon zum MC) zu erobern – einigen sexuellen Differenzen (Quadrat zu Sonne, Mond und Merkur im 8. Haus), die bei ihm zu Gerüchten über Liebeleien führten, zum Trotz.

Saturn im 3. Haus in Widder im Composit von Jane Fonda und Ted Turner zeugt von heftigen Disputen. Kommunikation ist einer der wichtigsten Aspekte ihrer Beziehung, besonders mit Saturn im Trigon zu Venus und Pluto. Das Quadrat zu Merkur muß nicht unbedingt negativ sein, oft symbolisiert es einfach das Bedürfnis nach ständigem Austausch. Es kann aber auch anzeigen, daß einer der Partner nicht immer die ganze Wahrheit sagt (Merkur im 12. Haus) oder daß der andere ihn nicht ganz versteht. Klare Kommunikation ist deshalb dringend geboten.

## Uranus

Uranus, der Planet des Erwachens oder des Unerwarteten, steht auch im Composit für diese Themen. Er symbolisiert das Prinzip der Freiheit und das Bedürfnis, etwas Eigenes zu machen. Das kann in dem Haus, in dem er steht, für Unruhe sorgen, weil Aktivitäten in diesem Bereich nach Anpassung verlangen mögen, und der eine oder andere, oder beide Partner dies wahrscheinlich nicht von der Partnerschaft erwarten oder sich nicht anpassen wollen.

Bei Prinz Charles und Prinzessin Diana befindet sich der Composit-Uranus im 4. Haus. Glaubt man der Boulevardpresse, dann ist ihr häusliches Leben zumindest ungewöhnlich, denn jeder geht meistens seiner eigenen Wege. Vielleicht ist das aber genau das, was für das Überleben der Beziehung nötig ist: Freiheit, um ihre eigenen Stärken und Schwächen zu erforschen. Das Trigon zum Composit-Mond im 12. Haus könnte anzeigen, daß sie sich privat auf diesen Lebensstil geeinigt haben, wohingegen das Quadrat zur Mars / Neptun-Konjunktion im 7. Haus bedeuten könnte, daß weder sie, noch die Öffentlichkeit, die Situation so sehen, wie sie wirklich ist.

Die Rossellinis mit Uranus im 5. Haus in Steinbock haben einander vielleicht nicht genügend Freiraum gelassen, weder im kreativen Bereich, wo er immer ihr Regisseur war, noch in ihrem Liebesleben. Uranus' Opposition zu Neptun kann darauf hindeuten, daß ihnen eine klare Vision fehlte. Die Opposition von Uranus zu Venus könnte sich als äußerst aufregende Affäre manifestiert haben, aber wenn das alles ist, was eine Beziehung ausmacht, dann endet sie gewöhnlich genauso abrupt wie sie begonnen hat. In ihrem Composit muß das Yod zwischen Uranus im Quinkunx zu Mars, Pluto und zum Aszendenten sie weitaus mehr geplagt haben als sie zuließen. Beide schienen ganz einfach zu akzeptieren, was andere als skandalöses Benehmen abstempelten – daß Ingrid Bergman ihre Familie verließ und daß Robertino unehelich geboren wurde. Das Yod läßt uns etwas anderes glauben.

## Neptun

Dieser trügerische Planet kann Sie im Composit in zwei völlig unterschiedliche Richtungen führen. In seinem höchsten Ideal kann er Ihr spirituelles Potential und Ihre Kreativität widerspiegeln. Er kann auch enthüllen, wo Ihre Träume liegen und welche Träume das sind. Weitaus häufiger jedoch scheint er sich als Enttäuschung oder sogar als Betrug zu manifestieren.

Ethel und Robert Kennedys Composit-Neptun steht in Löwe im 5. Haus in Opposition zu Venus im 11. Haus. Zeigt das an, daß er sie betrog? Oder träumten sie davon, den Kennedy-Clan zu erhalten, und bekamen deshalb 11 Kinder?

Cher und Sonny Bono verdienten eine Menge Geld, weil sie Neptun im 2. Haus im Trigon zu Uranus kreativ einsetzten. Das Publikum fühlte sich von ihrer Art, Musik zu machen und sich

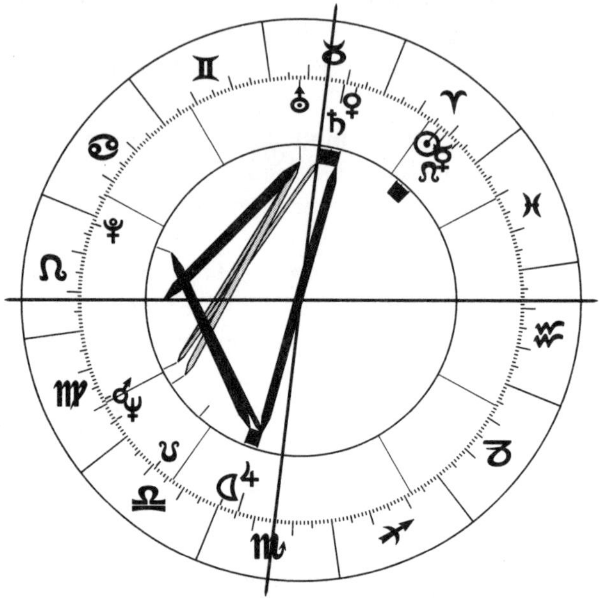

**Composit Sonny & Cher**

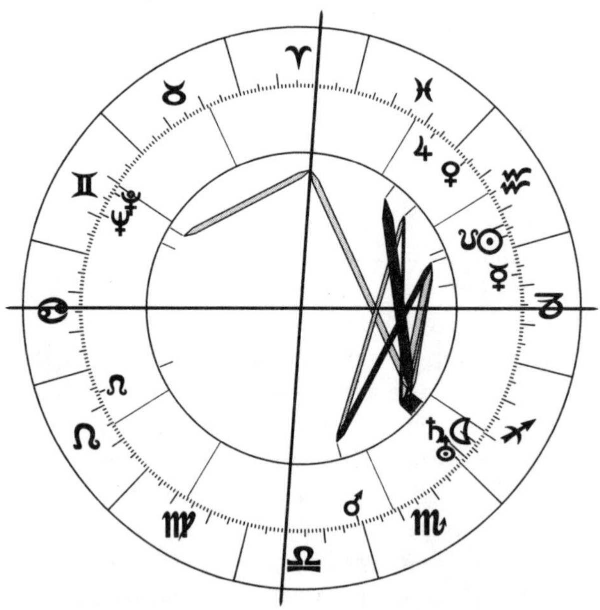

**Composit Anaïs Nin & Henry Miller**

zu necken, angesprochen und fand sie einmalig und unterhaltsam. Nicht jeder akzeptierte sie jedoch sofort (Uranus im Quadrat zum AC). Sie mußten für ihren Erfolg hart arbeiten.

Wenn Neptun in Ihrem Composit im 7. oder 10. Haus steht, weist er häufig auf die Tatsache hin, daß die Öffentlichkeit sich von Ihnen angezogen fühlt und daß Sie als Paar Charisma haben.

## Pluto

Astrologisch wird Pluto mit dem Wort »Macht« charakterisiert. Im Composit zeigt er im allgemeinen einen Bereich an, wo es zu Machtkämpfen kommt. Pluto steht für Ihr unbewußtes gegenseitiges Verlangen. Esoterisch gesehen kann er ein Hinweis auf karmische Verbindungen sein. Er enthüllt den Bereich, in dem Wandel und Transformation stattfinden werden. Ob dies positiv oder negativ sein wird, hängt von den Aspekten ab, aber auch von Ihrer allgemeinen Lebenseinstellung. Bei Anaïs Nin und Henry Miller steht der Mond im 5. Haus in Opposition zu Pluto und im Quadrat zu Jupiter im 8. Haus, ein T-Quadrat also. Ganz sicher veränderte sich durch ihre Liebesbeziehung jeder von ihnen. Die emotionalen Herausforderungen (Opposition Mond) und sexuellen Übertreibungen (Quadrat Jupiter; Venus steht ebenfalls im 8. Haus im Trigon zu Mars und Neptun) wurden wahrscheinlich durch eine rosarote Brille gesehen (Pluto Konjunktion Neptun; Venus Trigon Neptun), aber auf lange Sicht profitierten beide von dieser Erfahrung. Nicht nur, weil sich beider Horizont erweiterte (Jupiter / Pluto), sondern weil sie über ihre Liaison schrieben und gut damit verdienten (Mond im kreativen 5. Haus im Trigon zum MC).

Ernest Hemingway und Max Perkins nutzten den Composit-Pluto im 9. Haus für Veröffentlichungen. Die Rossellinis setzten ihren Pluto im 10. Haus für ihre Karriere ein, um Publicity zu erreichen und um berufliche Dominanz zu erringen. Genauso war es mit Marilyn Monroe und Arthur Miller, bei denen Pluto an der gleichen Stelle stand.

In den meisten Composit-Horoskopen befinden sich die Generationsplaneten Uranus, Neptun und Pluto in den selben Zeichen wie in den einzelnen Geburtshoroskopen, daher ist ihre Häuserposition weitaus wichtiger als das Zeichen, in dem sie stehen.

## Mondknoten

Obwohl es im Horoskopvergleich und im Composit genau wie im Radix einige klare Bedeutungen für Mondknotenkontakte zu geben scheint, gehen die Meinungen über die tatsächliche Bedeutung der Knoten auseinander – von der karmischen bis zur sozialen und gruppenorientierten.

Wir haben hier keine allgemeingültige Wahrheit anzubieten und empfehlen Ihnen, die Mondknoten so zu interpretieren, wie Sie es im Radix tun. Wir messen ihrer Stellung in den Häusern mehr Bedeutung bei als in den Zeichen und ihren Aspekten. Unserer Erfahrung nach kann der Nordknoten dabei helfen, herauszufinden, was die Beziehung leitet. Der Südknoten zeigt einen angenehmen Bereich an, das, was alt und vertraut ist. Der Nordknoten weist auf denjenigen Bereich, in dem neue und unerforschte Herausforderungen warten. Im Composit ist es in diesem Bereich erforderlich, Polaritäten auszugleichen und Extreme zu vermeiden.

Ein Nordknoten im 2. Haus könnte die Fähigkeit erkennen lassen, zusammen Geld zu verdienen, oder daß es nötig wird, Werte miteinander zu teilen. Steht der Südknoten in diesem Haus, dann wird das als selbstverständlich vorausgesetzt, und es wird kaum darüber nachgedacht. Der Nordknoten im 4. Haus könnte bedeuten, daß eine enge persönliche Beziehung dadurch entsteht, daß man sich ein gemeinsames Heim schafft und daß gerade dies auch die Herausforderung ist. Der Nordknoten im 10. Haus könnte einen Hinweis auf eine gemeinsame Karriere geben, wohingegen er im 12. Haus oftmals eine verborgene Stärke der Gemeinschaft andeutet, die für Außenseiter nicht erkennbar ist. Der Südknoten im 5. Haus könnte eine sehr vertraute, liebevolle Beziehung anzeigen, aber denken Sie daran, daß zwischen beiden Knoten die Balance gehalten werden muß, denn der Nordknoten im 11. Haus kann viel soziales Engagement auf Kosten Ihrer Lieben mit sich bringen.

## Aspekte im Composit

Im Composit zeigen die Aspekte das Energiemuster, deshalb sind Aspektfiguren inklusive Planetenballungen hier noch wichtiger als in Geburtshoroskopen. Zögern Sie daher nicht, die Orben zu erweitern, wenn Sie es für notwendig halten.

### Composite für mehr als zwei Personen

Wir haben bereits erwähnt, daß es möglich ist, ein Composit für beliebig viele Personen zu erstellen. Am wichtigsten ist es, daran zu denken, daß alle Häuserspitzen und Planeten addiert und dann durch die korrekte Anzahl der Personen geteilt werden müssen. Wenn Sie ein Composit für eine Familie erstellen, die aus 11 Familienmitgliedern besteht, dann müssen Sie zunächst alle 11 addieren und danach das Ergebnis durch 11 teilen. Als Beispiel geben wir Ihnen hier die Horoskope des bekannten Gesangstrios Peter, Paul und Mary.

Berechnung für die Composit-Sonne:

| | | | |
|---|---|---|---|
| Peters Sonne | | 2 Zeichen 9° 08′ | 9 Zwillinge 08 |
| Pauls Sonne | | 9 Zeichen 8° 51′ | 8 Steinbock 51 |
| Marys Sonne | + | 7 Zeichen 17° 01′ | 17 Skorpion 01 |
| Ergebnis : 3 | | 18 Zeichen 34° 60′ | = 6 Zeichen 11° 40′ oder 11° 40′ Waage |

Um die nächstliegende Halbsumme herauszufinden, zeichnen Sie alle drei Sonnen in ein Horoskop ein (es ist unwichtig, welches der drei Sie nehmen). In unserem Beispiel nehmen wir dazu Peters Radix. Seine Sonne steht im 6. Haus. Pauls Sonne fällt in Peters 10., Marys in sein 8. Haus. Es ist zu beachten, daß die Composit-Sonne auf die Seite des Horoskops fällt, wo die Mehrheit der Sonnen steht – in die östliche Hemisphäre. Die nächstliegende Halbsumme zwischen den Sonnen liegt in Waage und befindet sich im 11. Haus des Composits. Wir wissen, daß sich das alles ein bißchen kompliziert anhört, aber wenn Sie erst einmal ein paar Composite berechnet haben, wird es klarer werden. Viel Glück!

### Wie man das zusammengesetzte Composit deutet

Sie deuten dieses zusammengesetzte Composit so, wie Sie irgendein anderes Horoskop deuten. Das Aszendenten-Zeichen enthüllt, wie sich die Personen aufeinander beziehen. Hier ist es Skorpion, mit den Herrschern Pluto in Krebs knapp im 9. und Mars in Widder im 5. Haus. Diese Positionen lassen darauf schließen, daß die-

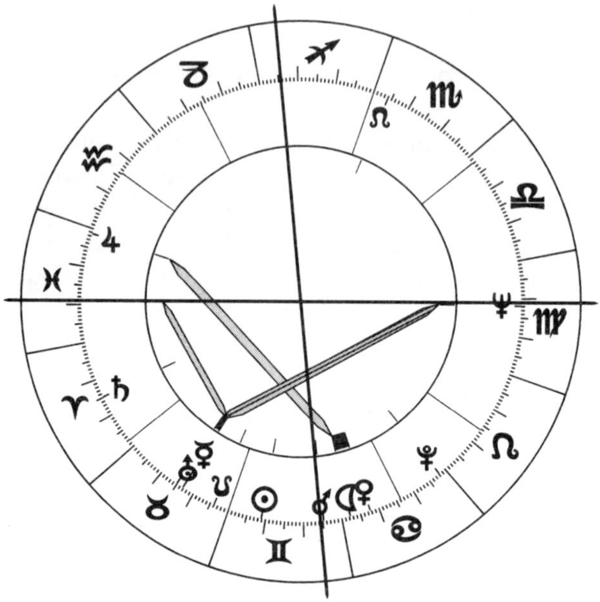

**Peter Yarrow**

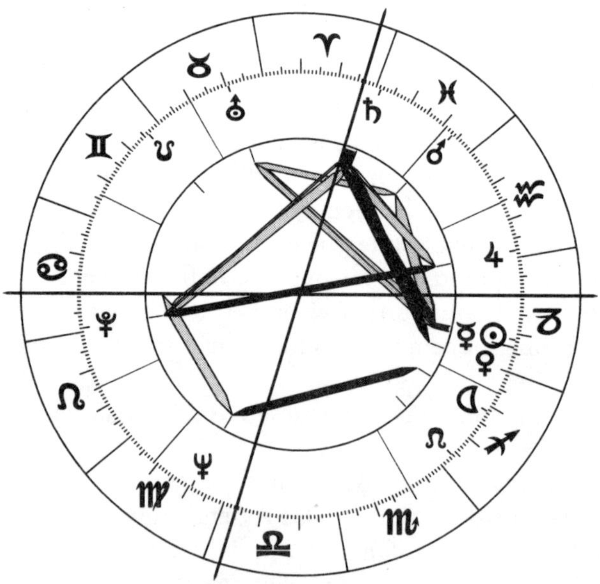

**Paul Stookey**

ses Trio sich gegenseitig unterstützt (Pluto in Krebs), daß sie gemeinsam reisen (Pluto im 9. Haus) und daß sie tatkräftig kreativ sind (Mars in Widder im 5. Haus). Pluto ist Teil eines T-Quadrats mit Jupiter und Venus. Das fehlende Bein dieser Aspektfigur aktiviert ihr überaus wichtiges 5. Haus der Unterhaltung, wo sich der Mitherrscher Mars befindet.

Manchmal muß das ständige Herumreisen ziemlich schwierig für sie sein (Jupiter in Opposition zu Pluto), doch Plutos Trigon zu Saturn zeigt an, daß es ihnen Spaß macht (Saturn im 5. Haus), gemeinsam hart zu arbeiten. Jupiter steht im Trigon zu Mond und Merkur, Pluto im Sextil zu beiden, also entschädigen sie die Auszeichnungen (Mond im 10.), die sie erhalten und das Geld, das sie mit ihren Auftritten verdienen, für das unbehauste Leben, das sie führen. Venus im Quadrat zu Pluto und Jupiter regiert das 7. Haus und bestätigt ihre Anziehungskraft auf das Publikum. Jupiter regiert das 2. Haus der Werte, des Selbstwertes und der Fähigkeit, Geld zu verdienen. Seine Stellung im 3. Haus der Kommunikation verstärkt die Fähigkeit, ihre Stimmen miteinander harmonisch zu verbinden.

Saturn als Herrscher des 3. Hauses befindet sich im 5., einem weiteren Haus des Selbstausdrucks (in diesem Fall des kreativen Selbstausdrucks). Er ist der Planet im Brennpunkt eines Yods (eigentlich ein Bumerang) und ist in ein zweites mit dem MC und Jupiter eingebunden. Diese beiden Aspektfiguren weisen darauf hin, daß Peter, Paul und Mary nicht nur ihre Ziele (MC und Saturn) geändert haben, sondern mit Jupiter im 3. Haus darüber hinaus auch ihre Art zu singen (mehr Folk, weniger Politik).

Ein Bumerang unterscheidet sich ein wenig von einem Yod, bringt aber ebenfalls Veränderung. In dieser Aspektfigur ist Saturn der Planet der Anwendung und steht im Quinkunx zu MC und Venus, aber nicht dort, wo die eigentliche Handlung stattfindet. In einem Bumerang findet diese Aktion in der Opposition zum Finger des Yods statt. Hier ist Merkur der Oppositionsplanet und wird zum aktivierenden Punkt. Offensichtlich liegt der Zweck ihrer Zusammenkunft in der Kommunikation. Doch bevor sie großen Erfolg haben konnten, waren einige Reorganisierungen und Anpassungen nötig.

Ihr ruheloser Lebensstil mit Auftritten in 10 bis 12 Städten innerhalb von zwei Wochen wird durch den Bumerang widergespie-

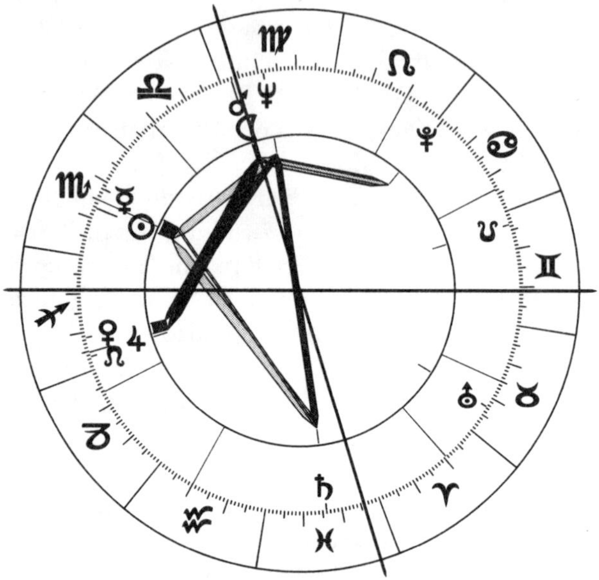

***Mary Travers***

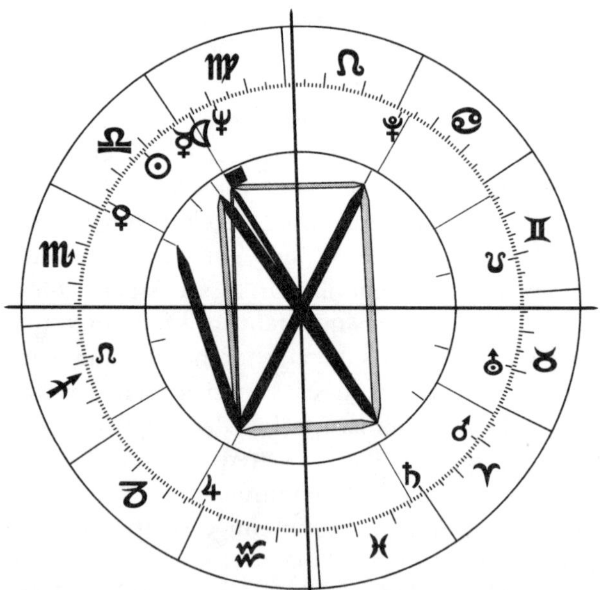

***3-er Composit Peter, Paul & Mary***

gelt. Stetige Veränderung ist ihr Lebensstil, wenn sie auf Tournee sind. Es überrascht nicht, daß Uranus ihr 4. Haus regiert und sich im 6. befindet. Er bildet lediglich einen Quinkunx zu Sonne. Sie mußten sich ein Heim (4. Haus) schaffen, wo sie arbeiten (6. Haus). In den vergangenen Jahren schuf jeder sich sein eigenes Zuhause, Mary in Manhattan und die beiden Männer in Kalifornien. Aber wenn sie auftreten, reisen sie und leben aus dem Koffer.

Neptun regiert das 5. Haus und steht im 10. Haus. Das scheint den Ruhm und die Anerkennung, die sie für ihre künstlerischen Leistungen errungen haben, zu bestätigen. Neptun steht aber auch im Quinkunx zu Mars im 5. Haus und zeigt an, daß trotz des Erfolges mit Stücken wie *Puff the Magic Dragon*, *Blowin' in the Wind* und *Leavin' on a Jet Plane* sie sich in ihrem kreativen Ausdruck immer wieder neu orientieren mußten.

Mars regiert das 6. und steht im 5. Haus. Ihre Arbeit ist unterhaltsam, originell und einfallsreich. Mit Venus als Herrscherin des 7. Hauses und dem Südknoten in diesem Haus fällt es ihnen leicht, bei ihren Zuhörern Anklang zu finden. Venus steht in Waage im 12. Haus und regiert es auch. Das erklärt wahrscheinlich, warum so wenig über ihr Privatleben bekannt ist. Der Herrscher des öffentlichen 7. Hauses im privaten 12. Haus spiegelt ihr Bedürfnis nach gelegentlichem Rückzug wider, um ihre Batterien neu aufzuladen. Venus in Waage ist ebenfalls ein Hinweis auf ihre Akzeptanz beim Publikum. Ihre Musik überdauert seit den sechziger Jahren. Merkur, der das 8. Haus regiert, steht im 11. und bildet harmonische Aspekte – allerdings auch die herausfordernde Opposition zu Saturn... Ein gut ausbalancierter Merkur, der auch in Konjunktion zu Mond im 10. Haus steht – eine weitere Bestätigung dafür, daß das Publikum die Art, wie sie sich mitteilen, liebt und ihnen viel Beifall spendet. Der Merkur / Saturn-Aspekt trägt zweifellos zur Langlebigkeit ihrer Verbindung bei.

Mond im 10. Haus als Herrscher von 9 ist der klassische Aspekt für Reisen in Verbindung mit Karriere und Erfolg, aber er deutet darüber hinaus auch auf die Philosophie in ihrer Musik hin. Merkur im 11. als Herrscher dieses Hauses zeigt an, daß Peter, Paul und Mary nicht nur miteinander arbeiten, sondern auch Freunde sind. Jupiter im 3. Haus gibt besonders mit seinem Trigon zu Merkur und Mond und seinem Sextil zum Aszendenten die gleiche Botschaft: Sie unterstützen und verstehen sich.

# Teil 4

# Synthese

## Kapitel 16

# Einzelhoroskope und Horoskopvergleich

### Gwen Verdon und Bob Fosse

In den ersten drei Teilen dieses Buches haben wir Ihnen eine Menge Informationen gegeben. Nun ist es an der Zeit, alles miteinander zu verbinden und daraus eine Synthese zu bilden. In diesem letzten Teil werden wir die Horoskope von Gwen Verdon und Bob Fosse vergleichen und auch ihr Composit interpretieren. Dabei gehen wir Schritt für Schritt so vor, wie wir es in den Kapiteln 14 und 15 erklärt haben.

Bevor wir beurteilen können, wie diese beiden Menschen miteinander auskommen, müssen wir zuallererst ihre Geburtshoroskope daraufhin untersuchen, welche individuellen Bedürfnisse, Wünsche und Hoffnungen sie haben. Gwen Verdons Horoskop haben wir Ihnen bereits vorgestellt (siehe Horoskop S. 57). Lassen Sie uns diesen Informationen nun noch einige weitere Facetten ihres Lebens hinzufügen, damit Sie sich ein genaueres Bild davon machen können, wie gut sie und Bob Fosse zusammenpassen.

Verdons Eltern wurden in England geboren und wanderten über Kanada nach Kalifornien aus. Ihre Mutter war eine ehemalige Vaudeville-Tänzerin und ihr Vater, ursprünglich Gärtner von Beruf, wurde Bühnenelektriker in den Studios von Metro-Goldwyn-Mayer. Sie können sehen, daß für Gwen mit Mond im Trigon zu Merkur, Venus und Jupiter ihre Mutter höchstwahrscheinlich eine sehr wichtige und harmonische Rolle in ihrer Kindheit spielte. Sie hielt nicht nur die Ärzte davon ab, Gwens Beine künstlich zu richten, sondern sie war es auch, die Gwen dazu verhalf, Tänzerin zu werden. Damals war Gwen vier Jahre alt. Sie trat zusammen mit ihrer Mutter auf, und als sie sechs Jahre alt war, warb man mit ihr im *Loews* Theater in Los Angeles als »der Welt schnellste Stepptänzerin«.

Mond in Jungfrau im 6. Haus weist darauf hin, daß »Mom« ihre Arbeit beeinflußte und wahrscheinlich viel zu ihrem perfekten Tanzstil und ihren Gewohnheiten beitrug. Venus (der andere weibliche Archetyp), die ebenfalls anzeigt, wie Gwen ihre Mutter sah, steht im 10. Haus und bestätigt die Rolle, die sie für Gwens Karriere spielte. Das Trigon zu Neptun könnte auf beiden Seiten eine gewisse Überidealisierung andeuten.

Ihr Vater kam Verdon offenbar etwas härter vor. Ihre Sonne steht im Quinkunx zu Neptun und deutet an, daß er ihr mit seinem langen und unregelmäßigen Dienst in den Studios das Gefühl gab, er kenne sie gar nicht wirklich und daß sie auch nicht wußte, was er von ihr erwartete (Mars im Quinkunx zu Saturn und im Quadrat zu Pluto). Andererseits half er ihr, Zugang zu den Studios zu bekommen (Sonne im Sextil zu Uranus und zum Aszendenten). Sie rechnete es ihm hoch an, daß sie ihr Tanzen perfektionieren konnte, weil er ihr Unterrichtsstunden bezahlte und sie ermutigte (Saturn im Trigon zu Uranus und Pluto).

Als Teenager machte Verdon in Venice Beach in Kalifornien Reklame für Badeanzüge. Sie war auch Revuetänzerin in Nachtclubs. Zwischendurch machte sie eine Ballettausbildung. Nach einer fünfjährigen Pause, in der sie heiratete und einen Sohn bekam, begann sie als Assistentin beim Choreographen Jack Cole wieder zu arbeiten. Mit dem Horoskopherrscher Neptun im 6. Haus ist die Arbeit Gwens Hauptstütze. Mit Venus und Jupiter im 10. Haus ist Karriere angesagt. Es gelang ihr, einige kleinere Tanzrollen zu bekommen, aber weil sie bei allem, was sie tat, so hervorragend war, wurden ihre Auftritte ausnahmslos gekürzt oder ganz herausgeschnitten. Statt dessen gab sie Hollywoodstars Kurse, in denen diese neue Tanztechniken lernen und ihre Bewegungen korrigieren konnten.

Der mangelnden Anerkennung leid, nahm Verdon 1953 an einem Vortanzen für das Musical *Can-Can* am Broadway teil. Sie wurde angenommen, erwies sich aber bald als so gut, daß man fürchtete, sie würde den Star in den Schatten stellen. Ihre Rolle wurde bis auf zwei Tanznummern zusammengestrichen. Das Premiere-Publikum tobte vor Begeisterung und sang: »Wir wollen Verdon.« Ein Star war geboren.

Die Rolle brachte Gwen einen »Tony« ein. Und genauso war es mit *Damn Yankees* 1955, als jeder Broadway-Kritiker sie als Tänzerin und Schauspielerin in ihrer Rolle der Lola in den höchsten Tönen lobte: »Lebhaft, so schnittig wie ein Auto im Ausstellungsraum und ebenso hübsch anzusehen, gibt sie dem Abend Brillianz und Glanz (Uranus am AC) mit ihrem ausgelassenen (AC-Herrscher Neptun in Löwe) Tanz (Fische), mit ihren tollen, glitzernden grünen Augen und ihrem schieren Vergnügen an der Tollheit (Uranus im Quadrat zum MC).« Soweit eine Kostprobe der Beschreibungen seitens der normalerweise ätzenden Kritiker.

Weitere Erfolge ließen nicht auf sich warten: *New Girl in Town* 1957, *Redhead* 1958 und das unvergeßliche *Pajama Game* 1960. Im selben Jahr heiratete sie Bob Fosse, ihren Choreographen und Tanzpartner seit *Damn Yankees*. Bob Fosse gilt als einer der erfolgreichsten Choreographen aller Zeiten und einer der wenigen, der alle drei wichtigsten Preise im Showbusineß gewann. Drei »Oscars« für seine Choreographie in *Cabaret*, sieben »Tonys« für die Regie und die Choreographie in *Pajama Game*, *Redhead*, *Damn Yankees*, *Sweet Charity*, *Dancin*, *Pippin* and *Little Me*; drei »Emmys« für das Fernseh-Special *Liza with a Z*. Aber alle, die ihn kennen, meinen, daß nicht die Auszeichnungen das Wichtigste waren, sondern er selbst als Mensch – seine geniale Schöpferkraft und sein hingebungsvolles Streben nach perfekten Leistungen in allem, was er tat (Saturn in Konjunktion zum MC in einem Großen Trigon mit Jupiter, Uranus und Merkur).

Fosses Vater, ein ehemaliger Vaudeville-Sänger, war Versicherungsvertreter geworden. Fosses Mutter legte Wert darauf, daß Bob und seine vier Geschwister Zugang zur Religion und eine anständige Ausbildung bekamen. Die Mutter wird durch den Mond im exakten Trigon zu Neptun beschrieben und durch Venus, die Herrscherin des 4. Hauses in Löwe im 7. Haus flankiert von Mars und Neptun. Er idealisierte sie, bewunderte sie wahrscheinlich, wußte aber nicht immer ganz genau, wie er mit ihr reden sollte (Mond im Quadrat zu Merkur). Mit so vielen kreativen Aspekten zu Mars und Saturn (Signifikatoren des männlichen Elternteils) lernte er vermutlich mehr von seinem Vater und bewunderte ihn. Aber vielleicht wußte er nicht, wie er seinem Vater seine Gefühle zeigen sollte oder er fühlte sich irgendwie unbehaglich, wie es oft vorkommt, wenn Sie drei Quinkunxe und zwei Quadrate zu Sonne haben.

Weil Fosse bereits sehr früh vom Theater besessen war, schickten ihn seine Eltern zu einer Tanzschule in der Nachbarschaft und

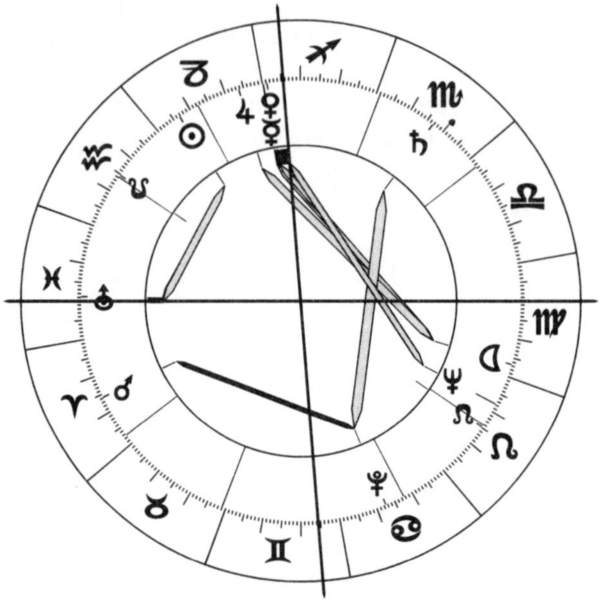

**Gwen Verdon**

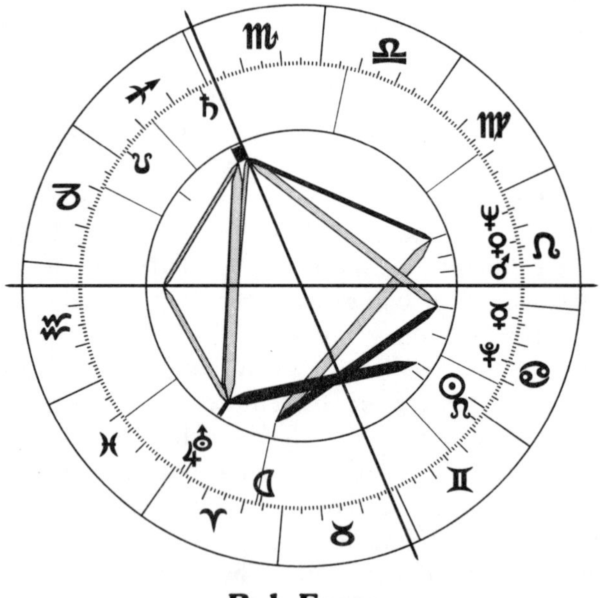

**Bob Fosse**

später zu einer besonderen Ballettschule, wo er der einzige Junge in der Klasse war. »Ich erntete viel Spott, und man pfiff mir hinterher«, erinnerte er sich. »Aber mit der Zeit hörte es auf....« Er war erst 13 Jahre, als er und ein weiterer junger Tänzer sich unter dem Namen »Riff Brothers« zusammentaten. Der unschuldige Teenager ertanzte sich seinen Weg ins Varieté. Pluto, der MC-Herrscher steht im 6. Haus der Arbeit. Es ist ihm ein inneres Bedürfnis, sein Bestes zu geben. Saturn im 10. Haus hat den Ruf, ein strenger Zuchtmeister zu sein und in allen Berufs- und Karriereangelegenheiten Perfektion zu verlangen. Saturn und MC im Trigon zu Merkur im 6. und Jupiter in Konjunktion mit Uranus im 2. Haus des verdienten Geldes in einem Großen Feuer-Trigon weisen auf gutes Timing hin – zur rechten Zeit am rechten Ort zu sein.

Glaubt man *All His Jazz, the Life and Death of Bob Fosse* von Martin Gottfried, dann hat es Fosse geschadet, daß er sich schon so früh dem ziemlich rauhen Nachtleben aussetzte. Fosse erinnerte sich: »Ich war wirklich unglücklich und ängstlich. Es hinterließ gewisse Eindrücke bei mir, die nicht die Besten sind. Ich war zu jung, um mit nackten Damen konfrontiert zu werden.« Nach Gottfrieds Ansicht ist Fosse dieser Zeit niemals wirklich entwachsen. In seiner Arbeit hatte Sex einen Anflug von Schuld und Voyeurismus. Im Privatleben versuchte der ewige Jugendliche, der immer an allem zweifelte, selbst an seinem Talent, ständig, sich durch Nonstop-Affären seiner selbst zu versichern, auch während seiner drei Ehen.

Merkur, der sein 5. und 8. Haus regiert, ist in ein Großes Trigon mit Jupiter (Exzesse), Saturn (Überkompensation für imaginäre Unzulänglichkeit) und Uranus (Bedürfnis nach Anregung durch Neues und Unbekanntes) eingebunden. Auf einige dieser imaginären Unzulänglichkeiten deutet die Krebs-Sonne im 5. Haus im Quinkunx zu Saturn (beides männliche Archetypen) hin. Der Aszendent (wie er sich selbst sieht) verschlimmert durch ein enthemmendes Quadrat zu Jupiter und ein unter Hochspannung stehendes Quadrat zu Uranus alles noch. Da die Sonne sein 7. Haus der Beziehungen regiert, können Sie sich vorstellen, warum Fosse in diesem Bereich Schwierigkeiten gehabt haben könnte. Mit Venus und Mars im romantischen Löwe-Zeichen ist es nur natürlich, ein Frauenheld zu sein.

Bob Fosse hatte nicht nur Talent, sondern er war auch ehrgeizig (Saturn im 10. Haus). Mit 15 arbeitete er als Conférencier in kleinen Nachclubs und entwarf zum ersten Mal eine Choreographie, bei der vier Mädchen mit Straußenfedern zu Musik von Cole Porter herummanövrierten. Nach dem Highschool-Abschluß 1945, auf den seine Mutter trotz seiner Nachtarbeit bestanden hatte, meldete sich Fosse zur Navy und wurde der Truppenbetreuung im Pazifik zugeteilt. Wie er später einmal verlauten ließ, war dies der Ort, wo er seine Fähigkeiten als Künstler, Choreograph und Regisseur perfektionierte: »Von da an wußte ich, was ich wollte und wohin ich wollte.«

Nach seiner Entlassung 1947 machte er in New York eine Schauspielausbildung, trat als Revuetänzer in *Call Me Madam* auf, in einer kleineren Rolle als Schauspieler in *Dance Me a Song*, übernahm die Hauptrolle in *Pal Joey* und ging damit auf Tournee. Zwischendurch tanzte er im Fernsehen in der *Show of Shows* und *Your Hit Parade.* 1953 unterschrieb er einen Vertrag mit MGM und ging nach Hollywood, in der Hoffnung, Gene Kellys Nachfolger zu werden. Trotz einiger höchst phantasievoller Arbeiten meinte Fosse, er hätte in Hollywood versagt und kehrte nach New York zurück, wo ihn Jerome Robbins »entdeckte«.

Der Rest ist Geschichte. *Pajama Game* begründete unauslöschlich seinen Stil. *Damn Yankees* festigte seinen Ruf und war gleichzeitig der Beginn der Zusammenarbeit mit Gwen Verdon, die 1960 seine 3. Ehefrau wurde. Abgesehen von zahllosen Affären gab es vorher zwei kurze Ehen mit Mary-Ann Niles und Joan McCracken. In den folgenden Jahren pendelte er zwischen Hollywood (*My Sister Eileen*) und Broadway (*Bells are Ringing*) hin und her. Für die Filmversionen von *Pajama Game* und *Damn Yankees* mit Verdon überarbeitete er auch seine Bühnenchoreographien. Das Paar zog für *Redhead*, das ein großer Triumph für beide wurde, wieder gen Osten.

Mit einem unaspektierten Pluto als Herrscher über Fosses MC im 6. Haus könnte Fosse sogar noch arbeits- und karrierebesessener gewesen sein als Verdon. Aber zusammen waren sie sicher ein phantastisches Gespann. Fosse hatte andere Schwierigkeiten zu bewältigen, um eine enge Beziehung aufrechterhalten zu können. Er hatte keine Oppositionen zwischen Planeten, was andeutet, daß es ihm schwerfiel, andere zu verstehen. Er hatte keine Planeten in Erdzeichen, was dafür spricht, daß er häufig unrealistische Vorstellungen über die Welt hatte. Für einen Tänzer, der phantasievoll »mit dem Kopf in den Wolken über dem Boden schwebt« und dabei gedeiht, ist das wunderbar, aber für eine real existierende Ehe ist es nicht ganz so wunderbar. Und doch zogen sich Fosse und Verdon wie zwei Magneten an. Wenn Sie ihre Horoskope vergleichen, werden Sie viele Gründe dafür erkennen.

## Bedürfnisse des 7. Hauses

Fosse wünscht sich eine dramatische (Spitze 7 in Löwe), aktive (Mars im 7. Haus) Frau, die sensibel genug ist, ihn zu verstehen und zu lieben (Herrscher des 7. Hauses, Sonne, in Krebs im 5. Haus). Weil dies seine 3. Ehe ist, sollten Sie sich sein 11. Haus ansehen, um zusätzliche Einsichten zu gewinnen. Diese Häuserspitze fällt in Schütze, was auf einen Freigeist hinweist. Der Herrscher Jupiter steht in Widder und beschreibt einen aktiven Menschen, was Mars im 7. Haus bestätigt.

Gwen Verdon erfüllt diese Bedürfnisse recht gut. Mit Mars in Widder im 1. Haus ist sie sehr aktiv. Ihr Mond im Trigon zur Venus / Merkur / Jupiter-Konjunktion läßt an eine sanfte Seele denken, sogar an einen »Softie«. Mit Venus im Trigon zum hart arbeitenden (6. Haus) Neptun hat sie jede Menge Phantasie. Fügen Sie den Fische-AC mit Uranus in Konjunktion hinzu, und Sie erhalten ein immens kreatives Vorstellungsvermögen. Der Mond als Herrscher des 5. Hauses im Trigon zu Venus zeigt an, daß sie zu tiefer Liebe fähig ist, wenn sie »den Richtigen« trifft. Wenn Sie Merkur, Herrscher ihres 4. und 7. Hauses in Schütze und Uranus am Aszendenten sehen, wissen Sie, daß sie im innersten ihres Herzens ein Freigeist ist und daher alle 7.-Haus-Bedürfnisse von Fosse zu erfüllen scheint.

Verdon selbst sucht nach einem Mann, der anspruchsvoll (7. Haus in Jungfrau), ehrgeizig (Herrscher Merkur im 10. Haus) und ebenfalls ein Freidenker (Schütze), warmherzig (Merkur in Konjunktion zu Venus) und großzügig (Merkur Konjunktion Jupiter) ist. Dies ist ihre zweite Ehe. Das 9. Haus fällt in Skorpion und deutet an, daß sie nach einem leidenschaftlichen Menschen Ausschau hält, nach jemandem, der aktiv (Mars in Widder im 1. Haus) und trotzdem empfindsam und liebevoll (Pluto in Krebs im 4. Haus) ist.

Fosse erfüllte diese Erwartungen sicherlich in jeder Hinsicht. Er ist sehr ehrgeizig (Saturn im 10. Haus), frei denkend (Wassermann-AC), begegnet anderen Menschen sehr warmherzig (Venus und Mars in Konjunktion in Löwe im 7. Haus) und sieht auch großzügig über einen Fehler hinweg (Jupiter in Konjunktion mit Uranus im 2. Haus). Seine Leidenschaft war berühmt (Pluto ohne Aspekt und MC in Skorpion). Er war hyperaktiv (sieben Planeten in Feuer, drei davon in Widder). Diese Feuerplaneten wiesen ihn als sehr liebevollen Mann aus – ebenso wie seine Krebs-Sonne im 5. Haus, die Liebe und Empfindsamkeit ausstrahlt. Der einzige fehlende Faktor mag die wählerische, urteilsfähige und anspruchsvolle Jungfrau-Qualität sein, aber mit Fosses Merkur im 6. Haus verkörperte er doch auch einiges davon.

### Affinitäten

Verdons Sonne im 11. Haus zieht Fosses Wassermann-AC an. Daher ist ihnen ein Verständnis für die innersten Gefühle und Gedanken des anderen eigen. Sie wird sein Verhalten (AC) nicht bizarr oder abweichend (Wassermann) empfinden. Obwohl ihre Sonne im korrekten und traditionsbewußten Steinbock steht, weist deren Stellung im 11. Haus doch genügend uranische Züge auf, um mit seiner Handlungsweise etwas anfangen zu können. Sein Saturn im 10. Haus wiederum unterstützt ihn dabei, sich in die Bedürfnisse ihrer Steinbock-Sonne einzufühlen.

### Planetenplazierungen

Wenn Sie seine Planeten außen um ihr Horoskop einzeichnen, können Sie erkennen, daß er ihr persönliches Wachstum (sein Jupiter in ihrem 1. Haus) in einzigartiger Weise (sein Uranus befindet sich ebenfalls dort) fördern kann und daß er dabei all seine Gefühle hineinlegt (sein Mond in ihrem 1. Haus). Fosse gibt viel von sich selbst, sein Herz und seine Seele (Sonne) in ihr Heim (4. Haus). Dies war vermutlich die einzige Zeit und der einzige Ort, wo er sich erlaubte, seine andere, weichere Seite zu zeigen.

Es bestätigt auch, was alle Biographen schreiben: Er liebte Verdon tief und sogar leidenschaftlich (sein Pluto in ihrem 4. Haus im Trigon zu ihrem Saturn). Indem er seinen feinfühligen Krebs-Merkur und seinen romantischen und feurigen Löwe-Mars in Verdons leeres 5. Haus brachte, öffnete er sie wahrscheinlich einem tieferen Verständnis für die Liebe... und vielleicht für die Mutterschaft, da sie eine gemeinsame Tochter hatten.

Beide geben ihren Saturn jeweils in das leere Haus des anderen und ermöglichen sich dadurch gegenseitig, ihre Träume und Visionen (9. Haus) in eine Form zu bringen, was sie sicherlich mit ihrem für die damalige Zeit völlig einmaligen Tanzstil auch taten. Mit Verdons Merkur und Jupiter in Fosses leerem 11. Haus konnte sie ihm zeigen, was Freundschaft verbunden mit tiefer Liebe und von Herzen kommender Großzügigkeit überhaupt ist. Ihr wundervoll aspektierter Mond in seinem 7. Haus und seine Sonne in ihrem 4. Haus trugen zu ihrer ernsthaften Bindung bei.

Natürlich spielte auch Sex eine Rolle. Ihr Mars steht in engem Trigon zu seiner Venus und darüber hinaus bildet ihr Venus / MC / Merkur-Trigon mit seinem Mond und seinem Neptun ein Großes Feuer-Trigon. Das war auch beruflich gut für sie, weil es ihr 1., 6., und 10. Haus betrifft. Obwohl er sich sehr stark von ihr angezogen fühlte, bildeten sein Mars und seine Venus ein Quadrat zu ihrem Saturn. Vielleicht hat sie seiner sexuellen »Leistungsfähigkeit« gelegentlich einen Dämpfer verpaßt oder ihn gefesselt, wenn wieder einmal der Jagdtrieb bei ihm ausbrach.

## Lücken füllen

Mit Mond in Jungfrau, Sonne und Jupiter in Steinbock brachte Verdon viel Erde in die Beziehung. Ihr Mangel an Luftplaneten wird durch Fosses Wassermann-AC ausgeglichen. Bei Fosse stehen in den Häusern der Beendigungen (4., 8., 12. Haus) keine Planeten, ein Mangel, der auf Widerstand gegen eine Innenschau hinweist. Verdons Sonne fällt in Fosses 12. Haus und sollte diesen Widerstand etwas aufgelöst haben. Außerdem bringt sie ihm vier Oppositionen (ihre Sonne zu seinem Merkur, ihre Venus, ihr Merkur und ihr Jupiter zu seiner Sonne), die bei ihm größere geistige Aufmerksamkeit dafür erzeugt haben könnten, wer er wirklich war und was er von sich und anderen brauchte.

Sein Pluto, der keine Aspekte hat, wird durch ihren Uranus und Saturn Teil eines weiteren Großen Trigons, was für seine Arbeit (Pluto in seinem 6. Haus) und Karriere (er regiert seinen MC) Gutes ahnen läßt. Dies wirkte sich für beide positiv aus. Seine Choreographie brachte ihr Bestes hervor, was die Kritiker zu beinahe atemlosen Lobpreisungen inspirierte: »Das Ausmaß körperlicher Aktivität, dem dieses so zerbrechlich wirkende Geschöpf freien Lauf läßt, ist einfach verblüffend: Sie wirbelt im Kreis herum, bäumt sich auf, vollführt Sprünge und Pirouetten, ist selten außer Sicht und niemals außer Atem. Doch abgesehen von der athletischen Überschwenglichkeit ist da noch etwas Verfeinertes – eine nie versiegende Zartheit des Geistes, der Energie«, schrieb Kenneth Tynan im *New Yorker*. Als »Perfektion« brachten es einige Kritiker über Fosse auf den Punkt, als »Tanzmeister, der alle anderen in die Tasche stecken kann«, bezeichneten ihn andere.

Es ist sehr bedeutsam, wenn die eigenen Planeten und Achsen die leeren Häuser und Lücken des anderen füllen. Es half den beiden tatsächlich, mehr über sich herauszufinden.

## Aspektfiguren

Abgesehen von ihren Saturn-Aspekten waren jedoch die vielen Aspektfiguren zwischen ihren Horoskopen ein sehr bindendes Element in ihrer Beziehung. Diese gegenseitige Vervollständigung bietet eine Erklärung dafür, warum sie bis zu Fosses Tod 1987 Partner blieben, obwohl sie sich bereits 1972 getrennt hatten und 1975 scheiden ließen.

Sie haben schon die beiden Großen Trigone bemerkt, die den Elan (Feuer) und die Tiefe (Wasser) der Beziehung zeigen. Fügen Sie die beiden Yod-Figuren hinzu, die illustrieren, daß sich beide in gewisser Hinsicht einander anpassen mußten. Verdons Mond steht im Quinkunx zu Fosses Aszendent im Sextil zu Jupiter / Uranus. Daraus ergibt sich das erste Yod. Er mußte lernen, seinen Überschwang (Jupiter) und seine Liebe zum Exzentrischen (Uranus) ebenso zu zügeln wie seine schier unerschöpfliche Energie (beide im Sextil zum AC), wenn er mit ihrem viel ruhigeren, anspruchsvolleren Naturell auskommen wollte. Sie dagegen mußte lernen, ihre Gefühle neu zu ordnen und sich von seinem manchmal bizarren Benehmen nicht so leicht beeinträchtigen zu lassen. Obwohl sie vielleicht in ihrem privaten Leben nicht völlig erfolgreich gewesen sein mögen – aus der Sicht anderer waren sie es in ihrem beruflichen Leben sicherlich. Sie wurde als sein »tanzendes Alter ego« betrachtet.

Ihr zweites Yod betrifft seinen Aszendenten im Quinkunx zu ihrem Mond und seine Sonne im Sextil zu ihrem Mond. Dies zeigt vielleicht, wie sie gefühlsmäßig weniger verwundbar und er beherrschter wurde – durch die Balance zwischen weiblicher und männlicher Energie und das gegenseitige Verständnis, das diese Aspektfigur mit sich bringen kann.

Die beiden T-Quadrate, die entstehen, wenn man ihre Horoskope kombiniert, zeigen wundervolle Möglichkeiten für einen Energieaustausch. Sie deuten aber auch mögliche Probleme an, besonders mit einem Mann wie Fosse, den einer seiner Freunde so beschreibt:»Voller unstillbarem Verlangen nach Erfolg und Selbstvernichtung«, und der sich selbst für »heftig, aggressiv, bedürftig, verschreckt, hungrig und kühn« hält. Ein T-Quadrat entsteht aus Fosses Jupiter / Uranus-Konjunktion im Quadrat zu seiner Sonne und im Quadrat zu Verdons Jupiter. Sie war an eine Opposition zu ihrem Jupiter gewöhnt, denn in ihrem eigenen Horoskop steht Pluto in Opposition dazu. Aber sie brauchte Zeit, um sich an den enormen Schwung und die Vitalität zu gewöhnen, den Jupiter und Uranus in Widder darstellen, ganz besonders, weil diese Planeten in ihr 1. Haus des Körpers fallen.

Bei Fosse hingegen besteht bereits im Geburtshoroskop ein Quadrat vom 2. zum 5. Haus. Weil sein Radix keine Oppositionen aufweist, ist es völlig neu für ihn, Verdons Jupiter in seinem 11. Haus zu spüren. War diese Ehe durch die besondere Art der Liebe, die gegeben (5. Haus) und empfangen (11. Haus) wurde, anders als seine früheren Ehen? Freunde sagen, daß er Verdon idealisierte und liebte, obwohl er ein Schürzenjäger war, und daß ihre fortbestehende Freundschaft (11. Haus) und die gemeinsame Tochter Nicole (5. Haus) sein Leben lebenswert machten.

Das zweite T-Quadrat bildet sich zwischen seinem Mond im Quadrat zu seinem Merkur und ihrer Sonne. Das bringt ihm eine weitere Opposition von seinem emsigen Merkur im 6. Haus zu ihrer Sonne in seinem 12. Haus. Ermöglichte ihm dies, einen besseren Einblick in seine »dunklere« Seite zu bekommen? Sein

Freund, der Komponist Cy Coleman sagt dazu: »Fosse war fast immer in Schwarz gekleidet. Er machte sich über sich selbst lustig und glaubte nie daran, daß etwas gut ausgehen würde. Er hat eine schwarze Seele. Aber aus dieser Schwärze heraus zündete er eine Kerze an – jedes Mal!«

Verdon mit ihrer Sonne im Sextil zu Uranus und ihrem Aszendenten fand wahrscheinlich Vergnügen an der Opposition zu Fosses Merkur in ihrem 5. Haus. Vielleicht wurde ihr auch klarer, was sie von einem Liebhaber erwartete, was sie ihren Kindern zu geben hatte und was ihre eigene Kreativität ausmachte. Das Quadrat zu seinem Mond in ihrem 1. Haus aufzunehmen und darauf zu reagieren, könnte etwas schwieriger gewesen sein. Sonne im Quadrat zu Mond in einer heterosexuellen Beziehung weist im allgemeinen auf eine gewisse Spannung in und zwischen den beiden Menschen hin. Obwohl sie ein Sextil zwischen Mond (ihrem) und Sonne (seiner) haben, was sehr hilfreich ist, beseitigt es jedoch nicht die Themen des Quadrats. Trotz ihrer Vernarrtheit ineinander und der gegenseitigen Anregung ihrer Kreativität, könnte dieses Quadrat auch auf sexuelle und psychologische Probleme verweisen.

### Mondknotenkontakte

Für diejenigen unter Ihnen, die an Reinkarnation und karmische Gründe für Beziehungen glauben, weisen wir darauf hin, daß Verdons Nordknoten in Konjunktion mit Fosses Mars / Venus-Konjunktion im 7. Haus steht. Das symbolisiert, daß sie ihm durch eine Ehe vermutlich dabei half, besser zu verstehen, wie er diese beiden Planeten am besten nutzen konnte. Fosses Südknoten steht in Konjunktion zu ihrer Venus / Merkur-Konjunktion in ihrem 10. Haus von Status und Karriere. Der Südknoten wird karmisch mehr als »Nehmer« angesehen. Daher sieht es so aus, als ob Fosse viel durch ihre Ehe gewann.

Obwohl sie beruflich sehr erfolgreich waren, trennten sie sich schließlich. Gottfried schreibt dazu: »Inzwischen war er von Dexamil abhängig und kein sexueller oder beruflicher Triumph genügte ihm mehr.« Er hatte einige bezaubernde Freundinnen, darunter Ann Reinking und Jessica Lange, aber Fosse behauptete, daß dieser Lebensbereich nach seiner Scheidung an Bedeutung verlor. »Sicherlich bin ich nicht mehr so sehr hinter Frauen her wie früher. Ich fürchte, daß ich sie 'rumkriege und dann etwas tun muß. Aber ich bin etwas charmanter und lustiger, wenn Damen in der Nähe sind. Anscheinend trete ich dann großspuriger auf. Vermutlich irgendein Minderwertigkeitskomplex als kleiner Junge. Irgendwie das Bedürfnis, mir selbst etwas zu beweisen.«

Obwohl Sie sich durch all dies bereits eine sehr gute Vorstellung davon machen können, wie die Ehe von Verdon und Fosse aussah – der Applaus und der Kummer, die Schwierigkeiten und der Ruhm –, wird das Composit Ihnen sogar noch mehr Facetten der Beziehung erschließen und Ihnen tieferen Einblick gewähren, wie die beiden sich als Paar verhielten.

# Kapitel 17

# Verdon / Fosse-Composit

In Kapitel 13 haben wir erklärt, daß das Composit die Beziehung von, in diesem Fall, zwei Personen widerspiegelt, die wie eine Person handeln. Diese Art Horoskop beschreibt nicht, wie sich jeder einzelne auf den anderen bezieht. Um das herauszufinden, haben wir gerade die Horoskope miteinander verglichen. Im Gegensatz dazu stellt das Composit dar, wie dieses Paar, Gwen Verdon und Bob Fosse, als zusammengesetzte Einheit mit der Welt in Beziehung steht. Wenn Sie sie voneinander trennen, verändern sich ihre Persönlichkeiten, doch wenn Sie sie durch die Linse des Composits betrachten, scheinen sie die Welt um sich herum mit einer einzigen, gemeinsamen Seele zu meistern.
Im Composit von Gwen Verdon und Bob Fosse offenbart sich, daß ihre Beziehung auf Freundschaft basierte. Mit Wassermann am Aszendenten und Uranus im 1. Haus war ihr Zusammensein doppelt einmalig, denn hier verbanden sich die Talente zweier sehr ausgeprägter Individualisten zu einem harmonischen Ganzen. Aber vielleicht stimmten sie nicht immer völlig überein, denn Uranus steht im Quinkunx zu Neptun, dem Herrscher des im 1. Haus eingeschlossenen Fische-Zeichens. Mit Neptun im 6. Haus könnten sie unterschiedliche Arbeitsauffassungen und Alltagsgewohnheiten gehabt haben. Selbstverständlich waren Anpassungen und Neuorganisationen nötig – zwei vom Temperament und vom Künstlerischen her so starke Persönlichkeiten erkennen häufig, daß sie sich aufeinander einstellen müssen.

Wie wir bereits in Kapitel 15 erwähnten, symbolisieren Sonne und Mars im Composit den Mann – abgesehen von den traditionellen astrologischen Deutungen. Die Frau wird von Mond und Venus abgebildet. Im Verdon / Fosse-Composit ist der Austausch zwischen diesen Planeten höchst faszinierend. Mond in Zwillinge im 4. und Venus in Widder im 2. Haus beschreiben Gwen als eine Frau, die ungeduldig, energisch, gefühlsmäßig etwas distanziert, doch wertbewußt ist, und die sich zu Hause wohlfühlt. Sonne in

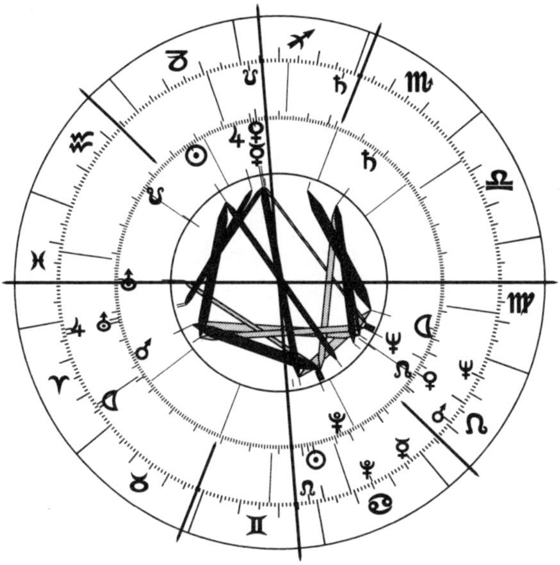

***Synastrie Bob Fosse & Gwen Verdon***

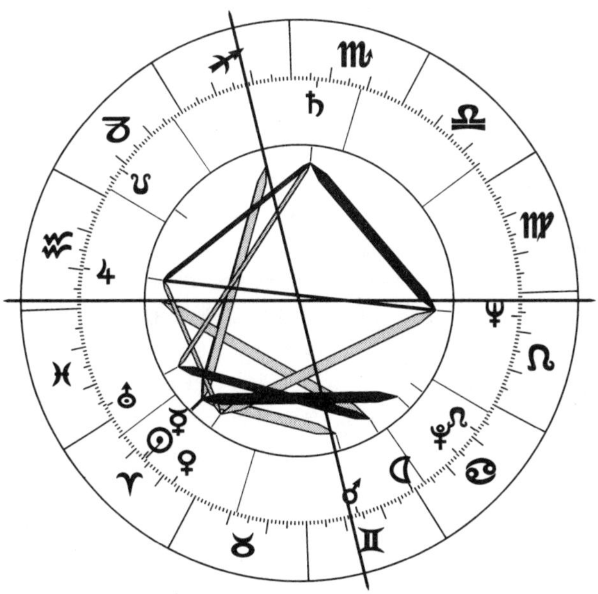

***Composit Bob Fosse & Gwen Verdon***

Widder im 2. Haus und Mars im 4. in Zwillinge weisen Bob als jemanden aus, dessen Reaktionen, Bedürfnisse und Wesenszüge denen von Gwen ähneln.

Uranus im Trigon zu Saturn im 9. Haus regiert das 11. und 12. Haus und bestärkt damit ebenso die echte Freundschaft, die sie füreinander empfanden wie ihre Fähigkeit, sich gegenseitig zu ermutigen und zu unterstützen. Uranus steht auch im Quadrat zu Mond in Zwillinge, dem Herrscher des 6. Hauses. Das bestärkt zweifellos die Unterschiede zwischen ihren Arbeitsauffassungen, besonders weil Verdon (Mond) gefühlvoller zu sein scheint als Fosse (Sonne), der eher heftig mit dem Leben umgeht (Sonne im Quadrat zu Pluto).

Mit Sonne im 2. Haus stehen Werte, Selbstwert und die Fähigkeit, Geld zu verdienen, im Brennpunkt der Beziehung. Sonne im Quadrat zu Pluto im 5. Haus verstärkt ihre kreativen Fähigkeiten. Sie fanden Resonanz beim anderen, waren Kritiker und das beste Publikum füreinander. Als Fosse einmal gefragt wurde, ob er Gwen zu der gemacht habe, die sie sei, antwortete er: »Sie sah schon so scharf aus, als ich sie traf. Ihre Figur im Trikot ... das werde ich nie vergessen. Diese Alabasterhaut, ihr stolzer Gang ...«

Im Composit sind sie mit acht Planeten unter dem Horizont analytisch ausgerichtet und von ihrer Beziehung sehr fasziniert. Ihnen fehlen zwar Planeten in Erdzeichen, aber sie haben vier in Erdhäusern. Also waren sie finanziell erfolgreich und fanden Anerkennung und ständige Zustimmung, obwohl es ihrer Partnerschaft gelegentlich an Stabilität und Ausdauer gemangelt haben mag. In den Beziehungshäusern stehen ebenfalls keine Planeten, aber wieder gibt es einen Ausgleich, weil sich drei Planeten und der Aszendent in Luftzeichen befinden. Das genaue Sextil zwischen Merkur und Mars steigert ihr Kommunikationsvermögen. Die Herrscherin des 3. Hauses, Venus, im Sextil zu Jupiter und in einem engen Trigon zu Neptun bestätigt ihre kommunikative Gewandtheit und ihr Vermögen, sich gegenseitig kreativ anzuregen. Es ist zu bezweifeln, daß ihnen jemals der Gesprächsstoff ausging.

Die Composit-Signatur ist Widder (vier Planeten in kardinalen Zeichen, vier in Feuer). Das zeigt die starke körperliche Aktivität, mit der sie sich engagierten, nicht nur beruflich, sondern auch privat. Zusammen wirken sie dynamisch, energisch und feurig. Bei dem Aspektmuster handelt es sich um einen Eimer, mit Saturn als Henkel in Skorpion im 9. Haus. Als Ventil für diesen Eimer bündelt Saturn die Energien zu diszipliniertem Handeln in Belangen des 9. Hauses: Bestrebungen, Reisen, Philosophie, Moral, juristische Angelegenheiten und durch seine Herrschaft über das 11. Haus und 12. Haus auch Freundschaft, gemeinsame Ziele und Gruppen sowie die allumfassende Welt des Tanzes und der Choreographie genauso wie die gegenseitige Unterstützung und Förderung.

Das wichtigste Aspektmuster in ihrem Composit ist das T-Quadrat zwischen Jupiter im 12. Haus in Opposition zu Neptun im 6. und beide im Quadrat zu Saturn im 9., der nicht nur den Henkel der Eimerfigur darstellt, sondern auch noch der Planet im Brennpunkt des T-Quadrats ist. Da Jupiter den Composit-MC regiert, deutet seine Opposition zu Neptun auf ihre Fähigkeit hin, beruflich einen Ausgleich zwischen sich zu schaffen. Daß beide Planeten im Quadrat zu Saturn stehen, bedeutet, daß in ihrem Alltag Probleme auftraten (das leere Haus des T-Quadrats ist das 3. Haus), obwohl sie im Arbeitsbereich sehr diszipliniert waren.

Mit Saturn im Trigon zum AC-Herrscher Uranus sahen andere sie offensichtlich als funktionierende Einheit, aber wie steht es mit dem Quadrat zu Neptun, dem anderen Herrscher des 1. Hauses? Machten sie sich etwas über ihre Beziehung vor? Sicherlich taten sie das manchmal. Uranus im Quinkunx zu Neptun bestätigt es. Im Arbeitsbereich schafften sie es, sich einander anzupassen, im Privatleben hatten sie Meinungsverschiedenheiten.

Das betonte 2. Haus weist darauf hin, daß ihre Beziehung sich auf den Bereich Finanzen, Werte und auf den Kampf um die Vorherrschaft (Wer ist wertvoller?) konzentrierte. Sonne und Merkur bilden ein Quadrat zu Pluto. Vom Composit her sieht es so aus, als wären sie bei kreativen Themen oder darüber, wie ihre Tochter erzogen werden sollte, nicht immer einer Meinung gewesen. In Fosses Radix ist Pluto ohne Aspekt und die herausfordernden Aspekte im Composit machen es ihm nicht eben leichter, Pluto zu integrieren. Mars, der Herrscher des 2. Hauses, befindet sich im Trigon zu Jupiter im 12., also fiel es ihnen relativ leicht, intuitiv die Bedürfnisse und Handlungsweisen des anderen zu erspüren. Mars (Energie) im Trigon zu Jupiter (Expansion) ebnete ihnen höchstwahrscheinlich den Weg zu Ruhm und Anerkennung (Jupiter regiert das 10. Haus).

Venus, die das 3. und 8. Haus regiert, steht im Trigon zu Neptun. Das läßt die Vorstellung von Harmonie in Kommunikation und Sexualität entstehen. Dieser Aspekt bestätigt auch die Förderung und Unterstützung (8. Haus), die sie einander gaben. Er ließ sie mit seiner Choreographie, sie ihn mit ihrer Darstellung gut aussehen, und als Paar im Rampenlicht waren sie unschlagbar.

Wie wir bereits beim Horoskopvergleich bemerkten, war die Geborgenheit und Sicherheit, die sie zuhause füreinander schufen, äußerst wichtig. Das wird im Composit bestätigt. Merkur, der Herrscher des 4. Hauses steht im 2. im Sextil zu Mars im 4., ebenso wie die Sonne. Diese Aspekte lassen darauf schließen, daß in ihrem manchmal auch turbulenten (Merkur Quadrat Pluto) Zuhause Harmonie herrschte.

Weil im Composit das 5. und das 6. Haus verbunden sind (beide Häuserspitzen fallen in Krebs), überrascht es kaum, daß sie so gut und kreativ miteinander arbeiteten. Das Quadrat zwischen Mond und Uranus verstärkte ihre einzigartige Zusammenarbeit nur noch weiter, während das Trigon zum AC die ausgezeichnete körperliche Koordination widerspiegelt und das Sextil zu Neptun die Anmut und Schönheit ihrer gemeinsamen Darstellungskunst.

Aus der Sicht anderer waren sie finanziell erfolgreich (Sonne als Herrscherin des 7. Hauses im 2. Haus), sie verstanden sich (Merkur in Konjunktion zu Sonne) und waren lebhaft und energisch (Sonne / Merkur im Sextil zu Mars). Aber diejenigen, die sie näher kannten, hörten im Untergrund die Unzufriedenheit rumoren (das unangenehme Quadrat von Sonne und Merkur zu Pluto).

Wir hatten vorgeschlagen, daß Sie die Radix-Planeten und -Achsen jedes einzelnen um das Composit herum einzeichnen, um noch mehr Hinweise darüber zu bekommen, wie jeder auf die Partnerschaft reagiert. In diesem Fall bildet Fosses Radix-Mond eine Konjunktion mit der Composit-Venus. Seine Sonne steht in Konjunktion zum Composit-Mond und im Trigon zum Composit-AC. Verdons Radix-AC befindet sich im Trigon zum Composit-Saturn und ihr Mars in Konjunktion zu Sonne und Merkur im Composit. Abgesehen davon, daß dies viele unserer Erkenntnisse bestätigt und verstärkt, betonen diese Stellungen auch die Tatsache, daß die Beziehung Fosse mehr zugute kam als Verdon.

Im Horoskopvergleich brachten beide ihren Radix-Saturn ins 9. Haus des anderen. Im Radix steht seiner im 10., ihrer im 8. Haus. Im allgemeinen ist Saturn im 9. Haus recht angenehm. Sein Trigon zu Uranus im Composit läßt darauf schließen, daß sie häufig dieselben Hoffnungen teilten. Aber sein Quinkunx zu Venus als Herrscherin des 3. und 8. Hauses bestätigt, daß es Schwierigkeiten sowohl im kommunikativen und sexuellen als auch im psychologischen (Saturn regiert das 12. Haus) Bereich gab. Wenn ihre Probleme in diesen Bereichen hätten gelöst werden können, hätte die Ehe möglicherweise genauso lange gehalten wie die Freundschaft.

## Wie man das Composit dirigiert

Sie wissen bereits, daß Sie das Composit mit dem Sonnenbogen vorwärts dirigieren können, und wir möchten Ihnen an dieser Stelle ein Beispiel dafür geben. Wir beginnen im Jahr 1960, als Fosse und Verdon heirateten, und dirigieren es vorwärts bis ins Jahr 1987, als Fosse starb. Weil dies 27 Jahre nach der Heirat geschah, bewegen wir jeden Planeten und die Achsen um genau diesen Sonnenbogen weiter. Jetzt befindet sich der Aszendent auf 25° Fische in Konjunktion mit Uranus, dem AC-Herrscher. Der Mond aus dem 4. Haus (Ende der Beziehung) steht auf 25° Krebs im Trigon zu Uranus. Uranus auf 22° Widder läuft in Konjunktion zu Venus und löst damit den Quinkunx zu Saturn und das Trigon zu Neptun aus. Venus auf 19° Stier steht im Quadrat zu Jupiter, der das 10. Haus (Ende der beruflichen Partnerschaft) regiert. Saturn auf 19° Schütze steht im Sextil zu Jupiter (die Erinnerung lebt weiter).

Verdon und Fosse waren durch dick und dünn Freunde geblieben (ihr Saturn im Trigon zu seinem Pluto; Composit-Saturn als Herrscher des 11. Hauses im Trigon zu Uranus, dem Herrscher des Composit-AC im 1. Haus). 1985 ging Gwen auf eine Probebühne und tanzte eine komplette Nummer aus »Sweet Charity« nur für Fosse. Beide waren beinahe 60, und doch »gehörte« beiden diese Bühne. Zwei Jahre später, als sie beide ununterbrochen an der Wiederaufnahme von »Sweet Charity« arbeiteten, brach er nach einem Tag voller Kostümproben kurz nach der Rückkehr in sein Hotelzimmer zusammen. Man lieferte ihn ins George Washington University Hospital ein, wo die Ärzte versuchten, ihn wiederzubeleben – ohne Erfolg. Er starb am 23. September 1987 um 7.23 Uhr PM EDT. Todesursache war Herzstillstand. Gwen Verdon war an seiner Seite. Sein gesamter Nachlaß ging an sie und ihre gemeinsame Tochter Nicole.

## Schlußgedanken

Das ganze Leben dreht sich um Beziehungen. Wenn wir unsere Freude und unser Leid nicht mit anderen teilen können, kann das Leben einsam und unerfüllt scheinen. Wir hoffen, daß Ihnen beim Lesen dieses Buches klar geworden ist, daß jede Beziehung funktionieren kann. Bereits Ihr Wunsch, sie zum Funktionieren zu bringen, kann alles ändern. Auch Ihre Fähigkeit, durch Astrologie diejenigen Bereiche herauszufinden, wo es Spannungen oder Härten zu überwinden gilt, und diejenigen, die mit all ihrer Wärme und Harmonie wohltuend wirken, kann zu Veränderungen beitragen.

Am Anfang dieses Buches zitierten wir John Donnes Satz »Niemand ist eine Insel«. Am Schluß möchten wir nun Jacques Delilles Devise anführen: »Das Schicksal teilt uns unsere Verwandten zu, aber unsere Freunde und Liebsten wählen wir selbst.« Dem möchten wir unser eigenes Sprichwort hinzufügen: »Und Astrologie verhilft Ihnen zu der Einsicht, daß Sie jede Beziehung verstehen und handhaben können.«

# Anhang

Alle Quellenangaben der folgenden Seiten sind entsprechend dem System von L. Rodden klassifiziert:

AA = Geburtsurkunde oder Behördenunterlagen
A = Eigene Angabe oder die eines nahen Verwandten
B = Biographische oder autobiographische Angabe
C = Keine Quellenangabe, unsichere Geburtsuhrzeit
DD = Mehrere Daten-, Zeit- oder Ortsangaben vorhanden

Wir bedanken uns bei Lois M. Rodden und Edwin Steinbrecher für den großzügig gewährten Zugang zu ihren Datensammlungen.

Für alle Horoskope wurde das Häusersystem nach Koch (GOH) verwendet.

# Horoskope-Index

Marilyn Monroe 37
01.06.1926, 9.30 Uhr PST Los Angeles, CA
(34N04, 118W15),
Datensammlung Steinbrecher, **AA**

Henry Fonda 37
16.05.1905, 14.00 Uhr CST Grand Island, NE
(40N55, 98W21),
Steinbrecher zitiert *Grand Island News* »nachmittags«, **C**

John F. Kennedy 40
29.05.1917, 15.00 Uhr EST Brookline, MA
(42N20, 71W07),
Garth Allen zitiert Mutter in *American Astrology* 5/60, **A**

Roger Vadim 40
26.01.1928, 22.00 Uhr WET (0) Paris, Frankreich
(48N52, 2E20),
Holliday zitiert Autobiographie, **A**

Camille Claudel 44
08.12.1864, 5.00 Uhr LMT Fère en Tardenois, Frankreich
(49N12, 3E31),
Weiss zitiert Geburtsurkunde in *Astrologie Heute*, **A**

Benito Mussolini 44
29.07.1883, 14.00 Uhr LMT Dovia il Predappio, Italien
(44N13, 12E02),
*Gauquelin #1745 Band V*, **AA**

Ted Turner 46
19.11.1938, 8.50 Uhr EST Cincinnati, OH
(39N06, 84W31),
*Gauquelin BAC*, **AA**

Robert Browning 46
07.05.1812, 22.00 Uhr LMT Camberwell, England
(51N27, 0W05),
*Sabian Symbols #141*, **C**

Sophia Loren 68
20. 09. 1934 14.10 Uhr MEZ Rom, Italien
(41N54, 12E29),
Discepolo zitiert ihre Mutter, **A**

Prinzessin Caroline von Monaco 68
23. 01. 1957 9.27 Uhr MEZ Monte Carlo, Monaco
(43N45, 7E25),
Tagesnachrichten, **A**

Lorna Luft 75
21. 11. 1952 15.53 Uhr PST Los Angeles, CA
(34N04, 118W15),
Datensammlung Smyth / Wilson, **AA**

Anthony West 75
05. 08. 1914 00.05 Uhr WET (0) Hunstanton, England
(52N57, 0E30),
M. F. Wood zitiert *H.G. Wells, Aspects of Life* von West, **B**

Peter Fonda 81
23. 02. 1940 12.09 Uhr EST Manhattan, NY
(40N46, 73W59),
Datensammlung Steinbrecher, **AA**

Natalie Cole 81
06. 02. 1950 18.07 Uhr PST Los Angeles, CA
(34N04, 118W15),
*CAH* zitiert Geburtsurkunde, **AA**

Jeff Bridges 87
04. 12. 1949 23.58 Uhr PST Los Angeles, CA
(34N04, 118W15),
Datensammlung Steinbrecher, **AA**

Jimmy Carter 87
01. 10. 1924 7.00 Uhr CST Archery, GA
(32N02, 84W24),
AFA zitiert Geburtsurkunde, **AA**

Joan McEvers 118
07.02.1925 6.34 Uhr CST Chicago, IL (41N52, 87W39)
Geburtsurkunde, **AA**

Marion D. March 118
10.02.1923 3.46 Uhr MEZ Nürnberg, Deutschland
(49N27, 11E04)
Geburtsurkunde, **AA**

Herzogin Sarah von York (Fergie) 132
15.10.1959 9.03 Uhr WET (0) London, England
(51N30, 0W10),
Sprecher des Buckingham Palastes, **A**

Jane Fonda 132
21.12.1937 9.14 Uhr EST Manhattan, NY (40N47, 73W59),
Datensammlung Steinbrecher, **AA**

Theodor van Gogh 134
01.05.1857 3.30 Uhr LMT Zundert, Niederlande
(51N28, 4E40),
Datensammlung Steinbrecher, **AA**

Vincent van Gogh 134
30.03.1853 11.00 Uhr LMT Zundert, Niederlande
(51N28, 4E40),
Steinbrecher hat Brief mit Geburtszeit, **AA**

George Sand 137
01.07.1804 22.15 Uhr LMT Paris, Frankreich
(48N52, 2E20),
Lyndoe in *American Astrology* 2/69; Biographien nennen »Abend«, **C**

Frederic Chopin 137
22.01.1810 18.00 Uhr LMT Zelazowa, Polen
(52N15, 20E40),
Biographische Aufzeichnungen des Vaters, **A**

~~Zimtsterne~~

CD-Rohlinge

15. 5. 81

Ca 16.00

Stoegmi

Betty Ford 176
08.04.1918 15.45 Uhr CWT Chicago, IL (41N52, 87W39)
Datensammlung Steinbrecher, **AA**

Gerald Ford 176
14.07.1913 00.43 Uhr CST Omaha, NE (41N17, 96W02),
*CAO Times* zitiert Babybuch der Mutter, **A**

Sophia Loren 180
20.09.1934 14.10 Uhr MEZ Rom, Italien (41N54, 12E29),
Discepolo zitiert ihre Mutter, **A**

Carlo Ponti 180
11.12.1912 13.00 Uhr MEZ Magenta, Italien
(45N28, 8E53),
Datensammlung Bordoni, **AA**

Prinzessin Diana von England 182
01.07.1961 19.45 Uhr WEDT (-1) Sandringham, England
(52N50, 0E30),
Charles Harvey zitiert ihre Mutter, **A**

Prinz Charles von England 182
14.11.1948 21.14 Uhr WET (0) London, England
(51N30, 0W10)
AFA zitiert amtliche Unterlagen 4/73, **AA**

Anne Morrow Lindbergh 188
22.06.1906 11.15 Uhr EST Englewood, NJ
(40N54, 73W59),
Cindy DeLee zitiert AFA 8/39, **C**

Charles Lindbergh 188
04.02.1902 2.30 Uhr CST Detroit, MI (42N20, 83W03)
*AFA Yearbook 1974* nennt Geburtszeit, **A**

Ginger Rogers 193
16.07.1911 2.18 Uhr CST Independence, MO
(39N06, 94W25),
Datensammlung Helin, **AA**

Ernest Hemingway 213
21.07.1899 8.00 Uhr CST Oak Park, IL (41N53, 87W47),
Tagebuch der Mutter in Biographie von Carlos Baker, **B**

Mary Welsh Hemingway 213
05.04.1908 5.00 Uhr CST Walker, MN (47N06, 94W35),
Johnny Lister zitiert sie als Klientin, **A**

Composit Ernest & Mary Welsh Hemingway 213
Composit Rachele & Benito Mussolini 218
Composit Coretta & Martin Luther King 218
Composit Vincent & Theodor van Gogh 221
Composit Königin Elizabeth & Prinz Philip 221
Composit Rosalynn & Jimmy Carter 223
Composit Ginger Rogers & Fred Astaire 223
Composit Generäle George Patton & Erwin Rommel 227
Composit Clara Schumann & Johannes Brahms 227
Composit Margaret Thatcher & John Major 230
Composit Betty & Gerald Ford 230
Composit Adolf Hitler & Benito Mussolini 234
Composit Ernest Hemingway & Max Perkins 234
Composit Prinzessin Diana & Prinz Charles 239
Composit George Sand & Frederic Chopin 239
Composit Sophia Loren & Carlo Ponti 242
Composit Ingrid Bergman & Roberto Rossellini 242
Composit Camille Claudel & Auguste Rodin 244
Composit Marilyn Monroe & Arthur Miller 244
Composit Cher & Sonny Bono 248
Composit Anaïs Nin & Henry Miller 248

Peter Yarrow 252
31.05.1938 2.00 Uhr EDT Manhattan, NY
(40N46, 73W59),
Linda Clark zitiert seine Angabe »ungefähr 2 Uhr morgens«, **A**

Paul Stookey 252
30.12.1937 17.45 Uhr EST Baltimore, MD
(39N17, 76W37),
*CAH*, **AA**

# Horoskopdaten ohne Abbildung

Sonny Bono 33
16. 02. 1935 21.21 Uhr EST Detroit, MI (42N20, 83W03),
*Contemporary American Horoscopes (CAH)*
Geburtsurkunde, **AA**

Auguste Rodin 42
12. 11. 1840 12.00 Uhr LMT Paris, Frankreich
(48N52, 2E20)
Rodden zitiert Biographie von V. Frisch, **B**

Rachele Mussolini 43
11. 04. 1890 1.00 Uhr LMT Predappio, Italien
(44N06, 11E58),
Datensammlung Bordoni, **AA**

Elizabeth Barrett Browning 47
06. 03. 1806 19.00 Uhr LMT Kelloe, Schottland
(56N20, 2W18),
*A Life* von D. Hambate, **B**

Zelda Fitzgerald 52
24. 07. 1900 5.40 Uhr CST Montgomery, AL
(32N23, 86W19),
Biographie von S. Mayfield zitiert Familienbibel, **B**

Aristoteles Onassis 54
20. 01. 1906 10.00 Uhr LMT Smyrna, Türkei (38N25, 27E09),
Biographie *Onassis* von W. Frischauer / Datum Gunther
Menzer / Zeit, **B**

Philippe Junot 71
19. 04. 1940 5.30 Uhr WEWT (-1) Paris, Frankreich
(48N52, 2E20),
Lescaut zitiert de Marre für Geburtseintrag, **A**

Beau Bridges 98
09.12.1941 3.56 Uhr PST Los Angeles, CA
(34N03, 118W15),
Datensammlung Steinbrecher, **AA**

Charles Boyer 101
28.08.1899 17.15 Uhr Figeac-Zeit, Paris, Frankreich
(44N37, 2E02),
*Gauquelin #127 Band V*, **AA**

Peter Bogdanovich 101
30.07.1939 21.50 Uhr EST Kingston, NY
(41N56, 73W59),
Datensammlung Steinbrecher, **AA**

Jim Morrison 109
08.12.1943 11.55 Uhr EWT Melbourne, FL
(28N05, 80W36),
Datensammlung Rodden, **AA**

Warren Beatty 109
30.03.1937 17.30 Uhr EST Richmond, VA
(37N33, 77W27),
Datensammlung Holliday bestätigt von *CAH*, **AA**

Marlene Dietrich 109
27.12.1901 21.15 Uhr MEZ Berlin, Deutschland
(52N28, 13E22),
Datensammlung Rodden, **AA**

Burt Reynolds 135
11.02.1936 12.10 Uhr EST Lansing, MI
(42N44, 84W33),
Datensammlung Steinbrecher, **AA**

Prinz Albert von Monaco 138
14.03.1958 10.50 Uhr MEZ Monte Carlo, Monaco
(43N45, 7E25),
beurkundet, **A**

Claretta Petacci 140
28.02.1912 10.15 Uhr MEZ Rome, Italien,
(41N54, 12E29),
Datensammlung Bordoni, **AA**

Rebecca West 153
21.12.1892 8.15 Uhr WET (0) Edinburgh, Schottland
(55N57, 3W13),
Brief von ihr an A. MacKenzie, **A**

H. G. Wells 153
21.09.1866 16.30 Uhr LMT Bromley, England
(51N24, 0E02),
Biographie von MacKenzie, 1963, Seite 3, **B**

Cary Grant 155
18.01.1904 1.07 Uhr WET (0) Bristol, England
(51N27, 2W35),
Biographie von Albert Cavoni, 1971, Seite 16
(»in der 1. Stunde des Tages«)

Rosalynn Carter 161
18.08.1927 6.00 Uhr CST Plains, GA (32N02, 84W24),
*Family Circle Magazine* 1/76 zitiert Geburtsurkunde, **A**

Erwin Rommel 226
15.11.1891 12.00 Uhr LMT Heidenheim, Deutschland
(49N01, 10E44),
*Gauquelin #2098 Band III*, **AA**

Margaret Thatcher 231
13.10.1925 9.00 Uhr WET (0) Grantham, England
(52N55, 0W39),
Charles Harvey zitiert sie persönlich, **A**

John Major 231
29.03.1943 2.45 Uhr WEWT (-1) Brixton, England
(51N28, 0W06),
R. Grant schätzt, zwischen 2.00 & 4.30 Uhr, **C**

Max Perkins 235
20. 09. 1884 7.00 Uhr EST Manhattan, NY
(40N46, 73W59),
Rodden via Yoe Stein, C

Arthur Miller 245
17. 10. 1915 5.12 Uhr EST New York, NY
(40N45, 73W57),
Church of Light zitiert Drew, C

# Weitere Horoskopdaten

(Menschen, die mit den in diesem Buch genannten Personen in Beziehung stehen)

Elija Blue Allman, Sohn von Cher und Gregg Allman
10. 07. 1976 15.24 Uhr PDT Los Angeles, CA
(34N04, 118W15),
Datensammlung Steinbrecher, **AA**

Greg Allman, 2. Ehemann von Cher
08. 12. 1947 3.39 Uhr CST Nashville, TN (36N10, 86W47),
Datensammlung *Contemporary American Horoscopes (CAH)*, **AA**

Anthony Armstrong-Jones, Ehemann von Prinzessin Margaret
07. 03. 1930 6.15 Uhr WET (0) Westminster, England
(51N30, 0W09),
Gleadow zitiert seine Mutter in *American Astrology* 8 / 60, **A**

Linley Armstrong-Jones, Sohn von Prinzessin Margaret und A. Armstrong-Jones
03. 11. 1961 10.45 Uhr WET (0) London, England
(51N30, 0W19),
Fagan *American Astrology* 2 / 62, amtliche Unterlagen, **AA**

Sarah Armstrong-Jones, Tochter von Prinzessin Margaret und A. Armstrong-Jones
01. 05. 1964 8.30 Uhr WET (0) London, England
(51N30, 0W10),
Fisher zitiert amtliche Unterlagen, **AA**

Ava Astaire, Tochter von Fred Astaire
28. 03. 1942, 17.00 Uhr PWT Hollywood, CA
(34N06, 118W20),
*LA Times*, Tagesnachrichten via Rodden, **A**

Robin Smith Astaire, 2. Ehefrau von Fred Astaire
14. 08. 1944, 0.03 Uhr PWT San Francisco, CA
(37N47, 122W25),
Rodden zitiert Brief von ihr 11 / 77, **A**

Chastity Bono, Tochter von Cher und Sonny Bono
04. 03. 1969 0.55 Uhr PST Los Angeles, CA (34N04, 118W15),
Datensammlung Steinbrecher, **AA**

Pat Paterson Boyer, Ehefrau von Charles Boyer
07. 04. 1910 17.00 Uhr WET (0) Bradford, England
(53N48, 1W45),
Ralph Kraum zitiert private Quelle, **C**

Lloyd Bridges, Vater von Jeff und Beau Bridges
15. 01. 1913 10.45 Uhr PST San Leandro, CA (37N44, 122W09),
Datensammlung *CAH*, **AA**

Amy Carter, Tochter von Jimmy und Rosalynn Carter
19. 10. 1967 0.26 Uhr EST Plains, GA (32N02, 84W24),
Kaye in *Dell Horoscope* zitiert Carters Pressesekretär, **C**

Billy Carter, Bruder von Jimmy Carter
29. 03. 1937 0.30 Uhr CST Americus, GA (32N03, 84W13),
Taylor in *Mercury Hour* 4 / 79 zitiert Geburtsurkunde durch
Biographie bestätigt, **A**

Lillian Carter, Mutter von Jimmy Carter
15. 08. 1898 14.00 Uhr LMT Richland, GA (32N06, 84W40),
*Horoscope Magazine* 8 / 77 zitiert sie, **A**

Andreas Casiraghi, Sohn von Prinzessin Caroline und Stefano
Casiraghi
08. 06. 1984 22.50 MESZ Monte Carlo, Monaco (43N45, 7E25),
*People Magazine* zitiert Prinz Rainiers Telegramm, **A**

Charlotte Casiraghi, Tochter von Prinzessin Caroline und
Stefano Casiraghi
03. 08. 1986 19.00 Uhr MESZ Monte Carlo, Monaco
(43N45, 7E25),
Rodden zitiert Tagesnachrichten, **A**

Stefano Casiraghi, 2. Ehemann von Prinzessin Caroline von Monaco
08.09.1960 22.30 Uhr MEZ Mailand, Italien (45N28, 9E12), Datensammlung Bordoni, **AA**

Joe Dimaggio, 2. Ehemann von Marilyn Monroe
25.11.1914 7.00 Uhr PST Martinez, CA (38N01, 122W08)
Steinbrecher hat Geburtsurkunde, dort ist weder AM noch PM angegeben

John Paul Densmore (The Doors)
01.12.1944 4.27 Uhr PWT Santa Monica, CA (34N01, 118W27),
Steinbrecher zitiert Geburtsurkunde nach Garner, **AA**

Robbie Krieger (The Doors)
08.01.1946 22.54 Uhr Los Angeles, CA (34N04, 118W15),
Steinbrecher zitiert Garner, der sich auf Krieger beruft, **A**

Ray Manzarek (The Doors)
12.02.1939 3.30 Uhr CST Chicago, IL (41N52, 87W39),
Steinbrecher zitiert Garner, der sich auf Manzarek beruft, **A**

Jack Ford, Sohn von Gerald und Betty Ford
16.03.1952 1.40 Uhr EST Washington, DC (38N53, 77W01),
Datensammlung Rodden, zitiert amtliche Unterlagen, **AA**

Michael Ford, Sohn von Gerald und Betty Ford
14.03.1950 6.14 Uhr EST Washington, DC (38N53, 77W01),
Datensammlung Rodden, zitiert amtliche Unterlagen, **AA**

Susan Ford, Tochter von Gerald und Betty Ford
06.07.1957 15.53 Uhr EDT Washington, DC (38N53, 77W01)
N. How zitiert Frau Fords persönliche Sekretärin via R. Dewey, **A**

Jennifer Grant, Tochter von Cary Grant und Dyan Cannon
26.02.1966 19.41 Uhr PST Burbank, CA (34N11, 118W19),
Datensammlung Steinbrecher, **AA**

John Kennedy, Jr., Sohn von John F. Kennedy und Jacqueline Onassis
25.11.1960 0.22 Uhr EST Washington, DC (38N53, 77W01)
*Kennedy's Children* von Bill Adler, **B**

Joseph Patrick Kennedy III, Sohn von Ethel und Robert Kennedy
24.09.1952 12.15 Uhr EDT Brighton, MA (42N21, 71W08)
McEvoy zitiert *Boston Globe* v. 25.09.1952, **A**

Mary Courtney Kennedy, Tochter von Ethel und Robert Kennedy
09.09.1956 19.48 Uhr EDT Boston, MA (42N22, 71W04),
McEvoy zitiert Bostoner Akten, Geburtsurkunde, **AA**

Mary Kerry Kennedy, 3. Tochter, 7. Kind von Ethel und Robert Kennedy
08.09.1959 12.55 Uhr EDT Boston, MA (42N22, 71W04),
McEvoy zitiert Geburtsurkunde, **AA**

Ted Kennedy, Senator von Massachusetts, Bruder von John F. und Robert Kennedy
22.02.1932 3.58 Uhr EST Dorchester, MA (42N22, 71W04),
J. Hill zitiert Krankenhausunterlagen, **A**

Joey Luft, Sohn von Judy Garland, Bruder v. Lorna Luft, Halbbruder v. Liza Minelli
29.03.1955 2.16 Uhr PST Los Angeles, CA (34N04, 118W15),
Datensammlung Smyth / Wilson, **AA**

Shirley MacLaine, Schwester von Warren Beatty
24.04.1934 15.57 Uhr EST Richmond, VA (37N33, 77W27),
Datensammlung Steinbrecher, **AA**

Romano Mussolini, Sohn von Benito und Rachele Mussolini
26.09.1927 23.05 Uhr MEZ Forli, Italien (44N13, 12E03)
Steinbrecher Geburtsurkunde, **AA**

Patricia Nixon, Großmutter von Alex Eisenhower
16.03.1912 23.45 Uhr PST, Ely, NV (39N15, 114W54),
McEvoy zitiert ihre Tochter Julie »kurz vor Mitternacht«, **A**

Jackie Onassis, Mutter von Caroline, Ehefrau von John F. Kennedy
28. 07. 1929 14.30 Uhr EDT Southhampton, NY (40N54, 72W23),
Tyl in *The Principles and Practice of Astrology*, **C**

Mark Phillips, Ex-Ehemann von Prinzessin Anne von England
22. 09. 1948 1.45 Uhr WEDT (-1) Tetsbury, England (51N29, 2W09),
Brief des Pressesekretärs an die Königin, **A**

Pablo Picasso, Vater von Paloma
25. 10. 1881 23.15 Uhr Madrider Zeit, Malaga, Spanien (36N43, 4W25),
Biographie von P. Cabanne, **B**

Carlo Ponti, Jr., Sohn von Sophia Loren und Carlo Ponti
29. 12. 1968 8.53 Uhr MEZ Genf, Schweiz (46N12, 6E09),
Bordoni zitiert *Oggi*, **B**

Edoardo Ponti, Sohn von Sophia Loren und Carlo Ponti
06. 01. 1973 8.30 Uhr MEZ Genf, Schweiz (46N12, 6E09),
Bordoni zitiert *Corriere*, **B**

Prinz Edward von England, Sohn von Königin Elizabeth und Prinz Philip
10. 03. 1964 20.20 Uhr WET (0) London, England (51N30, 0W10),
Datensammlung Steinbrecher, **AA**

Prinz Harry von England, 2. Sohn von Prinz Charles und Prinzessin Diana
15. 09. 1984 16.20 Uhr WEWT (-1) London, England (51N30, 0W10),
amtliche Unterlagen, **A**

Prinz Rainier von Monaco, Vater von Prinzessin Caroline
31. 05. 1923 6.00 Uhr MEZ Monte Carlo, Monaco (43N45, 7E25),
amtliche Unterlagen, **A**

Prinz William von England, 1. Sohn von Prinz Charles und Prinzessin Diana
21.06.1982 21.03 Uhr WEWT (-1) London, England (51N30, 0W10),
Mitteilung des Buckingham Palastes, **A**

Prinzessin Grace von Monaco, Mutter von Prinzessin Caroline
12.11.1929 5.31 Uhr EST Philadelphia, PA (39N57, 75W10),
Garner zitiert Geburtsurkunde, **AA**

Prinzessin Stephanie von Monaco, Schwester von Prinzessin Caroline
01.02.1965 18.25 Uhr MEZ Monte Carlo, Monaco (43N45, 7E25),
Königliche Archive von Monaco, **AA**

Isabella Rossellini, Zwillingstochter von Ingrid Bergman und Roberto Rossellini
18.06.1952 18.30 Uhr MEZ Rom, Italien (41N54, 12E29),
Bordoni zitiert Geburtsurkunde, **AA**

Isotta Rossellini, Zwillingstochter von Ingrid Bergman und Roberto Rossellini
18.06.1952 18.41 Uhr MEZ Rom, Italien (41N54, 12E29),
Bordoni zitiert *Oggi*, **B**

Robertino Rossellini, Sohn von Ingrid Bergman und Roberto Rossellini
02.02.1950 19.00 Uhr MEZ Rom, Italien (41N54, 12E29),
Datensammlung Bordoni, **AA**

Athina Onassis Roussel, Enkelin von Aristoteles Onassis
29.01.1985 2.50 Uhr MEZ Neuilly Sur Seine, Frankreich (48N53, 2E16),
Datensammlung Steinbrecher, **AA**

Robert Schumann, Ehemann von Clara Schumann
08.06.1810 21.10 Uhr LMT Zwickau, Deutschland (50N44, 12E29),
Kirchenbuch, **AA**

Maria Scicolone, Schwester von Sophia Loren / Ehefrau von Romano Mussolini
11. 05. 1938 3.00 Uhr MEZ Neapel, Italien (40N51, 14E17), Bordoni zitiert Geburtsurkunde, **AA**

Vanessa Vadim, Tochter von Jane Fonda und Roger Vadim
28. 09. 1968 8.30 Uhr MEZ Paris, Frankreich (48N52, 2E20), Bordoni zitiert *Oggi*, **B**

Ebertin Veriag · Freiburg im Breisgau

Marion D. March und Joan McEvers

*Lehrbuch der astrologischen Prognose*

*Progressionen – Direktionen – Solare – Lunare – Transite*

360 S. mit 46 Horoskopzeichnungen; kartoniert
ISBN 3-87186-073-5

Dieses Buch entspricht einem Bewußtseinswandel in der Astrologie. Die beiden Autorinnen befreien die Astrologie vom schicksalhaften Determinismus früherer Zeiten und bieten Hilfestellung beim Erkennen zukünftiger Trends. Was soll in der Zukunft passieren? Wie kann ich mein Potential im Einklang mit den kosmischen Zyklen zur Entfaltung bringen? Welche Chancen gilt es zu nutzen? Welchen Herausforderungen soll ich mich stellen?

Dieses Lehrbuch bietet eine fundierte Einführung in alle relevanten Methoden und Techniken der astrologischen Prognostik. Mit Spannung wird der Leser die Anwendung der astrologischen Vorhersage an den aufgeführten Beispielhoroskopen berühmter Persönlichkeiten nachvollziehen, um das daraus gewonnene Wissen sogleich am eigenen Horoskop anzuwenden. Selbst komplizierte Methoden werden leicht verständlich an einprägsamen Beispielen dargestellt.

Dieses Buch ist aus der Unterrichtspraxis heraus entstanden und kann auch von Lehrern und Ausbildern für ihren Unterricht genutzt werden. Die zeitgemäße Darstellung aller relevanten Techniken der astrologischen Prognose ist einmalig und schließt eine Lücke innerhalb der astrologischen Fachliteratur.

Ebertin Verlag · Freiburg im Breisgau